明
室
Lucida

照亮阅读的人

うえのちづこ

为了活下去的思想

生き延びるための思想

Chizuko Ueno
[日] 上野千鹤子——著

邹韵 薛梅 译

北京联合出版公司
Beijing United Publishing Co.,Ltd.

前言

把举起的手放下

“9 · 11”事件揭开了21世纪的帷幕，也有人说，它改变了整个世界。可事实真是如此吗？

世界上存在着许多“9 · 11”，那都是被非法暴力肆意践踏的记忆。在已经被人们忘却的“9·11”中，为何只有这个“9·11”值得被特别铭记呢？可能有很多人也在思考这个问题吧。

有人说，20世纪是战争的世纪，而21世纪则是公民战争的时代。没有前线战场的战争、没有宣战通告的战争、看不见的敌人，日常生活在一瞬间就会变成战场。

和平的工具变成了凶器，它们在无来由的恶意和憎恶的作用下，与压倒性、不合情理的暴力相遇了。这个“9 · 11”之所以特别，是因为它的目标是一个叫作美国的国家。接着，这个国家对看不见的敌人，动用了世界上最富有国家的国家暴力。

有人高喊“打倒他们”，有人合唱“放手去干”。能这么说，是强者的权利，是拥有强大军事力量这一危险工具的骄纵。复仇，是有能力复仇之人才有的选择。然而，这个世界上还有更多人只能在暴力面前忍气吞声。

手握暴力的人往往很难控制自己不去使用暴力。在阿富汗、以色列、智利，为了控制那些手无缚鸡之力的人，他们非法地使用暴力。没有宣战，没有国际社会的一致同意，更不知晓谁是敌人，战争就开始了，许多人遭到了杀害。对于那些连自己为什么会被攻击都不知道的阿富汗人而言，美国对他们的袭击又何尝不是另一个“9・11”呢？在斗争之中，牺牲者总是那些只能哭泣和祈祷的人。

遭遇不合理的暴力，握紧拳头，心中积蓄着仇恨。到这里为止，每个人的经历大同小异。然后，有一个人充满愤恨地咬紧牙关，却放下了拳头。这样的经历，我们恐怕未曾有过。那些一直被丈夫殴打的妻子，她们不会争辩和反击。因为她们自身的无力早已渗透了骨髓。因为她们知道反击换来的是更加狠毒的殴打。对弱小之人来说，这种经历再熟悉不过。

如果没有力量，你也不会反击吧，因为没有用以反击的力量。之所以反击，只是因为那时你有反击的力量，这种力量就是军事能力。它是一种不由分说就能狠狠给对方一击的力量，是一种能让对方跪地求饶的暴力。

那当我们没有反击之力时，又该怎么做呢？真正的问题应该从这里开始。

自杀式恐怖主义给我一种似曾相识的感觉，令我想起阿尔及利亚独立战争中的一位年轻女性，她抱着炸弹企图与数名法国人同归于尽。弱小之人倘若以生命为代价,可以将自己变为武器。有人甚至认为，就连女人也可以像男人一样战斗。

男人不过是一群陶醉于非日常的英雄主义的人。可是，对于那些想要平平淡淡的日常生活，希望明天也能像今天一样活着的女人来说，英雄主义就是敌人。在过往的学生运动中，女人投掷石头的时候，心中还祈祷着不要砸到他人。经过这件事后，女人难道还没有彻底懂得这个道理吗？——女人是无法和男人一样的，和男人一样只不过是一种愚蠢的想法罢了。

然而，女人是和平主义者吗？对于这个问题，历史给出的答案是否定的。日本女性曾积极热心地协助“圣战”，英美的女性也成了战争的“啦啦队”。女人不会因为身为女人而自动变为和平主义者。

女性主义难道是主张女人也有力量、女人也能参加战争的思想吗？美国的女性主义一直主张女性要像男性一样参加战斗。然而，倘若女性主义不过是主张女人像男人一样也成为强者的思想，那我只能说对这样的思想我完全没有兴趣。我所主张的女性主义是，让弱者以弱者的姿态受到尊重的思想。因此，女性主义不要求“以牙还牙，以眼还眼”。那些曾被他人强迫接受某些观点、做某些事而拼命抵抗的人，当你们用同样的方法强迫他人对你言听计从的时候，这难道不矛盾吗？这个道理不仅适用于女性主义。弱者的解放绝不是“模仿压迫者”。

如果我们不能将包括战争在内的暴力称为犯罪的话，那么家庭暴力（domestic violence，丈夫、爱人实施的暴力）就很难得到解决。而且，如果我们对彻底解决家暴问题仍抱有一丝希望的话，为什么不能对国家的非暴力化也同样抱有希望呢?

早在“9·11”之前，我就已经开始构思本书的主题了。而让我动笔的直接原因则是1991年的“慰安妇”诉讼以及之后爆发的海湾战争。再往前追根溯源的话，可以追溯到1967年的学生运动。因此“9·11”的景象对我而言并不新鲜，反倒有一种似曾相识的感觉。

恐怕没有人预想过，我们会以这种景象拉开21世纪的大幕。我们跨越了史无前例的“战争与破坏的世纪”——20世纪，没想到又目睹了如此不近情理的暴力。而世界上拥有最多“大规模杀伤性武器”、极度危险的“恐怖主义国家”就是美国。

不反思历史，就会遭到历史的报复。然而，历史绝非简单的重复。在国家与暴力的新的结合之中，又增加了性别这一变量。我们不得不面对“男女共同参与暴力”这一难题。

我们是选择同男性一样，朝着破坏和毁灭之路前进呢，还是在纵使无法否定男性暴力的情况下，依旧活下去呢?原“慰安妇”受害者和曾受过家暴的人被称作“幸存者”(survivor)，如今我们需要反复斟酌这个词的含义。这样我们才会再次明确，女性主义是一种能让人在悲惨的世界中“活下去”的思想。

本书收录了论述国家、暴力、性别等相关主题的文章。借此机会，我的思考也像螺旋一样逐渐延展开来。为避免重复，也有若干篇文章没有收录进本书。第一部第一章的《公民权与性别》可以说是我在旧版中的思考抵达的终点，虽然被放在了书的最前面，但其实这章是本书的结论。如果读者觉得这篇论文较为烦琐且太过学术，那么我建议先跳过这一章，从下一章开始阅读。读到最后，请再返回这一章，这样应该就能跟上我思考的脚步了。这部新版是我在旧版结论的基础上做了更深层次的探讨所完成的修订版。

历史绝非简单的重复。一个接一个未曾解开的谜题摆在我们面前。在探索这片无人涉足的荒野的旅途中，如果你能陪我一程，那将是我莫大的荣幸。

目 录

第三部　超越民族主义的思想

第四部　祷告的替代品

第五部　“3·11”之后

第一部　关于『女兵』的一系列问题

第一章　公民权与性别

——公私领域的解体与重构

引言[1]

开始论述之前，我想讲一段我个人的经历。

1994 年，我参加了岩波书店旗下杂志《世界》和法国杂志《外交世界》（*Le Monde Diplomatique*）共同举办的日法国际学术研讨会。最后一天的公开会议提问环节中，人权这一概念引起了一场争论。一名法国女性向日本出席者提出了以下问题。

“人权是诞生于法国的概念，那你们认为它是具有普遍性的概念吗？”

这的确是一个非常棘手的两难问题。回答“是”的话，就意味着“你们亚洲地区的人民也接受并认同了这个诞生于法国的

1　本文原文是 2001 年 7 月 14 日我在上智大学社会正义研究所主办的“公民权与性别”讲座上发表的演讲稿（上野，2001）。我在此基础上进行了大幅修改。在此，我想向那次讲座的策划人保冈孝显先生以及应我的请求而担任点评一职的樋口阳一先生表达由衷的感谢。——如无特殊说明，本书注释皆为原注

概念”,同时也意味着对法国普遍主义的认同。而回答“否”的话，则可能意味着“亚洲人是连人权概念都无法接受的蒙昧的民族”。这个问题颇具恶意，很像是法国人会提出的。而回答这一问题的是与会的宪法学者樋口阳一先生。

他给出的回答既是“是”也是“否”。“人权的确是诞生于法国的历史概念，但它已经超越了原有框架，实现了普遍化。”他的回答发人深思。至今我仍然记得，在听到这个回答后，那位提问者露出了满意的表情。

换作是我，又会怎样回答这个问题呢？对于樋口的回答，我并不满意。如果是我的话，我会这样回答。

“人权是一个特殊的法国的概念。它以普遍性自居，但实际上，这一概念无法实现普遍性的原因，正是因为你们西欧独占了人权。”

之后，我把双方的争论写成了一份学术报告（上野，1995），并在这份报告中提出了如下见解。

“因此，把近代人权的历史看作曾经仅属于特权阶级的各种权利逐渐超越阶级、性别、种族框架的扩展过程，不过是一种天真的启蒙主义史观罢了。那是一场围绕着社会的各种权利、资源所进行的激烈的分配斗争……”（上野，1995：30）

针对我的见解，樋口在其他文章中予以如下反驳。

“无论斗争多么激烈，既然是分配斗争，那么人权思想作为应当被分配的价值理念，公民难道不应该加以肯定吗？”（樋口，1996a）

上述文章收录于樋口的著作《一个词的词典之人权》（樋口，

1996a）之中。在该书中，他还列举了对人权概念的三种批判，分别是从社会主义角度、反殖民主义角度以及女性主义角度出发的批判[1]。而我的见解则被他归类为第三种，并受到了他的指责。这里争议的焦点是，人权的概念是否具有普遍性，女权主义者所追求的性别平等是否意味着要求平等分配人权这种资源。女性主义以"性别"作为理论分析的武器，在迎面遇到"人权"概念的时候，又会如何应对呢？这其实是一个根源性问题——"向男性看齐"是否等于男女平等？

1 人权・公民权・市民权

社会学家的工作是，把法学家所认为超越普遍状况的理念放入社会的语境中思考。而我的课题则是，将被视为普遍概念的人权概念进行历史化的呈现。

众所周知，"人权"这一概念诞生于1789年法国大革命时期的《人权宣言》。准确地说，是"人和公民的权利宣言"（Déclaration des droits de l'Homme et du citoyen）。由于法语"homme"一词既指"人"也指"男人"，因此《人权宣言》的准确翻译应为"男人以及公民的权利"。

但是，homme与citoyen（公民）这两个身份在逻辑上有什么关系呢？卢梭说："当我们成为citoyen的时候，我们才能成为

1 辻村美代子（辻村みよ子）也列举了对"人权普遍性"的三种批判。第一，来自保守主义和功利主义的古典式批判；第二，来自马克思主义的批判；第三，来自女性主义及反种族主义的批判。（辻村，1997a：34）

homme。"[1] 如果是这样的话，那么 citoyen（公民）与 homme（男人）就是同一个意思。所以，在《人权宣言》颁布后不久，奥兰普·德古热（Olympe de Gouges）就发表了《女权宣言》（la Déclaration des droits de la femme et de la citoyenne，女性与女性公民权宣言），使得《人权宣言》的男权性不言而喻。

另外，这里必须留意的是《人权宣言》的阶级性。citoyen 这一术语指的是，旧制度（Ancien Régime）下，既不属于第一等级（僧侣）又不属于第二等级（王侯贵族）的第三等级、既不是劳动者也不是农民的人。"citoyen" 这一概念既排除了旧制度下的既得利益者，又排除了新制度（资本主义）下日益壮大的劳动者阶级。事实上，《人权宣言》颁布后，随后出台的选举法就明确规定："妇女、儿童、外国人，以及对公共设施维持无法做出贡献的人" 均被排除在选举之外[2]（辻村，1997a：43）。

在对《人权宣言》的解读中，有人认为人权包含 "作为人的权利" 和 "作为公民的权利" 的双重含义（逻辑上也确实有这样的解释空间）。而从上述历史语境来看，这种权利与其说是"人" 和 "公民" 二者的权利，不如解释为，只有 "人 = 男性且为公民" 才拥有的权利。在这里，"人 = 男性" 的身份与 "公民" 的身份是重叠的。

"公民" 一词的词源 "civil" 来自拉丁语 "civitas"，"公民" 原本是指 "住在 civitas 里的人"，而 "civitas" 的意思是四周环

---

1 此引用受到了樋口阳一的启发。（上野，2002a：35）

2 除此之外，"犹太人、有色人种的自由民、殖民地的奴隶以及奴仆"（辻村，1997a：43）也被排除在外。

绕着城墙的城市。在生死存亡的时刻，紧闭城门就能阻挡敌人和住在城外的农民。因此在古典时代，公民指的是以 civitas 为政治单位的、从属于城邦的公民。他们是有武装能力的男性家长，也是公共世界中城邦的正式成员。《人权宣言》中所说的“公民”，指的就是拥有财产和家庭的男性家长。这也就印证了菲利普·阿里耶斯（Philippe Ariès）所论述的历史阶段——“近代所解放的不是个人，而是家庭（也就是男性家长）”。我们将其称为家长个人主义。家长之外的家庭成员处于个人出现的前一阶段，因此，他们不被承认是拥有公民诸权利的主体[1]。

拉丁语中的“familia”是包含家畜、奴隶在内的家庭成员及财产的集合名词。因此，family（家庭）是属于家长的财产，民法的通奸罪也体现了这点。通奸罪与侵害财产权在法理上是一致的，因此二者的赔偿也可以遵循同一法理。也就是说，通奸罪与侵害财产权一样，可以要求经济赔偿。在很长一段时间里，通奸罪都只要求一方遵守义务，换句话说，妻子通奸被视为犯罪，而丈夫通奸并不被看作犯罪。从家长制的家庭概念来思考，这似乎是理所当然的[2]。

城邦政治是民主主义，但这种民主主义仅适用于被认为有

---

1 众所周知，在作为近代民法原型的《拿破仑法典》中，存在着严重的性别歧视。已婚女性因结婚失去了财产权以及签订契约的权利，她们不再是法律的主体。显而易见，结婚不是丈夫和妻子的对等性合并，结婚使得妻子处于丈夫统治之下，因而这是吸收性合并。

2 不仅是法国的法律，日本战前的民法亦是如此。“二战”后，夫妻义务的双边性被写进法律。妻子有权利向丈夫的出轨对象索赔，这与侵害财产权属于同一法理。在这一问题上，配偶的性被看作是一种财产。

平等权利的自由民。因此，民主主义完全可以同奴隶制、阶级差异、性别歧视共存。所谓“公民权”指的就是统治共同体成员的权利，而这种成员是在一定范围内的。

综上所述，“人权”这一概念从最开始就包含了以下三个要素：（1）性别性；（2）阶级性；（3）排他性。当主张人权概念是普遍的时候，我们需要留意概念成立之初蕴含的这种偏见[1]。

在《人权宣言》中，homme 的权利和 citoyen 的权利是一样的，但之后，二者的含义分别向不同方向发展。根据樋口的整理，在当下的宪法学中，这两个词是被区分使用的。“human rights/droits de l'homme”译成“人权”，而“civil rights/droits du citoyen”则译成“公民权”或“市民权”。这是因为，“公民权”是通过与国家或自治体等统治共同体建立契约关系而得到的。而“人权”就像“天赋人权”“自然权”一样，是不依靠人为契约、先于国家存在的自然权利，是人一出生就拥有的、并被逐步理念化为任何人都不可剥夺的权利。

人权之所以发展成这样的概念，有其深刻的历史背景。在政治压迫或其他极端状况下，人遭受虐待或侵犯，一些国家却没有法律将这种行为定义为违法，在这样的政治体制下，人权就被理念化为超越政治单位的概念，用于揭发这种行为。与“公民权”

---

1 在德语中，“Bürgerlichkeit”（公民权）从字面来看就是指“Bürger”的权利，而 Bürger 一词与表示资本家（有产阶级）的“bourgeois”是同源词。Bürger 中的阶级性与法语中的情形也是相通的，Bürger 同时也被称为“国家公民”（Staatsbürger）。因而，该德语词明确表明，所谓“公民权”是指国家给予公民的权利，也就是“Öffentliches Rechts”。

一样，“人权”也是历史概念，这一概念是怎样被当成普遍性观念而使用的？人权与公民权又是怎样产生差异的？这些问题都值得思索，但已经超出了本文要探讨的范围[1]。

然而，如果把“公民权”一词反过来翻译成英语，除了“civil rights”，还可以翻译为“citizenship”。“citizenship”一词，正如字面意思所示，它指的是“公民身份”，换句话说，“公民身份所赋予的权利”和“公民权”的意思相同。但问题是，“citizenship”也可以翻译成日语的“国籍”。也就是说，我们可以认为，“公民权”一词的历史含义正是它与国籍重合的部分。由此可知，“公民权”首先是用于表示“国籍”——对民族国家的归属——的词语，而保障公民这一身份的权利的代理人（agent）正是国家[2]。

“国籍”一词对应的英语还有“nationality”。“nation”（国民）源自拉丁语“natio”一词，即“出生”。“国民身份”（nationality）指的是，出生于同一地点的人的集合。公民权是可以获得的，nationality 则被认为是“出生”之后自动赋予的。“公民权”是获得的，“国籍”则是被赋予的，前者是人为的概念，后者是自

---

1 有趣的是，无论是人权还是公民权，都是用各种权利的总和——复数形式的 rights 来表示。公民所拥有的各种权利由于在历史上都有迹可循，因而可以逐一进行细致的分析。但就人权而言，无论从理论还是实践都很难去验证什么样的权利属于人权。因为在数不胜数的人权侵害事件下，人权概念长久以来都是以否定形式（即“没有人权”的状况）记述的。正因如此，我们无法给出一个准确的人权定义，即人权究竟是何种权利的集合体。虽然“人权”概念的用法可以通过历史上的事件进行验证（研究它是在什么样的情况下被使用，有着怎样的内涵与外延）。但人权被建构成一种自然权利，这又与历史研究相悖。因为照理说，自然权利是不会随着历史的推移而发生变化的。

2 因此，“citizenship”一词在日语中也可以翻译为“国民的权利”。

然的概念。因此，“公民权”与“国籍”在概念上有些许差别。当然，nationality 也可以通过归化，也就是加入国籍而获得。在欧洲语言中“归化”（naturalize/naturaliser）还有“自然化”的含义，这也印证了上述内容。正是因为要隐藏从属与契约的人为性，国籍一定要被“自然化”。所谓“自然化”指的是，将原本人为的事物看作是自然的，因此它只不过是伪装成命运而已。现在，国民与民族的“自然性”正在遭受严峻的挑战。比起“nationality”这个故意诱导人误解的词语，“citizenship”的人为特征一目了然。因此本文将采用“公民权”一词，并同“civil rights”交替使用。

2 民族国家与公民权

至此，关于术语的讨论和确认终于可以告一段落。但就目前而言，公民权的概念只有一个意思，即“赋予公民这一身份的各项权利的集合”。我们之所以没有给出其他的定义，是因为无法下定义，也是因为“各项权利”的内容会随着历史的推移而扩充或减少，也会随着语境的不同而发生改变。比如，现在公民享有的各项权利中包含了人格权、环境权以及最低生活保障权等权利。但起初这些权利并不在公民权的范围里，它们是在社会变革和法理的历史发展过程中诞生的新权利。

本文之所以采用“公民权”这一概念，是因为它的人为特征尤其明显，所以十分适合以下历史的探讨。第一，公民身份的前提是拥有城邦（统治共同体）成员的资格，而成员的数量又是有限的。因此，我们可以探讨作为特权的公民权及其排他性特征。

第二，由于成员资格与“界限的定义”有关，所以公民与非公民之间存在着灰色地带，而这个灰色地带中又存在着序列与阶级。因此,如果有“一等公民（权）”,那就存在“二等公民（权）”“三等公民(权)”这些概念[1]。第三,“citizenship”也可译为“国籍”,“公民权”也能译为“国民的权利”，可见公民身份和它与国家的归属关系紧密相关。所谓“公民权”一般是指国家赋予国民并给予保障的各项权利。当然，这也不过是因为，到目前为止，历史上只有民族国家这一种统治单位而已。而公民权的概念却为我们提供了一种新的可能性——将国家之外的统治体容纳在内的、多元且多重的归属[2]。

法语里“公民”一词的动词形式——“成为公民”（civiliser）一词意味深长。“civiliser”也可以译为“文明化”。“文明化的事物”是“文明”（civilisation），“文明化的人”则是“公民”。人类社会在文明与野蛮之间存在连续性和高低之分，公民亦是如此。人在公民和非公民之间也存在着连续性和高低之分。无论是文明还是公民，它们的概念从一开始就包含阶级性。即便如此，那些认为公民概念有“普遍性”的人，他们的根据是：理论上，无论谁都可以“成为公民 / 文明化”。

要实现“文明化”（civiliser）就必须接受并认同“成为像公民那样 / 与公民相似”(civiliser)。“文明化”偶尔也会译为“教化”。这意味着，要同化为（法国人的）homme 或 citoyen。

1　相较之下,由于人权属于自然权,所以理论上是没有“一等人权”和“二等人权”的。

2　关于民族国家论，请参考西川长夫（1992，1995）和上野（2000c）。

如果认为公民身份具有普遍性且所有人都可以成为公民，实际就意味着，理论上公民身份的成员资格可以扩大到所有人。明明是有局限性的概念，却否认自身的排他性，这是逻辑上的自相矛盾。西川长夫在其著作《作为国家意识形态的文明和文化》（1993）中，从词源学和地缘政治学检验了法语“文明”（civilisation）和德语“文化”（Kultur）的概念，彻底揭露了这一自相矛盾的逻辑。他一语道破了法语中“文明”的实质，所谓“文明”不过是打着普遍主义旗号，换一种说法表达“法国民族主义”（French nationalism）而已。晚些出现的民族国家（nation state）不得不让自己变得与稍早出现的民族国家相似，同时又必须让自己有所不同。德国为了与强邻法国对抗，并彰显自己与法国的不同，创造了德语中的“文化”这一概念。因此这个概念在诞生之初，就带有特殊主义的含义。这也恰恰说明，法国的民族主义一直以来以“普遍性”自居，但其普遍主义里的“公民”从一开始就不包含德国人。因此，更晚出现的民族国家日本没有参考法国的民族主义，而选择参考德国的民族主义，也是理所当然的。

3　作为戏仿（parody）的女权

无论是在法语还是德语中，“公民”一词都有阴性和阳性：“citoyen/citoyenne”，“Bürger/Bürgerin”。因此，“citoyen 的权利”宣言并不包括“citoyenne 的权利”。在这两种语言中，阴性词都附带了表示阴性的词尾，在语法上构成了缺性对立（privative opposites）。显而易见，男性被作为人类的标准。

奥兰普·德古热就曾批判道，“人权宣言”其实就是“男权宣言”。在《人权宣言》颁布两年后的1791年，《女权宣言》就诞生了。德古热认为，既然女性和男性一样有上断头台被处刑的权利，那么也该和男性一样拥有参与政治的权利。正如她所主张的那样，两年后的1793年，她被送上断头台处以死刑。

西川祐子（1996）用一种全新的文本分析方法，以戏仿的视角解读德古热的《女权宣言》。她提出“戏仿能超越它所戏仿的对象吗？”，并指出以下两个方面的问题。一是戏仿使得戏仿对象被批判性地相对化了，二是戏仿本身对戏仿对象的价值过度认同了。

关于第一点，《女权宣言》有意识地对原作进行讽刺夸张（caricaturize），其创作目的就是要揭露“人权宣言”不过就是“男权宣言”这一事实。达到了这个目的，也就剥夺了《人权宣言》的权威性。

关于第二点，西川指出，戏仿对戏仿对象的过度认同无意间让自己变得比戏仿对象更像一幅怪诞的讽刺画（caricature）。第一个讽刺夸张是有意为之的效果，第二个讽刺夸张则是无意为之的效果。

德古热将citoyen（男性公民）身上所有的公民义务，赋税、徭役、劳作、刑罚，也一并平等地加在了citoyenne（女性公民）身上。其中，“劳作”还包括了服兵役。

有趣的是，德古热在《女权宣言》中，还给出了可能会使近代家庭解体的激进建议。在关于言论自由的第11条中，德古热认为言论自由对女性而言是不可或缺的，因为女性有权指名谁是孩子的父亲，并仅凭此就能赋予父亲以正统性。由于父权制的根基恰恰在于“孩子父亲是谁”这种嫡出原则，因此，德古热所提倡的女性的“言论自由”其实是一种反论。《女权宣言》将“父亲的正统性”而非“孩子的正统性”交由女性指定，相当于将嫡出权利的所有者从男性变成了女性。另外，她还在后记中提出，无论是婚生子还是非婚生子，都应平等地享有继承权。这是对嫡出原则的根本性否定。

西川认为，戏仿《人权宣言》的《女权宣言》通过要求公民权同样适用于女性，不仅明确指出了《人权宣言》的局限性，还无意间超越了《人权宣言》所涵盖的范围。戏仿利用那些统治性的原理，以子之矛攻子之盾，是为了颠覆性目的而改头换面的技巧。《女权宣言》也是瓦解近代家庭根基的解体宣言[1]。

4　兵役和公民特权

但是，诸如《女权宣言》戏仿的出现，其实早就暗示了人权概念的局限性和排他性，也就是说，即便人权概念有其自诩的普遍性，它一开始就存在着不彻底和矛盾。《人权宣言》中所谓的“男性和男性公民的权利”（之后将统一使用“公民权”一词）应当分配给哪些人？这个问题与统治国民的原理有关。因为公民权意味着公民与国家的归属关系，公民处于与国家权利和义务的双向关系之中，所以公民权是国家赋予的。

但是，从公民权的历史研究中我们可以发现，在这种公民

1　两个世纪后，第二波女性主义运动否定了父亲的权利，主张未婚母亲应享有生育的自由和权利。也就是说，在近代家庭形成的同时，批判近代家庭的话语也应运而生。（Fineman，1995=2003）

与国家的双向关系中，权利与义务的天平从未达到过平衡。美国史学家琳达·克贝尔（Linda Kerber）（Kerber，1987）通过追溯独立战争后的美国史，清楚地验证了这一事实。而且，两者的天平不仅会随着历史的推移而改变，公民的各项权利在守夜人国家向福利国家转变的过程中，会随着国家角色的转变而发生变化，并出现资源分配内容的改变。也就是说，守夜人国家的职能处于最低限度，仅限于保证公民权不被侵害，而在福利国家中，国家的职能则是保障公民的福利（welfare），因此就出现了从小政府到大政府的变化。

在此基础上，公民权的分配是不平等的。对福利国家分配要求的提高意味着作为分配资源的公民权列表中不断增加新的权利项目，比如生活权、日照权、环境权。对福利国家的分配要求越高，就越需要警惕公民成员范围的扩大。也就是说，在资源有限的情况下，就不得不考虑获得分配的成员的范围。无论从理论还是实践上来说，都无法给所有人分一杯羹[1]。只要资源是有限的，就不可能到处随意发放福利。也就是说，为了维持公民的福利水平，只能增强成员身份资格的排他性。这就是福利国家的另一面。

公民的权利是民族国家保障和分配的各种资源，那么它有什么样的历史起源呢？对此，克贝尔（Kerber，1993）提出了福利国家战争起源论。她认为，只有履行公民义务——具体来讲即兵役——才能享受公民特权。她有一篇论文，题目是《让我

1 比如，即便是对难民较为宽容的德国也是如此。德国一直以来都很积极地接纳难民，但当难民人数激增，它随即就修改了基本法，开始限制难民入境。

们所有的公民成为士兵，让我们所有的士兵成为公民》（*May all our citizens be soldiers and all our soldiers be citizens*）（Kerber，1987）。该题目来源于独立战争时期的一段集会演讲[1]。当时为了鼓舞士兵的士气，一位女性政治运动家在男性公民的面前发表了一场演讲。这位女性在其演讲中提出，士兵身份应该与公民身份一致。但考虑到演讲者的性别，她的发言里蕴含着一种矛盾。因为她自己的身份是女性，无法成为士兵，所以也就没有成为公民的资格。

在美国有退役军人特权（Veteran's bonus）。这项特权的起源可以追溯到独立战争时期。当时，美国公共福利的优先对象是曾对英军作战的退伍兵，特别是伤兵。他们拥有特权，在公务员选拔时可以被优先录取，而公务员的人事费用也几乎支付给了男性。这样的事情在之后的第一次世界大战、第二次世界大战以及越南战争中仍在继续。越战的退伍兵回国后，可以优先进入公立大学学习，在公务员选拔时也可以被优先录取，另外他们还能优先享受丰厚的福利。

在19世纪的普鲁士，同样也有履行兵役义务以换取公民权的观念。在普鲁士，兵役和选举权缺一不可，国家公民（Staatsbürger）的根本义务就是服兵役。因此，没有履行兵役的意愿或没有履行能力的人，诸如残疾人、犯人、胆怯者、懦夫等，即便是男性也会被剥夺公民权。

1 该演讲是1783年9月，美国开国元勋之一的约翰·杰伊（John Jay）的妻子萨拉·杰伊（Sara Jay）在庆祝会上的发言。

5 国民化的逻辑——纳入与排除

国民化的逻辑包含两个方面，被民族国家纳入与被民族国家排除。虽然有关民族国家论的研究甚多，感觉已再无可论之处了,但是小熊英二的《"日本人" 的界限》(1998)和石田雄的《记忆与忘却的政治学》(2000)依然取得了令人瞩目的成果。他们的研究将民族国家论提升了一个层次。这是因为，长久以来民族国家论的论述焦点主要集中在国民化上，也就是民族国家的纳入这一方面，而这两位学者将视角聚焦于纳入的对立面——排除。他们的研究揭示了纳入与排除的平衡问题。换言之，倘若权利与义务之间存在着不平衡，那么国民化也可能是一件坏事。这样说来的确如此。

被民族国家纳入是伴随着义务的，而这些义务中又有纳税和兵役这两大义务。公民接受这两项义务，是有利还是不利呢？他们通过履行义务来换取公民权利，他们的所得与如此辛苦的付出相匹配吗？

上述这两个问题贯穿了克贝尔的整个历史研究。历史上，民族国家的纳入与排除的天平有过不平衡的记录，而且纳入与排除之间还存在着灰色地带，而这个灰色地带中又存在着高低之分。石田给出的中心—边缘的图示向我们揭示了边缘还会创造出更加边缘的边缘。丸山真男的"压抑转移论"(抑圧委譲の原理)在其中发挥了重要的作用。处于边缘地区的精英阶层，反倒会跨过半个周边，对中心的逻辑表现出过度的认同，这使得边缘变成了对中心的一种怪诞的夸张讽刺。这种不合逻辑的事也同样发生在作为戏仿的女权上。

小熊以冲绳民族主义空想家伊波普猷为例进行了说明。伊波是一位思想家，提倡“日琉同祖论”。他致力于推动冲绳国民化，即向日本同化。若从地缘政治学的角度审视他的观点，他的出身不免引人注意。他是一名出生于那霸的知识分子，他的出生地相较于冲绳本岛统治阶级所处的首里，位于边缘地区，而他就是那个边缘地区中的精英。相对于拥有更高一层权力的日本而言，首里的旧精英处于劣势。伊波的日琉同祖论一边提倡日本与琉球在文化价值上的对等性，一边又将民族融合正当化。他的主张表现出殖民地精英话语策略中的多重性和复杂性。他一边向我们展示了对统治性话语的认同，一边又以子之矛攻子之盾。从这一点上来说，伊波的民族主义就是对日本民族主义的戏仿。他与德古热一样，在批判日本同化政策的同时，也变成了对日本过度认同的讽刺夸张。

6　女性的国民化和兵役

如果公民权是公民与民族国家之间的双向权利义务关系，那么其中一项义务就是服兵役。而兵役这项义务正是公民权中将性别歧视正当化的根据，也是公民概念男性化建构（masculinization of citizenship）的根据。因为，在几乎所有的民族国家中，国家军队都主要由男性应征兵组成。

但是，兵役究竟是一项荣誉还是一项不受欢迎的义务呢？一直以来，兵役都被视为一项荣誉义务。但在普鲁士，兵役在诞生之初就与奴隶制画上了等号。同样，众所周知，日本在1873年颁布的征兵制遭到了民众的强烈反对。因为，以往人们作为天皇臣民而获得参政权，如今却需要接受登记并履行纳税和服兵役的义务。显然，在民族国家形成初期，这种权利和义务的天平对国民是不利的。那时流传着这样一种说法：只要被征入军队，就会被榨干血。随着流言传开，各地掀起了反对征兵的武装暴动。因为户主和作为继承人的长子有免除兵役的特权，所以人们经常为了逃兵役而把家里的老二、老三给别人家做养子。那时候的人都知道，免除兵役就是一种特权。

那么，对女性而言，免除兵役这件事依然是一种特权吗？克贝尔的论文《宪法保证的女性作为淑女的权利》（Kerber，1993，1998）就在试图回答这个问题。女性被**排除**在兵役之外，或者说被**免除**兵役是一种特权吗？给予肯定回答的是美国的保守派女性。克贝尔将这个问题置换成一个颇具讽刺意味的问题——“宪法能保证女性被当作一名淑女来对待吗？”（A constitutional right to be treated like...ladies）[1]。

美国出现了两个对立的阵营：一面是保守派女性和父权制男性支持女性被排除在兵役之外，另一面是一些女性女权主义者要求兵役上的男女平等。美国主流派女权主义组织 NOW（National Organization for Women，美国全国妇女组织）认为女性参军是一种权利。以越南战争为契机，NOW 要求选拔女兵，并一次次提出诉讼，指出将女性排除出兵役是违反宪法的行为。根据当时 NOW 的代表朱迪思·戈德史密斯（Judith Goldsmith）在众议院

---

1 克贝尔给出的回答是否定的。她对这一争论的概括总结收录于1998年出版的书中。这本书的书名改成了《宪法未保证女性作为淑女的权利》（*No Constitutional Right to Be Ladies*）（Kerber，1998）。

兵役委员会上的证言，他们提出这种要求有以下三点理由。第一，女性被排除在军队所提供的就业机会和训练计划之外。第二，女性被排除在退役军人的特殊待遇之外，导致女性被排除在福利待遇之外，进而出现了更不利的后果——女性一辈子都只是结构和组织上的二等公民。第三，女性被排除在战斗训练之外，这增加了女性成为暴力牺牲者的可能性。

之后美国废除了征兵制，改为募兵制，军人这个职业从一项义务变成了一个相对较好的就业机会。于是，在女性就职领域扩大和职业化的名义下，主流派女权主义者进一步推进了军队中的男女平等[1]。甚至在海湾战争后，还有要求不再限制女兵参加战斗的声音出现，并在之后的伊拉克战争中成为现实。要求在所有领域都实现男女平等的声音也蔓延到了军队和战斗中。对此，站出来反对的是保守派的男性和反女权主义者的女性。他们认为，战斗是男性的神圣领域，正如军队被称作“男子汉的学校”一样，战斗是彰显男性气质的场域。

但历史的现实早已打破战斗只适合男性不适合女性的性别神话。女性的参军会导致军队的女性化（feminization of the military）还是女性的军队化（militarization of women）呢？这一问题的答案也早已明了，那当然是后者——女性的军队化[2]。

---

1 关于美国女性参军与女权主义者对此问题的看法，佐藤文香（1998）通过细致的论述，指出了二者之间的不同。她的博士论文（2002，2004）的主要内容是女性参加自卫队的问题。

2 关于对美国女性参军的批判性探讨，请参考上野（1998b）（本书第一部第二章）。

7　公领域的暴力与性别

公民权的性别平等指的是，公民的各种权利与义务的平等分配，这其中包含了兵役。而服兵役既是义务，又是国家独占的行使暴力的权利。军队是国家暴力的制度化形式，国家军队则是这样一个集体：拥有使用暴力而不被公民社会判为犯罪的特权。根据国际法，国家军队享有行使暴力和杀人无罪的特权。我们也许经常听到战争是“为国而死”的说法，这其实是一种错误表达，准确的表达应该是“为国而杀”。所谓战斗训练只不过是更有效打倒敌人的杀人训练。

行使公权暴力的豁免特权有着重要的意义。在 20 世纪 90 年代初，日本就是否派遣人员支援联合国维和行动进行了讨论，当时一些人认为，派遣自卫队奔赴海外的做法不可取，不如让普通人接受训练，再将他们送出国。然而从政治上看，这种提案绝对不可行。其原因在于，普通人行使暴力或杀人会被视为犯罪，要受到当地法律的制裁，而在国际法下，只有以国家军队名义派出的团体，其暴力行为才不会被视为犯罪[1]。也就是说，倘若要参加联合国维和行动，除了派遣国家军队这种受到国际法承认的团体之外，日本没有其他选择。

“PKO”一词可以委婉地翻译为“联合国维持和平行动”，准确来讲是“Peace Keeping Operation”的缩写，而“operation”显然是军事用语“作战”，然而 PKO 在日本国内并没有被公认

1　另一方面，也有人提议，既然普通人就算接受紧急特训也派不上用场，那不如派出训练有素的自卫官，但在派遣的时候，让他们脱下制服，以普通人的身份出国。然而，同理，这种提案也不可行。

为一种军事行动。派遣自卫队赴海外，不仅是出于政治考量，还因为在国际法上，只能派遣国家军队赴海外。因为只有这样，自卫官即便行使了暴力，他们的行为也不会被当作犯罪。这就暴露了自卫队在国际法上其实是被当作国家军队的。而美国至今仍然反对设立常设国际刑事法庭，则是因为美国想作为“世界警察”，在地球上各个地方拥有行使暴力的免罪权。

对于这种制度化的国家暴力，我们是要求女性参与，还是选择不让女性参与呢？针对这个二选一的问题，美国主流派女性主义的选择是，通过女性的参与来谋求军队内的性别平等，让女性自己面对暴力时也拥有行使暴力的权利，这样才能更好地保护自己。在结构主义的性别研究中，所谓女性本质上就是和平主义者的观点早已不复存在。并且，我们已然发现，在历史上，在“母性”的号召下，女性既被动员维护和平，也被鼓动参与战争。那么如此一来，女性也应当谋求一等公民权并要求平等分配行使公权暴力的权利吗？

8　私领域的暴力与性别

暴力也是社会资源，而公领域暴力则是一种社会性稀缺资源，它是依靠公民的非武装化实现的。而追求平等分配这种资源的思想是女性主义吗？要想解答这一问题，必须从国家这一公领域和相对应的私领域跳出来考察女性。关于公民权与行使暴力的权利 / 义务的分配，光看公领域是不够的，我们还必须考察行使“另一种暴力”的领域，也就是考察它与私领域的关联性。而串联起这两种暴力（公领域暴力和私领域暴力）的逻辑，恰恰与公民概念的男性化紧密相关。

民族国家中无罪化暴力的行使主体有两种。一种是国家，也就是作为公领域暴力制度化代理人的军队[1]。另一种就是私领域，也就是丈夫和父亲的暴力。这种私领域的暴力也不被看作犯罪。《反家庭暴力法》虽已出台，但该法律保护的是受害者，惩罚加害者的法律尚未出现。公领域暴力和私领域暴力，若发生在公民社会领域则被视作犯罪行为，然而二者都是不被问罪的特权暴力。国家和家庭，这两极都存在于公民社会的外部，无须遵从公民社会的法律，从这一点上看，二者可谓是法外之地。然而，我从克贝尔那里得到启发，认为应该存在贯通二者的逻辑。

在家暴和虐待儿童问题出现之前，公权力一直碍于隐私之名而被挡在私领域之外。性骚扰也是如此，在人们正视这个问题之前，哪怕受害者向劳动工会上诉，也只会得到“工会不干涉个人隐私”的回复，被草草打发。个人隐私这一概念，把家庭放入黑箱之中，维护了家庭之中的当权家长的利益。所谓“公民”指的就是家长。

女性主义的口号“个人的即政治的”广为人知。而琼·瓦拉赫·斯科特（Joan Wallach Scott）则进一步明确指出，“私领域是由公权力建构的”（Scott，1996）。女性主义法学家弗朗西丝·奥尔森（Frances Olsen）也同样指出，所谓“公权力不介入私领域”的原则也是由公权力所创，“不介入也是介入（的一种）”。她主张，无论是介入还是不介入，私领域原本就无法独立于国家

1　另外还有一种被国家无罪化的杀人权，那就是死刑。

而存在。（Olsen，1983，1985）

如此一来，让私领域的家长暴力得到豁免的正是国家。在以往的例子中，针对夫妇之间的暴力行为，公权力的代理人警察就算接到报警，通常也会拒绝介入并漠然离开。当然，即便在现行的法律下，妻子以伤害罪起诉丈夫，或者孩子以强奸罪起诉父母，都只是在理论上可行。而且，一直以来，司法判例始终没有承认婚内强奸，行政权力也一直没有介入虐待（之名的犯罪），这使得家庭内的暴力行为实际上并没有被当作犯罪。家庭被置于公民社会外部，使它成了不适用于公民社会规则的领域，导致家长权利的行使不受制约，私领域暴力被无罪化。

更进一步说，我们可以认为，所谓个人隐私原则，它的诞生也许就是为了让公权力不介入家长这一私权力的统治范围，是二者秘密合谋的产物。如此想来，所谓公民社会也只限于拥有对等权利的个人之间的关系，他们缔结了一种绅士协定，彼此承诺解除武装，并将暴力视作犯罪。女性公民不享有与男性公民同等的权利，进入婚姻后，女性作为法律主体不拥有权利，生活在丈夫的支配下。妻子和孩子被看作家长财产的一部分。在这样的社会中，施暴男性的说辞总是“光说没用，打她只是教育教育她”[1]。

正如国际社会是公民社会外部的法外之地，家庭则是公民社会外部的另一个法外之地。公权力对于家庭内部的介入意味着

1 这不是以前才有的事，现在仍然会出现这种情况，而且她们的丈夫还是三四十岁的人。（信田，2003a）

家庭成员被还原为个人，可以适用于公民社会的法律[1]。在这之后，婚内强奸、家庭暴力、虐待儿童才第一次被看作犯罪行为。换句话说，在这之前，妻子和儿童都未被看作“人”，更不用谈保障他们的“人权”。终于，在20世纪末，随着人们正视家庭暴力和虐待问题，“家庭本是法外之地”的事实才公之于众，这使得个人隐私的概念逐渐走向瓦解[2]。

9　公私领域的再构建

上述公领域与私领域的相互依存已经被众多研究者指出，但二者之间的逻辑关系并不明确。在公领域与私领域处于重要地位的是（男性）家长，而这些家长的集合构成了公民社会——关于这一机制，可以参考塞吉维克（Eve Kosofsky Sedgwick）的著作《男人之间》（*Between Men*）（Sedgwick，1985=2001）。众所周知，她明确区分了“homosocial”（同性社会性）和“homosexual”（同性恋）两个概念。所谓“homosocial”指的是男性之间的联系纽带，它通过抑制对同性的性欲望（恐同）将男性之间的关系非性化，并且在强制异性恋秩序中通过将女性看作男性的性对

1　日本宪法第24条中有这样的表述，婚姻只在双方同意的基础之上成立以及法律基于“个人的尊严”，在这里“个人的尊严”是否优先于婚姻和家庭呢？而这一法理是否意味着家庭会进一步解体成个人呢？这个问题引起了现代宪法学界关于“宪法和性别”的争论。有关这一争论请参考辻村美代子的《女性与人权》（1997a）第六章“日本宪法24条和‘现代家庭’”。

2　准确地说，个人隐私的概念并没有消失，而是逐渐脱离集体的领域，被限定在个人和其身体的领域之中（上野，2000b）（本书第一部第四章）。因为在公民社会中，个人对自己身体造成的危害和损伤未曾被看作犯罪。然而，器官移植、堕胎等法律规定在个人以及身体界限定义的问题上成了重要的争论点（荻野，2001）。

象（厌女）来配置性别关系。这样一来，女性在制度上被排除在 homosocial 的集体之外，而只能通过从属于某一个男性进入 homosocial 的集体[1]。

如果公领域的实质建立在 homosocial 的集体之上，那么性及其作用就是将与人类的身体性和再生产相关的各项活动从公领域排除出去，将其私密化（privatize）。公权力不介入被称为私密 / 私事（privacy）的领域，换句话说，这正是对私领域的公共代理人即男性家长私权利的公共保护。

如果按照上述逻辑来理解公私领域的建构和性别的分配，暴力要素的引入就使得串联二者的权力支配机制清晰可见。在 homosocial 的空间之中，社会不但没有压制 homosocial 成员的暴力，反而将公领域暴力制度化，纵容私领域的暴力行为。公领域的组成人员，也就是公民，他们不仅有行使公领域暴力的义务，还有行使私领域暴力的权利。因此，暴力这种资源的特点是，不能被分配给所有人。更加准确地说，在法治社会中，谁、在怎样的情况下才能正当地行使暴力（也就是不被视为犯罪行为），才是问题的关键。将行使暴力正当化的权利是一种社会资源，而且显然十分稀少且分配不均。

在这里，性别在社会分配上的非对称性，以及在此基础之上的“女性参与”的悖论是显而易见的。女性“进入” homosocial 集体只意味着她成了名誉上的男性。这一过程还伴随着私领域中

---

1 由于女性在男性的归属问题上会相互视对方为潜在竞争对手，所以很难形成 homosocial 集体。男性和女性在 homosociality 中处于非对称的关系。

对女性气质的自我否定。当下 homosocial 式的公私领域的构建和性别非对称的分配密不可分，想要保留公私领域构建、改变性别的分配，抑或保留性别分配、改变公私领域的构建，都是不可行的。倘若如此，性别平等就不可能意味着要求女性公民享受同男性公民一样的权利（也就是压迫同性恋者、歧视女性的权利）。

只要公领域具有 homosocial 集体性的特征，我们就必须瓦解其性别属性。与此同时，我们一定要揭露被归结为私领域的各种事物中的公领域特征，如私密化、私事化的身体、性、再生产等等。也就是说，对于公民，我们不仅要质问其公领域特征，还要披露其隐藏的私领域特征，只有这样，“公民”“公民权”的局限性才会受到严峻挑战。

10 公民权与社会的公正分配

公民权存在于上述与国家之间的权利义务关系之中，如果说，行使公领域暴力与私领域暴力包含在公民各项权利的集合之中，那么所谓性别平等就是要求公民各项权利的平等分配吗？

公民权是“civil rights”，它之所以是复数形式，是因为它意味着各项权利的集合。同样，女权（women’s rights）也是各项权利的集合。“Feminism”一词曾被翻译为“女权扩展论”[1]。它指的是，女权的集合要扩展到和公民权的集合一样大。在 1995 年联合国世界妇女大会上，希拉里·罗德姆·克林顿（Hillary

1　这里指的是日文中，Feminism 曾被翻译为“女権拡張論”。——译者注

Rodham Clinton）的演讲就是一个典型。她根据 1993 年维也纳联合国人权理事会的口号，发表了“女权即人权，人权即女权”（Women’s rights are human rights, and human rights are women’s rights）的演讲。

假设这里所使用的“human rights”指的是不同于公民权的人权，那么这就意味着，它其实指的是作为一个人所拥有的最低限度的不被侵犯的权利。这样来看，根据这种主张，women’s rights 好像连人权都还谈不上，至少还要扩展到最低限度的人权这一层级。另一方面，倘若 human rights 与公民权利同义，那么公民权利的集合就取决于是哪个国家的公民，也就是说，国籍的不同会导致权利集合的巨大差异。当今世界，享有最大公民权的就是美国国民，因此她的话就意味着把 women’s rights 扩展到与美国公民权同样的地位。然而，希拉里·克林顿可能未必考虑过理论和实践上的可行性。现在，美国公民的权利甚至包括了率先出兵伊拉克的权利。那些美国公民在众议院上自己授予了自己武装攻击他国的权利[1]。

女权扩展论就意味着，女性也可以享受男性拥有的权利。也就是说，作为二等公民的女性所被赋予的有限权利扩展到和男性一样多。这种思想就是我们所熟知的自由主义女性主义。

1 然而，被“率先攻击”的伊拉克有哪一个地区拥有攻击美国的意图和能力呢？美国公民对伊拉克行使国家暴力的权利，究竟是谁赋予他们的呢？对不顺应自己意志的人，用暴力让其臣服，这和家庭暴力有什么区别呢？

奥兰普·德古热的《女权宣言》就是一个典型[1]。她的《女权宣言》最为简单明了的目标就是纠正各个领域中女性代表性过低（underrepresentation）的现象。具体来说，就是要按照性别人口比例来参与各项活动，这其中也包含军队。

自由主义女性主义是近代女性主义的分支，而且是非常重要的思想流派，然而它并非女性主义的全部。玛丽亚·米斯（Maria Mies）以此提出了女性主义“追赶男性、超越男性”的模式（catching-up development model）。这种追赶模式代表的正是美国 NOW 等主流派女性主义。而在日本，同样有“男女共同参画”[2]这样作为国家政策的女性主义。这些主张的前提都是，无须质疑以男性为标杆的公民权的内涵。如果性别平等意味着公平分配作为资源的各项公民权利，那么就会产生以下三个问题。

第一，究竟是怎样的资源？这里所说的资源是指社会资源，也就是社会承认其价值的资源。社会资源由于分配的不均衡而逐渐稀少化，也正因为稀少化才衍生出社会性价值。空气和水是自然资源，但只要它们并非稀缺资源，且价值不被社会承认，那么它们就不是社会资源。暴力（的行使以及将其正当化的权利）是社会资源。显而易见，国家的军事实力是由国家独占暴力，并通

1 《女权宣言》的第 13 条这样写道：“（为了公权力的维持和行政的支出，女性和男性需要平等负担租税。正因为女性参与了所有劳役和辛苦的劳动，）因此女性也要参与地位、雇用、责任、位阶以及职业的分配。”（西川祐子，2000：附录 8）

2 1999 年 6 月，日本国会通过了《男女共同参画社会基本法》，所谓“男女共同参画社会”指的是，“确保作为社会成员的男性和女性拥有根据自己的意愿平等参与社会各个领域活动的机会。打造一个男女能够平等享受政治、经济、社会以及文化方面的各项利益，且共同承担责任的社会”。——译者注

过技术和预算进行分配的一种社会资源。而私领域的暴力并非它表面上所呈现的身体性、自然性的形态，恰恰相反，私领域暴力的分配也是不均等的。而这种私领域的暴力只要被社会默许，就会被看作一种社会资源[1]。

当公民的各项权利包含行使公领域暴力的权利和私领域暴力被免责的权利，即杀人的权利、压迫他者的权利时，要求平等分配这些权利究竟意味着什么呢？战争是一种愚蠢的行为，因此有学者认为，要求平等参与战争，不过是要求行使愚蠢行为权利的平等。性别的平等也应当包括行使愚蠢行为权利的平等，支持这种意见的是自由主义女性主义。然而，自由主义女性主义并不代表女性主义的全部。

第二，这种分配要在什么人之中进行呢？倘若可分配的资源是有限的，那么有限的参与分配者（closed membership）才是问题所在。国家分配的资源越丰厚，参与资源分配的人数就越要严格控制。在福利国家中，排他性是不可避免的。这种排他性是指，一方面限制移民和难民，另一方面进行人口管理。甚至可以说，每一个福利国家都在采取上述的一种或两种方式来进行政策性的控制。

第三，当说到分配正义的时候，这个正义究竟意味着什

1 换句话说，当暴力的行使不会面临制裁和暴力的反抗时，暴力就是一种社会资源。如果所有人都十分暴力，那么至少大家都会为了防身而武装起来。丈夫殴打妻子，妻子使用枪反击，即便是轻微的暴力也会受到社会的监视和制裁。例如，对于准备动手殴打妻子的丈夫，人们会立即让他离开妻子，连再婚的机会都不给他。如果这样做的话，暴力就不会成为一种资源。

么？约翰·罗尔斯（John Bordley Rawls）所说的分配正义（distribution justice）（Rawls，1971=1979）包含"正义"一词，它是只关乎分配方法，而与分配结果无关吗？如果拥有公平竞争机会的权利最终却导致了结果的不平等，那可以说这是正义的吗？阿马蒂亚·森（Amartya Sen）认为，早在资源分配的最初阶段就已经存在差别了，所谓遵循规则的公正交涉实际上只会使初期的差别进一步扩大。（Sen，1990）于是就产生了一个问题：所谓公正就只是一种隐藏不平等的意识形态吗？

通过对上述问题的探讨，接下来，我们来看看更为核心的问题：公民指的是谁？

琼·斯科特（Joan Scott）在论述法国女性主义历史的著作《唯有悖论》（*Only Paradoxes to Offer*）（Scott，1996）中，将公民权的概念回溯到个人的概念。所谓公民权是授予谁的权利呢？如果说公民权是授予个人的，那么个人指的是谁呢？法国大革命所构建出的抽象的"个人"，就是"宣称拥有同样特征"（declared sameness）的人，也就是消除了差异的人的抽象集合。如果是这样，那么女性所提出的成为这种"个人"的要求，就意味着否定性别本身的差异，而追求（与男性公民）"相同"（sameness）。

在这里，我们再次遇到了这个近代曾抛给女性的困境——"是平等还是差异"。然而，倘若我们不把这个悖论看作"女性的悖论"，而看作"近代的悖论"，那么，这就不是女性面临的困境，而是近代在成立之初就面临的困境。

所谓"相同"的标准就是男性公民。因此，"像男性一样战斗”或“和男性一样工作”就成了身为个人的条件，这也印证了公民权的含义。如果成为个人意味着要与男性“相同”，那么对女性而言，成为公民就意味着她们要“同男性一样”“像男性”。对于被殖民者而言，就相当于向殖民者看齐，也就是同化（assimilation）或认同（identification）。而公民化（civiliser）一词也包含文明化的含义，这也就意味着只有向殖民者中的男性国民看齐，个人才能够走上公民化之路[1]。

如果说公民权是特权，那么公民存在的前提就是非公民的存在。公民特权的男性特征依靠的是对女性的排除，公民特权价值的维系则在于没有特权的二等公民和三等公民的存在。那么由此可见，公民权目前所包含的内容是无法扩大到地球上所有人的。无论在理论上还是实践上，这一理念宣称的普遍性都是悖论。

这让我想起克里斯蒂娜·德尔菲（Christine Delphy）围绕后结构主义的性别定义展开的强有力论述。

> 男性在性别问题的框架之中处于何种位置？男性首先属于统治者，像男性一样就意味着成为统治者。然而，有统治者，就一定要有被统治者的存在。就像我们无法想象一个所

1 比如说，像在法国这种政教分离的国家，公立学校的穆斯林女学生是否要佩戴头巾的问题经常引起争论。政教分离对于法国人而言是理所当然的，但对于伊斯兰教来说却并非如此。然而，法国强制穆斯林居民接受这种“普遍性”的政教分离，使得他们只能以法国为标准被迫同化。如果有人要成为（法国）公民，就有必要且有可能接受文明化，因为这是“公民”概念的前提。

有人都是富人的社会，所有人都是统治者的社会也是不存在的。（Delphy，1989=1989）

冲绳研究者野村浩也（1997）也曾这样谈到冲绳日本人的同化问题，“成为日本人，就是成为歧视者”。野村描述同化的修辞和德尔菲的如此相似，这让我感到十分惊讶。如果在此基础上将德尔菲的话换一种说法，就变成了下面这段话。

“在性别框架之中，男性首先是歧视（女性）者。变得像男性一样，就意味着成为歧视者（对女性而言，她们自己要成为歧视女性的人）。然而，要想成为歧视者，就一定需要被歧视的一方。不存在没有被歧视者，而所有人都是歧视者的社会。”

对女性而言，公民权的性别平等并非要求性别之间分配正义的思想——女性也享有男性所享有的公民权利。换句话说，“女权”的要求，即女性对“公民权”正义分配的要求，是要通过揭露公民权概念的破绽，使其从根本上脱男性化[1]。

而且，如果将暴力（以及伴随暴力的统治）看作区别于女性的一种男性特征，那么公民权脱男性化就意味着，行使暴力（的正当权利）不应被看作公民的权利之一。如此一来，公领域暴力和私领域暴力都应当被看作犯罪。“普遍性”就这样遭遇了失败的命运。斯科特从德古热的讨论出发提出的“悖论”正是女性主

1 郑映惠也在论述后殖民主义公民身份的《齐唱“民之代”》中写道：“‘外国人’并不是在恳求‘也请施舍给我们现在国民所享有的特权吧’，而是作为主权所有者，向国民呼吁将权力结构中残留至今的特权改造为真正的权利和人权。”（鄭，2003：283）

义对近代、个人矛盾关系的揭露。

11 后国家主义的公民权

以近代化的完成为目标的自由主义女性主义是无法逃离这种矛盾关系的。在这里，我将阐述几个逃脱这一绝境的方法。

第一，需要使“个人”这一概念更加多元化，包含更多不同的概念。因此，应该放弃追求所谓“相同的权利”，而应主张增加“不同的权利”“即便不同也不会招致歧视的权利”。

第二，将个人所享有的公民权的人为性和契约性明确展现出来。既然是人为的契约，那它就不是宿命，是可以改变的。并且通过交涉，权利的内容和范围也是可以改变的。权利义务的关系倘若不存在互惠性，就可以放弃或拒绝。其中，通过出生而缔结的非选择性契约，在期满之时，可以选择再次缔结。

第三，让公民权以部分性和限定性为前提。公民权并非与国家的总括性契约。归属于某个国家既不是命运也不是绝对的。倘若没有这种总括性的归属，成员身份的绝对排他性就不会成立，部分归属和多重归属也因此成为可能。

事实上，以上方法并不具备前瞻性，只不过是对既成现实的实践进行事后的确认而已。双重国籍、多重国籍、国籍与居住权分属不同地区，以及归属地与生活场所的互不相关，所有这些都是后国家主义的现象，并且随处可见。

公民权类似于与国家签定的契约，但实际上，从加入国籍的方法中可知，那根本称不上契约关系。国籍或公民权的获得有血统主义（jus sanguinis）和出生地主义（jus soli）两种途径，这两种途径分别对应着民族国家的两个重要组成部分——人口与领土。现在，采用出生地主义的只有四个国家，美国、加拿大以及在限定条件下的英国和法国。然而，出生地主义并非就意味着更自由[1]。无论是哪一种，对于个人来说都只不过是非选择性的归属而已。

与此相对，冲绳出现的潮流意外地孕育出了后民族国家的思想。1981 年，冲绳人对现实感到十分失望，他们在《新冲绳文学》（48 号，冲绳时报社）推出了琉球共和国宪法的特集，其中《琉球共和社会宪法 C 私（试）案》的"第 11 条 共和社会人民的资格"里有这样的规定：

"琉球共和社会的人民是，……赞同此宪法的基本理念并愿意遵守的人，不论其种族、民族、性别、国籍，他的资格可在其所在地承认。"

但这恐怕只是梦想吧。假设这样的统治体主权可以同国家主权一样得到承认，那么由于个人是可以转移归属的，所以他们也可以逃脱兵役。并且，共和社会作为养老金和保险等互助社会事业的事业主体可以发挥类似合作工会的职能，而不论构成人员住在哪里。如果共和社会的养老金比国民养老金有更多好处，出现因此而加入共和社会的人也不足为奇。随着地方分权化，行政

1 比如美国，在美国领土之外出生的孩子，倘若父亲是美国人、母亲是外国人，那么孩子是无法得到美国国籍的。相反，在美国领土之外的地方，母亲是美国人，她所生下的孩子则可以拥有美国国籍。这里也存在着性别的非对称性。国籍法之所以这样规定，是为了将美军驻留地中美国士兵和当地女性生的混血儿——比如美亚混血儿（Amerasian）——排除在美国国籍之外。有关这一问题，详情请见岛袋玛丽亚（島袋マリア）（2002）的论述。

服务的水平也会出现地域差异。为了获得更多居民，自治体之间开始竞争。如果对移动自由不加以限制的话，在税金相同的条件下，人们会选择更优良的行政服务。如此一来，居民很容易迁移。同样的问题也会出现在国家层面。事实上，企业法人为了更加有利的税制，已经开始在国际间转移归属地。而这种选择，也出现在个人身上。

公民权的基本内容包含对个人生命、财产的保障。然而，国家对生命、财产的保障同国家对生命、财产的召集动员是紧密相连的。在公民与国家缔结双向义务关系的契约时，保障生命、财产本应是最起码的条件，那么，以国家之名召集动员国民生命、财产的行为，难道不是违反了契约吗？小林善纪（小林よしのり）的《战争论》（小林，1998）的腰封上写着这样几句略带威胁的话：“你是选择参加战争，还是选择放弃日本人的身份？”这仿佛意味着，“你要是不为国捐躯，那就别当日本人了”。当我们面对这样的胁迫时，应当反驳：“我不记得我还签过这种契约。”我的生命和财产并不属于国家。我和国家所缔结的双向义务关系的契约并非总括性的契约，而只是限定性的、部分性的契约。这种想法也与拒绝征兵的权利，以及“慰安妇”诉讼中要求个人赔偿的逻辑相通[1]。

2003 年 8 月 31 日出版的《朝鲜日报》中有这样一则报道，包括韩国原“慰安妇”在内的 300 多名太平洋战争受害者“对韩

1　根据日本政府和韩国政府缔结的两国协定，许多人主张日韩之间已完成国家赔偿。然而有很多人反对这种主张，他们要求对个人进行赔偿，认为“国家不能代表我的个人利益，国家就算得到赔偿，我也无法得到”。

国政府漠视和不负责任的态度表示抗议”。他们选择放弃国籍所连带的所有权利，并提交了放弃国籍申请书。年长者还放弃了他们领取养老金的权利，因此放弃“国籍连带权利”可以说是做出了相当大的牺牲。然而，实际上按照法律规定，放弃大韩民国国籍的条件是，需要取得外国国籍或者持有双重国籍，因此该事件以放弃国籍申请未被受理而结束[1]。

他们的行为虽然只是象征性地表达了态度，却是一份明确的宣言——“国家并不代表我的利益”——也让我们看清了国家与个人之间的契约关系。针对已脱离国籍的人所提出的个人赔偿请求，日韩政府搬出《日韩条约》的做法从逻辑上来说是不成立的。在韩国，发生过被征兵的年轻人放弃国籍的运动，原“慰安妇”宣布放弃国籍的行为也并不奇怪，倘若与国家缔结的契约侵犯了自身的权利，那么就应该有放弃该契约关系的自由。

如果把国籍看作一种资源，有益的资源继续维持，有害的资源选择拒绝，这不是理所当然的吗？对于犹太人而言，这种国籍观是比较熟悉的。他们并不把国籍当作命运。然而民族主义者认为这种人为性、功利性的国籍观应当遭到唾弃。民族主义将国籍与爱国之情（patriotism）混为一谈，并借此强调其自然性，但这只是将一纸契约伪装成命运，只不过是一种怀旧（nostalgic）式的（即把不存在之物当作缅怀对象的）、落后的

---

1 国籍法不承认不属于任何国家的无国籍者。但事实上，在国籍法的漏洞下总会有无国籍的孩子出现。比如外国女性在日本生下的孩子，如果日本男性拒绝承认这是他的孩子，那这个孩子就没有国籍。

意识形态而已。

通过区分国籍和国民权利，公民权成了重新建构国家与个人关系的线索。原本“公民”这一概念只不过是 civitas 的居民的意思，它是一个前国家式的概念，同时也可以成为一个后国家式的概念。公民权将个人在同一性的意义上还原为民族国家的人口和兵力，使之成为无法选择的命运。而今，这种公民权即将迎来终结。

结语

有关公民权的性别讨论已经上升到了私领域解体的问题。然而同时，这是否意味着公领域就可以原样保留下来呢？公领域通过对私领域的侵入，私领域通过对公领域的侵入才得以互相维持，这就是近代社会中公私分离的原则。一旦私领域表露出公共特征，公领域也会展现出私人特征。所谓公民就是公领域的公众，即以隐私之名将私领域封印起来、彼此伪装成“相同”的个人。在个人隐私的领域之中，从性到再生产再到抚养或依赖关系的有无、是否有残疾等差异都被忽视了。公领域仿佛当这些差异不存在一般，向人们保证着“相同”，并且还将之称为公平。在公领域的游戏之中，完全无须承担差异所带来的负担的人被当作模范，被塑造成近代典型的个人形象。而规则的制定就是为了让这些人更有利可图。公领域的游戏就是这样一种结构，它通过忽视这些差异进而把它们裹藏在背后，谎称是公平的，其实归根结底是不公平的。

所谓个人之间不存在差异，在现实中无疑是臆造。那么，我们是否需要重新建立一种游戏规则，让公领域囊括种种差异，从而能够应对不同的需求呢[1]？倘若“相同”的前提不复存在，适用于众人的标准答案也就不复存在，只会存在根据个例给出的特殊答案。

如果这样说，想必很多人会将其理解为多元文化主义的主张。然而，多元文化主义的前提是借集体归属将差异本质化，已经成为在承认多样性的基础上，统合国民的新技术——这点早已受到批判（Taylor，1994=1996；鄭，2003）。我们不是在民族国家的基础上讨论“承认差异”的问题，而是将国籍本身也看作差异的一个变量，它是个人众多差异交错的节点。性别也同样不是集体属性，只不过是差异的变量之一。

在本章，我根据性别这一差异，以差异的本质化契机“暴力”为线索，试探贯通公领域与私领域共通的逻辑，并重新探讨了公民权的概念。

让我们再回到本章开头那名法国女性的提问，经过以上论述，答案应该已经很明显。

“你所谓的人权是法国男性的、公民的权利，完全不具备普遍性。我们要求公民权，但那与你们在历史上独占的那个概念并非同一种东西。”

---

1 有人提议将“残障”作为一种变量推翻当下的规则，关于这点可以参考中西正司、上野千鹤子合著的《当事者主权》（2003）。

第二章　女兵的建构

引言——海湾战争的冲击

1991 年的海湾战争中，美国女兵的大量参战让全世界大为震惊。参战的女兵有 4 万人，占总体士兵人数的 12%。这个数字是整个越战期间参战女兵数量的 4 倍（Enloe，1993:201）。战争从“男性的战斗”变成了“男女共同参画”，令人感到讽刺。

就在同一时期，全美最大的女性组织 NOW 提出解除限制女兵参战的要求。NOW 是由美国“妇女解放运动之母”贝蒂·弗里丹（Betty Friedan）创建的组织，总部设在华盛顿。该组织致力于推动男女平等，已取得了不少成果。NOW 要求女兵“像男人一样”参加战斗，这在女权主义者中掀起了不小的波澜。这场波澜也蔓延到了日本。女权主义者对这个问题反应各异。对支持 NOW 这一要求的人而言，“平等”的目标就是获得“女性也有誓死为国战斗的权利”，如今目标就摆在她们眼前，亟待她们下定决心“大胆支持”NOW。而反对的人则急需构建一套脱离性别本质主义的反战逻辑框架，不依赖将女性视为爱好和平者的性别本质主义。

女兵问题随之出现。在国际政治的角力中，这个问题将女性和男性、右派和左派问题搅在一起，亟待明智的政治判断。回答这个问题,其实就是从根本上回答“国家是什么”“军队是什么”以及“士兵是什么”的问题。另外，女权主义者对这一问题持有的态度也是检验她们认为“女性主义是什么”的试金石。

1 海湾战争的前史——美军女兵的登场

回溯海湾战争爆发前的历史就可以发现，女兵的出现一点也不突然。军队和女性的“分水岭”终结于越战。越战以前，战争一直都是“男性专属”，女性仅仅充当着后方支援以及医疗人员的角色。第二次世界大战以同盟国胜利告终后直到 1972 年的这段时期，男性一直以“正义战士”的形象出现，而女性却始终扮演拥有“美丽灵魂”、爱国的“妻子和母亲”的角色。（Elshtain，1987=1994：11—26；Enloe，1993：217）

美国女性的参战由来已久。早在 1783 年[1]的独立战争时期，女人就已经拿起枪开始战斗了，在战争中负伤的人还获得了养老金。1901 年出现了仅由女性组成的护士队，在第一次世界大战和第二次世界大战期间，分别有 3.4 万和 40 万的女性通过女子陆军团（WAC，Women’s Army Corps）、女子空军团（WAF，Women in the Air Force）参加了战争。而这些女性的参战并不

1 1783 年独立战争已结束，此处疑为作者笔误。——译者注

是为了弥补全体战中兵源的不足。

1972 年，美国废除了征兵制，改为募兵制。此后，美军当局开始积极地招募女兵。截至 1972 年，美军中的女兵人数达到了 4.5 万，占总体的 2%。到 1990 年，也就是海湾战争爆发的前一年达到 22 万人，占总体的 11%。到 1997 年达到了 33 万人，占总体的 13%，其中，陆、海、空军的占比分别为 14%、13% 和 17%，而任务最繁重的海军陆战队也有 5%的女兵。（Rayner，1997）

放眼国际，除了已经实施女性征兵制的以色列，美国女兵以 13%的占比超越了俄罗斯的 12%，成为世界第一。（水島，1997）女兵比例较高的英国有 7%。在日本，自卫队的女性比例也在逐渐增加，截至 1991 年，陆海空自卫队总计约 8000 人，占比达到 3.5%。（加納，1993）

与之前的女子陆军团有所不同，有一股新趋势是通过男女混编部队将女性纳入军队。这一现象源自 20 世纪 60 年代女性开始要求享有与男性同等的就业机会。1976 年，西点军校开始招收女性。女性在军队中掌握领导权的条件也日趋完备。

如此一来，当初只能扮演“后方支援”角色的女性开始转变为“参加战斗”的女战士。而这种“职务领域的扩大”也仅仅是时间问题。1983 年在美国入侵格林纳达战争中有 170 名女兵。1989 年美国入侵巴拿马战争中有 700 名女兵。格林纳达战争中女兵的参战问题一度成了争议的焦点，但在这之后的巴拿马战争中，美国却进一步放宽了女兵参战的限制。当时美国陆军国民警卫队的琳达 · 布莱尔上尉率领美军的一个小分队与巴拿马军发

生了枪战，并导致了巴拿马军 3 人死亡。（上野・NHK 取材班，1991：6）

女兵参战的规模在海湾战争中进一步扩大。即便是后方支援的工作，也存在危险。海湾战争的死亡人数为 356 人。其中，后方支援的死亡人数达 211 人。女性战亡人数为 13 人，其中 5 人是在战斗中死亡的，2 人成了俘虏。

美军开始积极招募女兵的理由有：第一，由于兵役制度改为志愿兵役制，招募女兵可以弥补兵源的不足；第二，美军种族构成的比例失衡。（Enloe，1993：207）自实施志愿兵役制以来，军中的黑人比例急速攀升。1970 年美国陆军预备役的黑人比例为 14%，1980 年上升至 26%，1990 年则达到了 31%。参加海湾战争的美军里，四个人中就有一个是黑人。黑人参军的比例比黑人在美国人口中的占比（14%）还要高，这种比例的失衡缘于“贫困征兵”（poverty draft）。军队中的种族歧视问题没有一般社会中那么严重，还能一边领着薪水，一边学习技能，提升自己的学历。这对于少数群体而言是一个较好的就业机会。但美国军方担心这会使“美国军队”变成“黑人军队”，于是开始积极录取女性[1]。

而另一方面，女性参军的条件也日趋成熟。第一，女性也是受歧视的少数群体，当兵对她们而言同样是一个较好的就业机会。第二，即便只把入伍当成接受教育、职业技能培训的机会，

1　如果录取女性，就能招募到高学历的更优秀的人才。辛西娅・恩洛（Cynthia Enloe）认为女兵不属于“因贫困而参军”的情况。

那也是相当有吸引力的。第三，在这一时期，女性就业领域不断扩张，女性可以选择包括消防员、警察在内的所有“非常规职业”（unconventional profession），而士兵就是这些“非常规职业”中的一种。最后，还必须提到的是这一时期美国男性失业率以及美国社会离婚率的升高。美国女性进入职场的主要动机是“支撑家庭生计”，这与为了“补充家庭生计”而工作的日本女性不同。长久以来，由男性独霸的技术职位等“非常规职业”领域出现了女性的身影，因为这些职业的劳动条件明显好于其他职业[1]。结果，为了支撑家庭生计，单亲母亲以及丈夫失业的妻子都选择了参军。军队甚至还为女兵提供照看孩子的服务。海湾战争中，媒体报道了母亲在亲吻孩子之后即刻奔赴战场的场景，随后舆论哗然。这表明女性已经可以同时扮演母亲与战士的双重角色，而这同爱尔希坦（Jean Elshtain）的图式恰恰相反。

2　军队中的机会均等

从上述历史背景来看，海湾战争中女兵的出现是理所当然的。“机会均等”扩散到军队中也只是时间的问题。辛西娅·恩洛是一位研究军事化与女性关系的国际政治学家。她有一部论述“美国女兵的建构”的著作，书名是《下一个早晨》（*The Morning After*），具有暗示末日战场的意味，同时也是对“绝不

1　在去应聘洛杉矶消防队的女性之中，有一位女性给出的应聘理由是，该工作工资高、时间短，并能兼顾孩子。她是一位单亲妈妈。（上野·NHK 取材班，1991）

会到来的未来”的隐喻。在这本书中，她指出在军队中推行的机会均等中包含五个要素。（Enloe，1993）

第一，招募录取的机会均等。第二，对少数群体有利的就业机会。第三，提供职业培训的机会。对于驾驶飞行器、操纵大型机械等技术难度较高的工种提供免费的学习机会。第四，晋升的机会均等。这与要求废除或放宽对女兵参战的限制息息相关。因为在军队中晋升需要立“军功”，而禁止女兵参加战斗，就意味着剥夺了她们晋升的机会。最后是专业精神（professionalism）。如果军人也是一种需要专业精神的职业，那就应该适用“机会均等”的原则，每个人展现自我和竞争的机会应该是平等的。这点与兵役制的变化有关。志愿兵役制的实行让军务从义务变成了一种“职业”。

琳达·克贝尔还通过追溯美国建国的历史，对兵役与公民权关系提出了另一条重要意见。独立战争后，服过兵役的人作为社会福利的受益者，一直都享有优厚的公共福利，还能在公务员选拔时被优先录取，特别是在战争中负伤的军人的待遇十分优厚。只要男性独占兵役领域，公共福利的天平就会向男性倾斜。将女性排除在兵役之外，导致女性被制度性地排除在公共福利之外。（Kerber，1993:116）“直至20世纪80年代后期，自由派女性团体一直都是将兵役与一等公民权结合在一起讨论的。”（Kerber，1993：125）

但是，恩洛认为，在海湾战争中女兵更容易参加战斗是有条件的。第一，战争形态转变为以精准打击为代表的高科技战争。参战女性的形象也发生了变化，轻松操纵着高性能轰炸机的娇小女性形象取代了越战中扛着重型武器在泥泞中匍匐前进的强健女性形象。

第二，由于美国将沙特阿拉伯定为轰炸伊拉克的据点，因此，为了获得沙特的协助，美军在军中实施了极为严格的禁令——禁酒、禁毒、禁买春，因为沙特是一个戒律森严的伊斯兰教国家。在沙特国王的要求下，美军没有在其基地附近设置卖淫场所，由此女兵的参战就变得容易了。（Enloe，1993：219）众所周知，越战中美国曾用毒品鼓舞士兵的士气，而在海湾战争中，性、毒品、酒精这些军队中的“男性文化”都被压制下来，这也是海湾战争的一个特点。

第三，令更多女兵参战是在双方军事实力悬殊的背景下采取的短期决战型战略。这种战略的基础是双方军事实力的巨大差距。在许多方面，海湾战争和越战可以相互对照。

海湾战争中女兵的参战可以说是被有意利用了。她们使得海湾战争被塑造成了一场“美丽的战争”。女兵参战是一场仪式，用来抹去那场“肮脏的战争”——越战的痕迹，以重新塑造“美国正义”的形象。如此一来，美国在舆论战上也获得了胜利。

但是，美军基地禁止买春并不代表现实中的美国男性士兵表现得绅士。海湾战争期间，发生在军队内的强奸、性骚扰事件仅被告发的就有 24 起。女兵遭受到的性侮辱，比起敌人更多来自自己的战友。另外，在海湾战争中还有两名女性被俘。很多人担心俘虏会遭受虐待，特别是女性俘虏可能会遭受性虐待。那两名女战俘中的一人在获得自由后一年才首次说出自己曾遭受强奸的事实。之前一直没有说是因为“考虑到对军中士气的影响”。

3　性别平等的困境

人们怎样看待军队中的男女平等呢？这与政府部门、司法部门、军方、有履行兵役义务的男性、左派和右派的女性团体等各种因素紧密相关。

在 1972 年改为志愿兵役制后，美国国防部设立了国防部参军妇女咨询委员会（DACOWITS，The Defense Advisory Committee on Women in the Services）。在该委员会的报告建议下，国防部设置了国防机会均等局，以推进女兵的录用。但起初，军方高层对此的反应却不屑一顾。（Enloe，1993：210）

1968 年，在越战进行到最激烈的时候，一些处于服役适龄期的年轻人提起了诉讼，主张兵役义务只限定于男性的做法违反“宪法所规定的平等原则”。后来各地还发生了多起类似的诉讼案，其中最有名的是“罗斯特克诉戈德堡案”（Rostker vs. Goldberg）。戈德堡是一名医学院的学生，他出于良心拒绝服兵役，之后于 1975 年加入诉讼的行列。1980 年，时任美国总统的吉米 · 卡特向国会提交了包括男女的“普遍强制兵役登记”的提案，但被国会否决，仅限“男性的兵役登记”的正当性再次得到确认。吉米 · 卡特随即向法院提起诉讼，首先在地方法院胜诉，随后在 1981 年于最高法院逆转局势，获得符合宪法的判决。

1980 年，卡特总统的普遍强制兵役登记提案要求，不论男女，只要满 18 岁都要去登记兵役，这一提案的背景是《平等权利修正案》（ERA，Equal Rights Amendment）的通过。卡特总统认为时机已成熟，因为“女性现在已经进入到各行各业，所以军队也不能例外”，他认为“只有公民义务的平等，才能有公民权利的平等”。但他没有料到提案会遭到国会的强烈反对[1]。兵役上的男女平等受到保守派议员的反对，国会再次拒绝总统的建议，仅限于男性的兵役登记制度再次得到了肯定。

女性组织对这一问题的看法也各有不同。

NOW 在越南战争时就已经要求过兵役上的男女平等。1981 年，她们针对兵役登记仅限男性的规定提出异议并发起了诉讼。（Elshtain，1987=1994:371）1990 年，她们还提出不再限制女兵参加战斗的要求。（Enloe，1993:217）对于 NOW 的要求，1991 年，包含极右派在内的总统委员会发出拒绝声明。NOW 应该对抗的敌人是保守派，因为保守派试图把女性限制在传统性别分工的角色中。这样想来，海湾战争时，NOW 提出的要求其实一点都不冒进。美国主流派女权主义者继续加快脚步，推进在专业领域中的男女平等。志愿兵役制度实行以后，军队就成了有利于少数群体的专业领域之一。

1980 年，众议院兵役委员会接受总统建议，召开了听证会，NOW 的代表朱迪思·戈德史密斯做了如下发言。

“遵循公正与公平（fairness and equity）的原则，兵役中应当包含女性。将女性排除在兵役之外是违反宪法的。”（Enloe，

1 ERA 已经得到国会的批准，截至 1980 年，有四分之三的州相继予以批准。在女性兵役问题上，ERA 遭到保守派的强烈反对。卡特的女性兵役登记只不过是“象征性”的建议而已，即便登记了，女性也不一定会被征召入伍。但反对派认为兵役登记等同于女性参战，于是发起反对运动并取得成功。ERA 的失败折射出各方在女性兵役问题上的尖锐对立。（有賀，1991）

1993：120）

理由在于：第一，女性不能接受军队所提供的就业机会和教育训练；第二，只有男性能享受退役军人的特殊待遇，将给女性带来不利后果，使其终生只能是二等公民；第三，将女性排除在战斗训练之外，反而增加了女性成为暴力牺牲品的可能。

在听证会上，鹰派代表凯瑟琳·蒂格（Kathleen Teague）作为菲莉丝·施拉夫利（Phyllis Schlafly）[1]的代理，针对戈德史密斯的发言反驳道："军队的目的是国防，并不是女性谋求职业提升的领域。"

紧接着她又说道："女性无须承担服兵役的义务，这恰恰是美国建国以来宪法赋予美国女性的权利（Constitutional right to be treated like ladies）。"[2]（Kerber，1993：121）保守派女性认为，不断涌现出的机会并不一定会给女性带来实际利益，维持性别差异才是"公民权之一"。这其中有一项权利就是，女性有权不遭受战场、军队所带来的暴力。

意味深长的是，自由派女权主义者乐观地认为女性参军会有助于推进军队的民主化，但保守派女性不这么认为，她们对军队不抱任何幻想，认为女孩会在军队里遭受暴力、强奸、不符合道德的性行为等。她们认为，不同性别对国家的贡献也应该是不同的，"当男人在保卫国家的时候，谁来看着炉火，不让它熄灭呢？"

1 施拉夫利是一位保守派女性运动家。她在反对ERA的活动中最为活跃，还创立了Stop ERA。

2 克贝尔在1993年发表了一篇论文，题目就源自蒂格的这段发言。

针对这一问题，美国陆军首位女性三星将官克劳迪娅·肯尼迪（Claudia Kennedy）中将强调，男女对国家的贡献应该是平等的，她以问代答："美国有将女性送上战场的打算吗？"

"如果美国有把美国的男孩送上战场的打算，却不准备把女孩送上战场，我倒想问问，为什么你们认为美国的女孩比男孩更有价值呢？"（Rayner，1997：40）

4 军队和攻击性

在兵役问题上，无论是要求男女平等的女权主义者，还是主张维持性别差异的保守派女性，都不是和平主义者。不仅如此，那些强调和平主义与女性之间存在着本质关系的人，他们的主张已被历史宣告无效。

贝蒂·里尔登（Betty Reardon）在其著作《性别歧视与战争体系》（Reardon，1985=1988）中指出，战争是家长暴力行使到最大限度的体现，因此女性反对战争是有其必然性的。在该书中，她用大量篇幅论述了女性在过往有关和平的众多研究中微不足道的存在。实际上，一直以来无论是和平研究还是和平运动，主导者都是男性。而那些投身于和平运动的女性也从没有质疑过男性的主导权。里尔登曾批判道："和平研究中也存在着父权制。"她一语中的。男性一直都独占着公领域的各类活动，无论是和平研究还是和平运动，都只不过是其中之一而已，这也说明光靠和平的意愿是无法颠覆男性的优势地位的。反过来说，里尔登无意间向我们证明了：和平与女性之间没有必然关系。

黑人女权主义者贝尔·胡克斯（bell hooks）（hooks，1995）

从黑人女性的立场出发，也对女性与和平之间的相关性提出了质疑。因为，从帝国主义的历史和种族隔离政策中就可得知，白人中产阶级女性并不是非暴力的和平主义者。

军队是暴力制度化的机关，那么就会产生以下问题：女性参军会不会削弱军队的攻击性？换言之，是女性改变军队，还是军队改变女性？对于这个问题，也有许多不同的看法。

《纽约时报》1997 年 6 月 22 日登载了理查德·雷纳（Richard Rayner）的一篇长文《战士文化中的女性》。在文中，他试图在采访研究者、军方的基础上回答“女兵会弱化美军实力吗？”这一问题。他之所以将目光聚焦于这个问题，是因为军队恰恰是滋生“男性文化＝战士文化＝强奸文化”的温床。

随着女兵的增加，军队中的性骚扰问题逐渐开始引发关注。对女兵而言，比起敌人的攻击，她们首先需要防范的是来自男性战友的性侵犯。臭名昭著的美国海军性骚扰事件一尾钩丑闻以及阿伯丁新兵训练营内发生的强奸、性骚扰等事件的曝光，引起了军方的震惊[1]。对军方而言，不仅是性骚扰问题，基于双方同意基础上的异性性行为也成了新问题。诸如凯利·弗林（Kelly Flynn）中尉出轨丑闻等，军队不得不对军中恋爱、性交、怀孕等问题加强管理。让男女分开训练就能解决问题吗？这样一来，又会回到因性别不同而被差别对待的老问题上。军事专家勒特韦克（Edward Luttwak）甚至认为“把女性放进军队，就像把修道

1　在曝光阿伯丁性骚扰事件的女兵中，不知是受到上级的施压还是顾虑到自己在军内的处境，有些人之后撤回了控告。

院变成男女共处的地方”。

1997 年 9 月，美国陆军部部长韦斯特公布了有关军队中性骚扰问题的报告书。他承认“性骚扰问题正在整个陆军军队中蔓延”，声明会加强军容军纪的管理。这份调查报告显示，在过去的一年里，有 76%的男性和 78%的女性在兵营中遭受过“攻击性的性侵犯”，有 6%的男性和 7%的女性遭受过强奸。[OCS NEWS 562（1997. 9. 26）]

众所周知，军队文化具有强烈的男性气质，军队本身就是性骚扰频繁发生的地方也已成了不证自明的事实。在里根总统在任期间，国防部主管政策的副部长弗雷德·伊克尔（Fred Ikle）也承认“军队生活滋生出了强奸的恶习”。前海军部部长小詹姆斯·亨利·韦也曾说过这样一句话：“士兵必须在一定程度上变成野兽。因为战斗是非人类的行动。”

除此之外，雷纳还借用了女性主义法学家马德莱娜·莫里斯（Madeleine Morris）的一句话：“只要女性没有被完全纳入军队之中，军队就不可能正常运转。只有让女性完全融入军队，强奸问题、性骚扰问题才能迎刃而解。虽说如此，这也需要对军队进行改革。”

在海军后勤支援部工作的玛莎·埃文斯（Marsha Evans）指出：“歧视女性以及性骚扰问题的根源在于女性做出的贡献被严重低估。”这也就是说，原因在于女性被认为没有能力扮演“独当一面”的角色。

“怎样在把军队改革成人道组织的同时，又维持它的战斗力？”对于这一问题，雷纳自己的态度却极度讽刺。他引用了军事专家勒特韦克的一段话：

> 那就让军队去掉男性气质（demasculinize）吧。这样做强奸当然会消失。但这是我们追求的吗？军队的前提就是和强奸紧密联系在一起的攻击性。有本事就去掉吧。这样做的话哪里还会有什么军队！（Rayner，1997：29）

雷纳认为，军队就是“为暴力设计出来的机器”，而在军中追求男女平等，则是“要这台机器不去施展它为暴力、剥削、个人利益而生的赤裸裸的力量”，这是一个与军队本身的存在“矛盾的目标”。（Rayner，1997：55）只要美国追求的是一支“强大的军队”，那这就是不可能达成的目标。

尽管如此，雷纳的话也透露出女性一方的改变：

> 女人能杀人吗？能。女人也可以和男人一样接受高效率的杀人训练吗？能。女人有完成战斗任务的身体条件吗？有。我们可以把女人派到前线的小分队或海军陆战队吗？可以。（Rayner，1997：53）

雷纳认为，只要美国追求男女平等，那么这就是唯一“合理且公平”（logical and fair）的答案。他甚至说，居然有一个时代就女兵问题出现了这么多的讨论，未来的史学家可能会将这个时代称为“奇妙的过渡期或最后一个恐龙时代”吧。

对于那些认为女性参军可以改变军队的乐观主义者，爱尔希坦也持怀疑态度：

> 我知道，自由主义者一定会说只要当兵的女性变多，军队、战斗就会发生改变。但我不会执着于这种天真的论调。对我而言，我清楚地知道，军队是会改变女性的。（Elshtain，1987 =1994：377）

她以《新闻周刊》（*Newsweek*）在 1980 年 1 月针对 18 岁到 24 岁的 560 名美国男女青年的调查结果为基础，提出了以下观点："关于征兵制，用数字说话事实就再明白不过了。许多年轻女性赞成征兵制仅限于男性。她们并不想当兵，只想让男性为她们战斗。"（Elshtain，1987=1994：376）爱尔希坦称这种态度为"邪恶的公民信念"。她们一边说着"我无法赞成征兵制"，一边又"不情愿地"主张"这种制度是公民生活的一部分，不应该自动免除女性参与的义务"。

> 我认为，那种为了"保护女性"而豁免女性参与实战的主张几乎没什么说服力。因为没有人能在"毁灭的可能性中幸免"。（Elshtain，1987=1994：377）

爱尔希坦这里所说的"毁灭的可能性"指的是末日战争（核战争）的危机。末日战争不会区分战斗人员和非战斗人员，这才是全体战的终极形态吧。国际政治的现实告诉我们，在男女平等的要求背后也暗藏着作恶的可能性。

5 兵役与公民权

1783 年 9 月，在美国独立战争庆祝会上，约翰·杰伊的妻子萨拉·杰伊发表了如下贺词。

“让我们所有的公民成为士兵，让我们所有的士兵成为公民。”（Kerber，1987）

讽刺的是，这句话出自一位女性之口。克贝尔一篇从历史角度考察美国公民权和性别的论文就引用了这句令人印象深刻的话，她为文章取了个副标题“新型国家中女性公民权的双重含义”。如果公民权（citizenship，civil rights）和兵役义务相互关联的话，那么这相当于宣告了从建国之日起女性就没有被赋予完整的公民权。美国效仿英国，默认只有男性公民才对国家负有义务，而女性的首要义务却是服从于自己的丈夫。

女权主义者的研究相继证明了一个事实——公民权、市民权在其诞生之初就被深深地烙下了男性的痕迹。琼·斯科特的研究早已表明，法国大革命时期的《人权宣言》不过是男性及公民的权利而已。奥兰普·德古热戏仿的《女权宣言》表明了其自身从一开始就是一个悖论。（Scott，1996）因为，如果女性气质是通过与男性区别来定义的话，那么“和男性一样”就意味着女性在定义上“不再是女性”了。

德国历史学家乌特·弗雷弗特（Ute Frevert）的研究向我们表明了公民的男性特征与兵役之间的关联。（Frevert，1996=1997）如果“男性气质”是历史和文化所建构的产物，那么民族国家和公民社会就是建立起我们今日熟知的性别秩序的根源。弗雷弗特通过考察普鲁士国民军成立的历史，向我们表明了男性所拥有的“国家公民”（Staatsbürger ）、“国民”（nation）的身份是通过“为祖国和民族共同体献身的士兵”的形象建构起来的。而“战场就是发挥男性气质的舞台”，“军队是培养男性气质的学校”。相反，对女性而言，军队是无法踏入的“禁区”（terra incognita）。

> 征兵制是一条明确区分女性与男性、女性气质与男性气质的界线，这种区分在现实生活中又被制度性地固定了下来。（Frcvert，1996=1997：84）

时至今日，包括德国在内的许多国家仍在实行征兵制，当然这其中也有我们的邻居韩国。没有征兵制的日本倒是个例外。文承淑（Seunsook Moon）曾指出，韩国的男性气质是通过“高度的军事化”（highly militarized）建构出来的。（Moon，1997）并且，韩国与美国一样，服过兵役的人可以享受各种特权，比如优先进入较好的学校、在公务员选拔时被优先录取等。当然，并不是所有登记了兵役的人都会去服役，在高学历、高收入群体中，有些人会想方设法地逃兵役。这种逃役行为自然会引起全民激愤，也在他们身上烙下“缺乏男性气质”的印记。美国前总统克林顿曾在越战时逃兵役，这成了他被质疑是否适合担任总统一职的论据[1]。韩国前总统全斗焕之子也因没有服过兵役而成为媒体

---

1 在1984年美国总统大选中，乔治·布什非难自己的对手、史上首位女性副总统候选人杰罗丁·费拉罗（Geraldine Ferraro），认为她没有服过兵役，所以不适合领导国家。（谷中，1997：13）

批判的焦点，为此不得不大力宣扬他在社会公益活动中的表现以挽回形象。

6　关于“女性主义与军队”的论战——日本的情况

由于日本没有征兵制，一直以来军队与女性关系的问题很难被大家注意。但是，这种情况迎来了一个转折点——海湾战争。“二战”结束后将近半个世纪，日本没有再出现过战亡者，也没有向国外派出过一兵一卒。就是这样的日本在是否要加入联合国维和行动的问题上分成了两派，并进行了论战。政府的说辞是联合国维和行动（Peace Keeping Operation）与联合国维和部队（Peace Keeping Force）不一样，它不是部队。但实际上，“operation”一词的意思就是“作战”，联合国维和行动人员活动的前提就是武装。关于为什么要派遣自卫队,政府给出的理由是，普通人没有接受过必要的训练。然而，被派遣者是属于自卫队的普通人还是国家军队的士兵，会在武器的使用上产生巨大差异。因为如果是普通人杀人，就等于犯罪，但如果是国家承认的军人，即便杀了人，国际法也不会将他们的行为认定为犯罪。

日本被批判“只出钱不出力”（当然，这种“出力”的后果就是“流血”的可能性）。日本一边提供高达90万亿日元的巨额经济支援，一边还接受着责难，更有甚者说日本是“继萨达姆·侯赛因之后的第二个战败国”。那时候在报纸上还能看到这样充满讽刺的评论——“只派遣男性参加联合国维和行动执行任务是对男性的歧视。女权主义者为什么不要求派遣女性去呢？”日本的女性团体并没有在联合国维和行动一事上要求男女平等。

相反，很多女性团体站在了反战、反海湾战争的一边。

正如我在第一节中所介绍的那样，那时候，自卫队中的女性比例在逐渐攀升，“向联合国维和行动派遣女性”实际并不困难。自 1992 年起，日本国防大学开始招收女性。军队中的男女平等、性骚扰问题已不再是可以“隔岸观火”的事情了。

金井淑子在其著作《女性主义问题的转变》中这样写道：

> 海湾战争留给女性主义两大课题。一个是，如何看待女性与战争的结合打破了长久以来“女性是和平力量”的结构。另一个是，该如何评价 NOW 从女性主义的角度出发，要求“女性参军”和“持枪参战的平等”的方针。（金井，1992：149）

相内真子从女权主义者的角度出发，对 NOW 要求不再限制女兵参加战斗的提议表示了赞同[1]。

批判的声音来自一个意想不到的人——以厌恶女性主义闻名的专栏作家中野翠。她向女权主义者的反战宣言放出一支冷箭。她从“女权主义者”的立场去思考问题，而将自己的立场束之高阁，断言作为女权主义者，难道不该支持女性上战场吗？她质疑了女权主义者的反战立场。

这是对女性主义的片面理解，以为所谓女性主义就是不论

1 加纳实纪代曾说：“在至今为止有文字记录的意见中，大概除了相内，日本没有一个人会赞同 NOW 的做法吧。”（加納，1993：164）加纳在介绍相内时，称她为“NOW 的成员”。

在哪个领域都要求男女平等，包括“作恶的平等”。其中还包含了中野对女权主义者就是“想成为像男性一样（愚蠢）的女性”的嘲讽。NOW 的要求，以及对这种要求表示支持的相内，看似印证了中野的解释。

为了相内的名誉，我必须要说，中野曲解了她的意思，她的意思并不是“像男人一样做出愚蠢行为的平等”，而是通过“军队的女性化”实现变革。然而加纳参照汉利（Lynn Hanley）的论述指出，“比起军队的女性主义化，参军女性的军队化远为成功”。（加納，1993：164）加纳实纪代也是一位受到 NOW 要求冲击、一直致力于追问女性士兵问题的女权主义者。总之，日本女性主义对这一问题的反应可谓迟钝。加纳从 20 世纪 70 年代起就一直研究“大后方”名义下女性协助作战的问题，她在心中早已经舍弃了把女性等同于和平爱好者这种性别本质主义的论断。

在 NOW 提出要求和相内对其表示支持的背景下，我以札幌自由学校“游”的内部刊物《“游”通信》为阵地，与花崎皋本开始了局部性的“女性主义与军队”的论战[1]。（花崎，1992）受花崎触发，我从批判 NOW 的立场出发与花崎进行了对谈。（上野・花崎，1992）不依赖女性等于和平主义者这一本质主义观点的女性主义以及反战思想的建构，从那以后就成了我的思想

1 根据花崎所说，他开始关注女性主义理论的契机是这一场“女性主义与军队”的论战。他了解 NOW 的要求，直观地觉得“这不合理”。以此为契机，他在《情况》杂志上发表了《女性主义与军队》（花崎，1992）一文。受此触发，我和他进行了对谈——“作为少数派思想的女性主义”。（上野・花崎，1992）

课题[1]。

海湾战争是后冷战时期最具象征性的事件。以此为契机，战后日本的一国和平主义[2]受到了审视，奠定了战后女性运动基调的“反战与和平”思想也遭到了质疑。20世纪80年代之后，新女性史的动态之中，女性协助作战的事实逐步被公之于众，女性与和平之间的关联绝不是本质主义的。这些被揭露的事实证明，“女性”这一身份无法成为倡导“反战”的根据。另一方面，随着女性工作范围的扩大和专业化的推进，要求“自卫队内部的男女平等”这一主张的出现也只是时间的问题。阻止人们正视这一

1 日本有关“女性主义与军队”的论战，可以参考加纳实纪代的总结。以下再次列出其中收录的文献列表。（加納，2005：358—359）但这些是当年（加納，1999）——1999年前的数据。

佐藤文香「アメリカ女性兵士をめぐる言説の分析——映画『G·I·ジェーン』から見えてくるもの」『女性学年報』十九号、一九九八年一一月

上野千鶴子「女性兵士の構築『フェミニズムの主張4 性·暴力·ネーション』勁草書房、一九九八年一一月

中山道子「論点としての『女性と兵隊』—— 女性排除と共犯嫌悪の奇妙な結婚」同

田島正樹「フェミニズム政治のメタクリティーク」同

江原由美子「ジェンダーの視点から見た近代民族国家と暴力」同

リンダ・カーバー / 宮地ひとみ訳「憲法は<女らしさ>を保証しない——市民としてのアメリカ女性」『同志社アメリカ研究』三五号、一九九九年三月

上野千鶴子「英霊になる権利を女にも？——ジェンダー平等の罠」同

牟田和恵「女性兵士問題とフェミニズム」『書斎の窓』一九九九年四月

シンシア・エンロー / 池田悦子訳『戦争の翌朝 ポスト冷戦時代をジェンダーで読む』緑風出版、一九九九年四月

2 “二战”后日本国内政界对外政策方面的主要思想之一，主张日本应严格遵守第二次世界大战结束后各类国际条约、文件关于日本在国际政治中的地位和作用的规定。20世纪80年代末90年代初，特别是海湾战争爆发以及联合国安理会常任理事国成员扩大方案提出之后，这一主张受到了严峻挑战。——译者注

问题的原因就在于自卫队这一尴尬的存在，它本是不该存在的国家军队。而从纵容自卫队这一点来说，改革派政党应当同罪。从这点来看，日本女性运动也陷入了一国和平主义的泥潭。

女性主义进入了国家和暴力这一核心问题领域[1]。20世纪90年代以后围绕“从军慰安妇”提出的各种问题也着眼于同样的议题[2]。

结语

斯科特所说的女性主义的“paradox”既是“反论”又是“悖论”。只要“国民”一词是定义男性特征的用语，那么“女性的国民化”终究只是无法企及的“矛盾的终点”。而从一开始就设计好了这一切的是民族国家。

“一等公民”的权利同服兵役的义务紧密相连，如此一来，无须服兵役的女性就必须甘心忍受“二等公民”的地位。如果女性要求“完整的公民权”（full citizenship），她们就不得不放弃维系民族国家的性别界限。军队中的男女平等是否就宣告了民族国家的性别秩序进入了新的阶段呢？这究竟意味着非父权制军

---

1 佐藤文香是日本研究“军队和性别”的先驱，她曾指出，2003年自卫队内“男女共同参画”的女性比例已经达到4%。然而她的研究受到了周遭的误解。由于“自卫队不是‘军队’”，她将论文题目由《军队和性别》改为了较为模糊的《军事组织和性别》。她的论文从女性主义视角研究军事化，而且是以自卫队为研究对象的实证性研究。她以这部论文获得了博士学位，学位论文《军事组织和性别》（2004）由庆应义塾大学出版社出版发行。

2 有关“慰安妇”的错综复杂的论证，请参考上野（1998a）。

队、非父权制国家的开始，还是国家使女性同男性一样成了杀人机器呢？

然而，我们在这里需要质疑的是，公民的各项权利究竟是什么？是谁对谁的要求？如果说保障公民权利的是国家，那么公民与国家是双向义务关系。如果是国家要求公民服兵役，那么公民以服兵役为代价可以获得某些权利。然而，这些议论都把国家当作了已知条件。斯科特和克贝尔的历史研究告诉我们的事实是，公民各项权利的内容与定义是民族国家在形成过程中通过不断试错建构起来的，女性公民（以及男性公民）一直为此与国家战斗。不，甚至可以说，男性公民公然或潜在地与国家签订了契约，企图占有公共领域。在这种"公领域男性 / 私领域女性"的"分工"中，正如女性主义解析的那样，女性被指定所处的"私领域"实际上是由"公领域构建的"。不仅如此，所谓"女性"也是通过将她们排除在公民各项权利之外而定义出来的另一个"阶级"。如果民族国家和性别变量的关系既非"必然"又非"不可回避"，那么"性别平等的民族国家""性别平等的军队"等"乌托邦 = 反乌托邦"便是可能的。然而"性别公正"（gender justice）的终极目标难道就是"民族国家中的平等分配"吗[1]？

然而，也有女权主义者，如琼斯指出了"平等的陷阱"。"当军队保证'机会平等'的时候，我们需要质问的是，这到底是'做什么'的机会？"（Jones，1990：139）

---

1 "民族国家平等分配"的一个解决方法是建立"福利国家"，如瑞典等"福利发达国家"的"国家女性主义"（state feminism）。在日本也有女权主义者想以此为学习对象，但是我们必须慎重考虑国家和女性主义之间有着怎样的排他性和压迫性。

在这里，我们需要参考克贝尔所指出的“所谓军队就是国家对于暴力的占有”。在国家暴力由男性占有的时候要求“分配正义”就是在承认国家独占暴力的基础上，要求朝着这一方向发展平等。倘若仅限于这种要求，那么追求军队内平等的美国女权主义者也只不过停留在美国的女权主义者这一框架内。只要不质疑美国的军事力量以及支撑军事力量的国际秩序（“美国强权之下的和平”，Pax Americana），那么她们的第一身份就不是女权主义者，而只是美国人（美国民族主义者）[1]罢了。

思考女兵的问题就是思考“女性之于国家暴力的关系”。这“要求进一步深入思考性别与攻击性的关系，并且仔细考察二者的关系在历史上是如何被国家利用的，以及它们的关系应该如何”。（Kerber，1993：127）

克贝尔认为，军队内男女平等的意识形态意味着让人忘记“在国家要求的国民义务之外，还存在着更高一级的义务要求”。女性主义思想绝不是仅仅对国家所占有的、任意分配的公民各项权利（包含义务）提出“平等分配”的要求。女性主义解析的是“国民”与“公民”概念中的男性化建构，并且通过颠覆这一男性化，质疑国家对各项权利的占有本身所存在的问题。隐藏在军队中男女平等意识形态之下的其实是女性主义和国家之间预谋的新“交易”，这是女性主义必须拒绝的。

1 贝尔·胡克斯等少数派女权主义者对美国民族主义持怀疑态度。这是因为她们对美国曾以“国家”之名压迫过哪些人的问题十分敏感。（hooks，1995）

第三章　对抗暴力与性别

1　军队的“男女共同参画”？

自海湾战争以来，有关女兵的一系列问题就成了日本女性主义争论的焦点之一。“所有领域都要实现男女共同参画”的终极目标难道就是要实现军队的“男女共同参画”吗？一部分女权主义者给出了肯定的答案，而另一部分女权主义者给出的答案则是否定的[1]。

然而，我早已发现这个问题背后还隐藏着另一个沉积已久却无法提出的问题。而这个搁置已久的问题，对我（以及我们这一代人）而言是一个让人感到痛苦的禁忌。那就是，如果可以动员女性参与国家暴力的话，那么是否也可以动员女性对抗暴力呢？换句话说，前者的问题是“女性也能成为士兵吗？”，而后者的问题是“女性也能成为革命战士吗？”。这两个问题虽然看

1　日本有关“女兵”的争论，请参考佐藤文香的论文（2002，2004）。她的论文中列出了详细的文献。

上去扭曲且不对称，其实表里合一，不可分离。而且它们的关系是，只要你回答了其中一个，就无法对另一个置之不理。

“女性也应该成为士兵吗？”对于这一问题，更规范的问法应该是实然性的，“女性也能成为士兵吗？”对于后者，历史经验已经给出了肯定的答案。在性别平等的时代，战争不再是男性的“神圣领域”，所谓“男性是战士，女性是家庭中的天使”（Elshtain，1987=1994）这种带有怀旧色彩的“性别分工”早已成为过去。如今，性别本质主义从根源上被推翻，因为不能仅仅由于女性是“生育的性别”，就认为“女性是和平主义者”。历史经验告诉我们，无论是参加战争还是维护和平，女性都可以被动员起来——而且恰恰是在“母性”的旗号下——这证明女性并非“和平爱好者”[1]。

在这一点上，1991 年的海湾战争可以说具有划时代的意义。海湾战争拉开了精准打击和高科技战争的序幕，在这场战争中，美国以少量的牺牲者“干净漂亮”地赢得了胜利。美国女兵的参战问题一直以来饱受争议，而海湾战争不仅放开了女兵参战的限制，而且这场战争中还出现了女兵被俘的事件。

报道过海湾战争的《纽约时报》记者理查德·雷纳曾写过一段话。这段话我已经在其他章节引用过了（本书第一部第二章）（上野，1998b），之后我还会多次引用这段令人印象深刻的话。

1　关于战争中动员女性的研究，请参考西川祐子（1982，2000）、铃木（1986）、上野（1998b）。

> 女人能杀人吗？能。女人也可以和男人一样接受高效率的杀人训练吗？能。女人有完成战斗任务的身体条件吗？有。我们可以把女人派到前线的小分队或海军陆战队吗？可以。（Rayner，1997：53）

对于“女性能成为士兵吗？”这一问题，历史早已给出肯定的答案。那么对于“女性能成为革命战士吗？”这一问题的回答又会是怎样的呢？其实历史也已经有了答案。

2 存在“正确的暴力”吗？

暴力分为行使正统化的暴力和行使非正统化的暴力。由国家权力所行使的正统化的暴力叫作军事行动或警察执法。而那些非正统化的暴力，即发生在公民之间的暴力行为则叫作犯罪。除此之外，行使与国家权力对抗的暴力叫作恐怖主义。当然，这种暴力的分类只不过是统治权力肆意做出的区分而已。更准确地说，统治权力所行使的暴力被视为正统，除此之外的暴力行为则不被视为正统，仅此而已。美国前总统乔治·布什（小布什）把各种各样的组织都叫作“恐怖主义”，只不过是简单粗暴地将各种与强权美国对抗的暴力，按自己的心意随意归结于一个概念罢了。

倘若恐怖主义企图颠覆政权，则会被称为“武装政变”。要是它追求的是民族独立，则会被叫作“解放斗争”。而如果统治权力没有正统性的话，就会被叫作“抵抗运动”。总之，这些都是从当事者的角度给出的定义，都主张自身为了对抗而施行的暴力是具有正统性的。

为追求某一目的而施行的“暴力”就是正当的吗？如果从国家层面上来思考，该问题就可以替换为：存在正确的战争吗？国家所行使的被称为“战争”的暴力行为，如果因其“目的正确”而被正当化，那么对抗国家暴力的一方，也有各种理由打着“目的正确”的名义，将自己的行为正当化。在国际法中，只有国家（国家军队）独占着行使正统化暴力的行为。而“恐怖主义”就是没有正统性的一方所行使的暴力行为，是国家将之非法化的战略术语。因此，车臣共和国的游击队是“恐怖主义”，巴勒斯坦人对以色列的军事攻击是“恐怖主义”，国家权力面临崩溃、没有正规军队的伊拉克人的反攻也是“恐怖主义”。

以上这些行为都只不过是统治权力做出的对“状况的定义”而已。相应地，我们也可以将美军的军事侵略和以色列的强权军事镇压称为“国家恐怖主义”，但先不论其修辞效果，这一表达在定义上就自相矛盾。因为国家是拥有正统化暴力的一方，行使的暴力就是正统的暴力。

然而，行使正统暴力的一方也有可能会行使非法的暴力，这就会遭到批判。然而，逻辑还是一样的，即“行使正统暴力的一方拥有正当（合法）行使暴力的权利”。换句话说，存在着由正确的一方行使的正确的暴力，这是一条公理。当然，拥有正统化暴力的一方，在发动战争的时候总能把战争的目的正当化（标榜为“正义之战”！），然而某种暴力正当与否，只有事后才能得到证明。也就是说，如果暴力的行使以失败而告终（战败），或行使暴力的一方事后没有将其行为正统化（政权更迭），统治权力曾经行使的暴力都会被非正统化。而拥有正统暴力的一方在迎来胜利之后,将它们的暴力行为（殖民地侵略或征服新大陆等等）非正统化的情况在历史上即使存在也极为罕见。

因此，逻辑上可以根据以下两个条件，设想四种排列组合的情况:（1）行使暴力的一方是否拥有正统性（legitimate or illegitimate);（2）暴力的行使是否具有正当性（justifiable or not)。在以往有关“战争”的问题中，讨论的中心都是“国家”这一拥有正统暴力的一方所进行的“正义之战 / 非正义之战”(just war/unjust war)。而我们在这里要解决的问题是如果也考虑对抗暴力的一方，情况会如何?

我们有理由怀疑国家独占暴力的正统性，不仅如此，暴力正统性的定义权倘若被国家所独占，那么被国家称为恐怖主义的对抗暴力的一方，甚至连名誉都没有。不仅如此，国家所拥有的正统性在历史上总是变动的。原本对抗暴力通常就是以挑战国家正统性为目的的。新的统治权力事后会将旧统治权力的行为非正统化。因此,对抗暴力的一方倘若失败了,就会沦为“恐怖主义”;倘若成功了，它们就是“革命”。

3　女性恐怖分子

伊拉克和巴勒斯坦的自杀式袭击就是发生在我们眼前的活生生的例子。对我们而言，恐怖主义的历史绝非遥远的过去。它们与我们处在同一个时代。

“9・11”的恐怖分子中没有女性。不过就算有女性，我们也不会觉得不可思议。随着以色列对巴勒斯坦的攻击愈演愈烈，为抵抗攻击的自杀式恐怖袭击就变得越来越多。这当中，竟还有一名 19 岁的女学生，不禁令人哑口无言。

很让人震惊吧。这给我一种曾经经历过的、似曾相识的感觉。1966 年的电影《阿尔及尔之战》中就出现过女性恐怖分子。女性也能成为恐怖分子……这已经得到了历史的验证。

日本也出现过女性恐怖分子。正如上文论述的，所谓“恐怖主义”指的是行使未被统治权力正统化的对抗暴力。在这里，为了方便起见，我们将行使对抗暴力的一方称为“女性革命战士”。使用这一名称是考虑到将来当事者会将这种暴力的行使正统化。这些女性革命战士有联合赤军的女兵永田洋子、东亚反日武装战线的浴田由纪子，还有虽未上前线作战但被看作特拉维夫枪击事件的幕后参与者的重信房子等等。

这些并非遥远的过去,这些人仍然活着[1]。她们与日本妇女解放运动的诞生几乎处于同一时期，她们与投身妇女解放运动的女性是同一代人，但她们走上了与参加妇女解放运动的女性完全不同的路。

1972 年联合赤军事件震惊了整个日本，当时主导妇女运动的田中美津的一句话招致了极大的误解——她写道，“永田洋子就是我”。（田中，1972）并且她认为永田和自己“相差无几”，永田也同样倡导“女性解放”。她们都经历过压迫，永田成了革命战士，而田中自己则走向了妇女运动。她自问道，我们有什么区别呢？对她提出的这一问题，即便是 30 年后的今天，恐怕也

1　永田洋子在被判处死刑后，于 2011 年病死在监狱之中。

难以给出令人满意的答案。

4 “既要反对恐怖主义，又要反对战争”？

如今过了 30 年，曾经的往事已经成为历史了吗？

30 年后，出现了一位敢于回答这一问题的历史学家，这个人就是加纳实纪代。她编纂了一本名为《妇女运动的“革命”》（加納，2003）的书。我和她的对谈《女性主义与暴力——在“田中美津”和“永田洋子”之间》（上野·加納，2003）[1] 就收录于该书的卷首。

谈到联合赤军，除了论述女性和对抗暴力的问题以外，还必须介绍一下有关内部肃清运动的内容。联合赤军事件不单单是一场发生在浅间山庄的挟持人质与对峙枪击事件，那之后还发生了集体私刑处决事件，给那一代人留下了很深的心理阴影。如果我也在现场的话会怎么样？也许会是杀人一方，也许是被杀一方。这种想象力穿透了那阴暗的沟渠，让许多站在那里的人陷入长时间的沉默。而我也不例外。我之所以接受加纳的提议，是因为我想要找出答案——田中曾与联合赤军的永田交锋过，实际上她还曾在永田的邀约下拜访过山岳基地，对于她与已然成为历史的联合赤军的那段相遇，还有与永田分道扬镳的缘由，我想亲耳听听田中本人的证言。然而，当我知道田中出席无望的时候，我

---

1 说说这次对谈背后的故事。最初的计划是加纳、我和田中美津的三人对谈。我以田中的参加作为条件接受了这次对谈。然而加纳和田中的交涉却以失败告终。但加纳仍然没有放弃，她告知我田中无法参加，并提议只有我与她两人对谈。我答应了加纳的请求。

仍然接受了加纳的恳请，决定说些什么。这一切都是有缘由的。

这是因为我读了一篇刊载在《影响》(*Impaction*)132 号(2002 年 9 月)上有关“9・11”事件的文章，这是太田昌国、酒井隆史、富山一郎的题为《在暴力与非暴力之间》的三人对谈。富山在回答太田所提出的问题时一开始就指出，当我们在探讨“9・11”问题的时候，是无法回避“被称作革命暴力的一系列问题”的。接着，他针对“9・11”事件之后出现的“既要反对恐怖主义，又要反对战争”的口号表示了担心，因为这一口号会使得抵抗运动中的实战斗争和非法斗争被看作“不该过问之事”。为了“反对（布什的）战争”而不得不“反对恐怖主义”的状况被他形容为“恐怖驱使下的借口”。他的主张看上去是在批判非暴力主义的 PC[1] 法西斯主义。

酒井与富山的看法一致。对于“既要反对恐怖主义，又要反对战争”这一口号，酒井这样说道:“这一口号反映了权力者在面对复杂情况时的无计可施，即他们对暴力状况的定义与其背后所隐藏的那个显而易见的现实之间相距甚远。”（太田・酒井・富山，2002：10）太田曾翻译过参与阿尔及利亚解放斗争的弗朗茨・法农（Frantz Fanon）的著作，他引用了法农的话并指出:“可以说，导致殖民地的状况出现的恰恰是殖民地资产阶级，但他们带来了一种新概念，即非暴力。”（太田・酒井・富山，2002：9）他们达成了这样的共识，即“非暴力”就是对统治权力的屈服。在这里虽未明说，但还隐藏着另外一个疑问，那就是当“敌方”

1　PC：Politically Correct（政治正确）的缩略语。

是压倒性的统治暴力时，对抗暴力又有什么不对呢？这其中暗含对“9·11”恐怖分子的一种无法说出口的共鸣。事实上，在听到“9·11”报道的时候，也不是没有日本知识分子痛快叫好。

“以牙还牙，以眼还眼”，不仅仅只有男性抱着这种义愤填膺的想法。日本为数不多的无政府主义者水田风在与最近逝世的向井孝的共同通信《风》之中，从非暴力直接行动的立场出发，表明自己不赞成“既反对恐怖主义，又反对战争”。（水田，2002a）当水田被问到是否对“9·11”事件有“共鸣”时，她是这样回答的：

> 我的回答是“我站在恐怖主义一方”。这就是我的立场。从非暴力直接行动的立场来看，我不否定恐怖主义。我不会否定那些逼不得已的行为。因此我的答案是肯定的。（水田，2002a）

她是这样解释自己为什么会站在“非暴力直接行动”的立场上的，“无论通过何种手段，与压迫作斗争的行为是值得肯定的。以牙还牙是理所应当的。”另一方面，她又强调道，从“非暴力直接行动”的立场出发，“无论是以往的还是今后的‘恐怖主义’，我都不会反对”。在此基础上，她重申自己是“站在恐怖主义一方”的。

> 反对越战的时候，我曾经为拿着武器战斗的人加油，也曾支持、支援过投放炸弹的东亚反日武装战线的人。这次，

> 我所说的“站在恐怖主义一方”的意思是，我支持现在正在遭受压迫的人，（想要）站在同权力斗争的一方，这就是我的首要“立场”，也是我看似是场面话的真挚之词。（水田，2002b）

她的想法肯定了弱者在穷途末路、逼不得已时对抗暴力的行为，却唯独没有解释有关性别的问题。

正如富山和水田所反对的那样，我也一直强调“既要反对恐怖主义，又要反对战争”。除了这些贫乏的词语，我其实同那些无助的人站在同一立场上，因为我也无法用语言来描述自己的想法。然而也许在他们眼里，我同其他人一样，促成了“弱小之人同暴力的合谋”（引用酒井的发言）。（太田·酒井·冨山，2002）。更甚者，我曾经在有关“9·11”事件的文章（上野，2002b）中写道，我反对弱势群体使用对抗暴力。在以《弱者的思想》为题的拙文中（经修改后改名，收录为本书前言），我的论述也许会招来读者的误解，以为我将抵抗者“弱势化（解除武装）”。因此我认为，他们对于“既要反对恐怖主义，又要反对战争”这一口号的批判，也是对我的批判。

这篇曾刊载于《朝日新闻》的文章不仅收到了许多赞同的声音，也同样受到了各种人的反对，特别是一些持反殖民主义观点的人。他们指责我，认为我不承认民族解放斗争和抗日战争。很多人对面对压迫性暴力的不抵抗抱有不共戴天的仇恨之感。对抗暴力往往面对的是压倒性权力下的不对称性。毅然赴死的恐怖分子的行为看上去是一种英雄主义，而我们很难避免对这种英雄主义的浪漫化以及由此产生的自我陶醉，认为与自身的世俗与卑微相比,那些面对死亡大义凛然的英雄主义是值得赞美的。然而，所谓“有比生命更重要的价值”这一命题本身实际就是卑微的人盛气凌人地将卑微隐藏起来的意识形态。这里可以联想到“新历史教科书编纂会”的人[1]。

我不觉得有“比生命更重要的价值”。我认为女性主义思想是“活下去的思想”，因此对于这样的女性主义思想而言，英雄主义带来的只有消极的结果，是没有任何益处的。而且，对抗暴力（以牙还牙的想法）不过是具有行使暴力能力的人所拥有的一种手段罢了。倘若弱者想要试着对抗，只会遭到彻底的反击，并且遭遇比以前更为严苛的打压。暴力中所谓“压倒性的不对称性”指的正是这种情况。

我脑中想到的不只是女性，还有孩子、老年人、残障人士等弱势群体。在这里，我们当然可以把女性拿出来单独加以论述。但是，当这些人集合成一个弱势群体之时，绝大部分所谓的“女性问题”都会涌现出来。倘若能放弃那些需要依赖他人生存的人，所谓的“女性问题”也基本上会烟消云散吧。虽然性别研究早已证实，“女性气质”“母性”这些所谓的女性“特征”，与女性作为弱势群体中的一员之间毫无关系；然而，如果说性别问题产生于历史对“女性”地位的建构，那么，与其无

1　对于英雄主义和向“非日常”的趋同心理，田中曾这样谈道，“革命同法西斯主义仅有一线之隔。在非日常的空间之中，它们是两个极端，都想要把生命最大限度地燃烧殆尽”。（田中，1972，1992，2001：234）因此，全学共斗会议的一些人对三岛由纪夫产生“惺惺相惜”的心理，我一点也不意外。

视这种历史语境，不如从中提炼出女性的思想。这才是女性主义思想吧。

“我们需要继承［对抗暴力的（引用者注释）］讨论，借鉴其他的语言体系，准备好用以运动实践的语言。”（太田·酒井·富山，2002：7）我同意富山的看法，因此本章要解决的问题就是，如何用一种不同于男性语言的方法，并且在不掉入性别本质主义陷阱的情况下，更进一步地思考对抗暴力与性别的问题[1]。

5 自杀式恐怖分子所带来的冲击

在巴勒斯坦，绝望抵抗的自杀式恐怖分子接二连三出现，其中，一位发动自杀式袭击的19岁女性恐怖分子更是带给我极

1 本文（原题《有关女性革命战士的一系列问题》）发表后，网络版的《书评社会学》第一号就刊载了松井隆志写的长书评《运动与暴力——论上野千鹤子〈有关女性革命战士的一系列问题〉》（松井，2005）。他说道，“本文并非要从根本上否定上野的论文，而是在赞同其基本主张的基础上，试图增加或者（再）提出若干论点”。正如松井所言，他从细节上表示的各种肯定，我基本上也没有异议。然而这篇书评超过了我的研究以及我所提出的论述范围，我所提出的三人学者对谈（松井称之为“假想敌”）仅仅是刊载在杂志《影响》上的座谈会，而松井却把问题扩展到著作范围，他的文章正是想要纠正我的“误解”。并且他的书评所论述的对象也不仅仅是我的论文，他还提到了我在相关报纸、杂志等媒体上的发言，他的论述范围太广了。的确我必须承认，在本文首次发表的时候，我还未读过松井所提到的各位学者的论著。但至少从《影响》杂志上刊载的座谈会的发言内容来看，正如我所引用的部分那样，并不妨碍我得出这样的结论（松井称之为“误解”？）。可以说松井的结论充满了对三位学者的同情和共鸣，也可以看出他的论述有着非常充分的知识基础。三位学者所论述的既不是“暴力”，也不是“非暴力”，对于这一问题的“答案”，松井说从语言中可以读出他们三人的意思是“非暴力直接行动”，但是在座谈会的发言上，三人并没有提出这个词。不仅如此，“非暴力直接行动”，这个对于公民运动十分明了的“答案”，我认为他们是故意没有明确表达出来，而我也没有特意提出。我并不反对“非暴力直接行动”，这自是当然的，但问题不止于此。

大的震撼。十多岁的“女孩”本是“弱小”而又“纯洁”的，她同自杀式恐怖分子联系在一起，不禁让人们觉得她一定有着逼不得已的苦衷。

看到这名恐怖分子女孩的报道时，我写道，这让我有一种似曾相识的感觉，那就是1966年的电影《阿尔及尔之战》。这部电影在学生斗争逐渐走向武斗的时期上映，给观众带来了深深的震撼。让我们从太田的回忆中再次回顾那个“著名的场景”。

> 卡斯巴是一位从殖民地集中管理居民区中逃出来的女性，她在购物篮中藏了一枚炸弹，通过法国军队的检查走到了街上。她把炸弹放进了一家时尚餐厅，那时殖民者和他们的家人正一起开心地吃着饭。紧接着出现了这样一个镜头，(中略)炸弹被引爆，一个四五岁女孩的笑容瞬间消失。(太田・酒井・冨山，2002：9)

在和加纳的对谈中，我说这部电影的桥段是自杀式袭击，但这句话显示出了我对这个问题的误判。从我这种无意识的误判中可以引出几个关于对抗暴力和性别的论点。

首先，将幼童作为恐怖主义牺牲品的情节设定可以引起我们这样的思考：“革命”和“民族解放”这种“大义”是即便牺牲无辜的人也要追求的价值吗？镜头聚焦在小女孩天真烂漫的脸上。加纳引用了萨温科夫（Savinkov）所写的《恐怖分子回忆录》中的一个例子，“一名俄罗斯恐怖分子说，当我看到有孩子乘坐着大公爵的马车时，就不想引爆炸弹了”。（上野・加納，2003：13）当然这是文学，并不是现实，真正的恐怖行动中（几乎）不会发生这样的事。在现实中，无辜的人只能手无寸铁地成为牺牲品。

电影制作方在将恐怖行动执行者设定成女性这点上考虑得十分周到。这是因为，这场恐怖行动是弱者杀死了弱者。女性的弱小同小女孩的无辜相抵消了。如果恐怖分子是男性会怎样呢？观众的反应恐怕会有所不同吧。如此想来，我有充分的理由将电影中的人物误认为自杀式袭击的恐怖分子。如果要抵消孩子的无辜，弥补其牺牲代价的话，那么恐怖分子也要了结生命，（当时的）我就是按照这种逻辑思考的。倘若小女孩的死换来的是女恐怖分子的生，我会心怀不忿，很难接受这样的事态发展。于是，我在无意识之中，通过误解达到逻辑自洽。

另一方面，我在同加纳的对谈中指出，恐怖分子成功的理由也是由于性别。我认为法国军队之所以让这位女恐怖分子通过检查，正因为她是女性。女性等同于非战斗力，这种性别的刻板印象反倒成了恐怖分子成功的关键。自古以来，女性依靠表面上的弱小，轻松让敌人卸下防备，这种战术屡见不鲜，并且她们还可以使用炸弹这种“大规模杀伤性武器”。用石头和刀剑做武器的话，女性也许就不具备战斗力了吧。然而，如果是使用高科技兵器甚至是将自己变身为武器，女性也能具有巨大的杀伤力。所谓自杀式袭击的恐怖分子就是将自己变身为武器而牺牲的一种战术。在我的误解背后存在着这样的条件——女性要想成为恐怖分子，必须以自己的牺牲为前提。这才是弱者的战斗方式。

只有二流战斗力的人却发挥出了一流甚至更高的战斗力，这是在极其罕见的情况下才能成立的悖论，而且这种战术只能使用一次。因为第一次也许会让对方措手不及，从第二次开始，敌人就会有所警惕。

6 红军女兵

女兵究竟是不是二流战斗力，这也是非常发人深思的问题。众所周知，苏联曾经动员过女兵。本来，在可以称为劳动力总动员体制的计划经济下，这个国家在动员女性成为经济战的战士时从未犹豫。因此动员女性作为军事战的战士，这个国家同样也未曾犹豫。

我们从德国军队在东部战线的经历中了解到，苏联红军也有过女兵部队。在以往的报告中可知，她们的勇敢毫不逊色于男性，甚至比男性更为残忍。在女兵是否“比男性更为残忍”这一问题上，有报告表明纳粹集中营中，女性看守人员“比男性更为残忍”。然而对于这些结论我们都需要谨慎判断。这是因为，众人期待女性拥有“女性气质”,而她们所执行的任务与“女性气质”背道而驰。对于接受这些信息的人而言，两者之间产生的偏差有可能扩大了这种对“残忍”的认知。

7 联合赤军的女兵

说回联合赤军的女兵问题。首先声明，在本章中，我的目的并非论述联合赤军事件。我没有做好论述这一问题的准备，也不知道什么时候会做好准备。我能做到的是，在女性革命战士这一问题语境下，提出一些有关联合赤军的问题。正如我在与加纳对谈中所说的那样，我为参加这次对谈，第一次读了永田洋子的

《十六的墓碑》上下卷（1982—1983）、《续十六的墓碑》（1990）等文献。对于我们这一代人来说，1972 年的联合赤军事件是无论如何都无法抹去的时代污点，也是历史留给我们的阴影。更坦率地说，我在面对这一问题时总有一种抗拒感，不想看、不想听，因此我一直避免谈论这一问题。

如今已经过了 30 年，当时的事件已经成了历史，回顾过去也隔了足够长的时间距离。这段时间，坪内祐三的《一九七二》（坪内，2003）以及三上治的《一九七〇年代论》（三上，2004）等以此为契机出版。2003 年的电视节目《浅间山庄枪击事件》，这部以警方视角制作的纪录片也因为这一事件成了值得"回顾"的一段"过去"。加纳所编辑的《以解放为名的"革命"》（加納，2003）也同样是基于这样的历史认识[1]。

无论是当时还是现在，谈论联合赤军的人绝不在少数。然而我认为，只有与事件本身有一定的距离，才有论述的可能性。1958 年出生的坪内是比我"晚一代"的人，三上与我是同代人，然而三上最初也说自己认为联合赤军的思想立场存在违和感。也就是说，他承认他与事件之间"有一定的距离"。然而与联合赤军相关的人反倒义正词严地谈论这个事件，这让我觉得十分可

1　加纳所领导的大后方研究会的刊物《大后方札记》准备于 1996 年推出特集《妇女解放和全共斗》作为最后一期，她向我约稿，我毅然决然地拒绝了。然而加纳希望我写写不写的原因，最后我败给了主编加纳的执着。我当时交出了一篇短文（上野，1996），然而在这篇文章中，我完全没有谈论自己的具体经历。这本特集还收录了关于妇女运动亲历者座谈会的事，该座谈会还邀请了新宿妇女运动中心的代表兼妇女运动的中心人物田中美津，她也同样拒绝了这次邀请。她在杂志上发表了文章，写明了自己拒绝的理由（田中，1996）。

疑。在这点上，我也不例外。我既非当事人，也没有偶然误入当时的山岳基地。我应该对那些自己不知道的事情闭嘴，对那些不明白也不了解的事情置之不理。

对于这样的我而言，“迟到的青年”[1]之一大冢英志使我大吃一惊，他在《“她们”的联合赤军》（大塚，1996）一书中，考察了以往没有人提过的联合赤军事件的性别问题。1993年联合赤军事件的最高法院审判结果公布，引发了外界对联合赤军的进一步关注。令我震惊的是，这名“晚一辈”的学者细致分析了包括审判结果在内的联合赤军的相关文献，还使用了在当时已经成形的分析方法——性别分析的手法，提供了独树一帜的视角。我虽然并不赞同大冢分析的所有内容[2],但他以“可爱的女性”为关键词，指出了联合赤军中存在的厌女（misogyny）现象，论述方式十分有说服力。

革命左派和赤军派仓促组成联合赤军，其中主导全局、握有实权的领导者是赤军派的森恒夫，革命左派的永田是他的追随者，这一事实被那些煽动性媒体掩盖。不仅如此，无论是媒体还是赤军派的狱中领袖盐见孝都在不停地重复“女性对女性的肃清”“生不了孩子的永田的嫉妒心”之类的厌女论调。同时代的田中美津等人无法抑制地谈论联合赤军事件，也是因为想要对抗媒体和左翼之中基于性别歧视的对永田的抨击。她们在联合赤军接受裁决之时一直在旁听［支援（联合赤军）被告女性追溯事实

1 《迟到的青年》为日本作家大江健三郎的名作，主人公“我”表示：“我在战争中迟到了，无可挽回地迟到了。”——译者注

2 有关大冢论述中我无法赞同的地方，我写了一篇文章进行了反驳（上野，2000a）。

真相之集会 1973]。

永田在革命运动中曾被自己所敬仰的男性领袖强奸，之后又遵从组织的命令与坂口“结婚”，婚后她打掉了他们的孩子。永田的性爱观是相当保守的，她觉得一旦发生了性关系就应该结婚，如果没有结婚的打算就不应该发生性关系，可以说她仿佛不属于那个如火如荼进行着性革命的时代。而且这种在同志关系基础上以报效组织为目标，并按照组织指示缔结婚姻的做法，和统一教或奥姆真理教并无差异。在“革命”名义下，个人要绝对服从集体的目标。

联合赤军承认了“女性革命战士”，以“革命”的“男女共同参画”为目标，很有那个时代的特征。然而，“女性革命战士”的“女性特征”只起到了负面作用。森恒夫曾表示对包括月经出血在内的各种女性生理现象感到厌恶。他把远山美枝子概括为梳着长头发、小女人一样双膝并拢斜坐着的人，他还称金子美千代（金子みちよ）靠着孕妇的身份搞特殊化。

大冢写道，“永田无法把自己放在‘女性’这一框架之中，因此同厌恶‘女性特征’的森恒夫结成了奇妙的斗争联盟，这就是联合赤军事件的组织构成”。（大冢，1996：76）其实，田中早在大冢文章发表的 20 年前就已经写过类似的内容。

> 倘若能比男性更具能动性地贯彻男性的革命理论，那么女人都会变成永田洋子。（中略）这个世界上向男性卑躬屈膝的女人也都是永田洋子。（田中，1972，1992，2001：272）

田中自问道："她杀害了有身孕的女性，而我遇到了妇女解放运动——她和我之间究竟是在哪里走向了不同的两个方向呢？"（田中，1972，1992，2001：273）

2004年3月27日，文京区市民中心召开了《以解放为名的"革命"》的刊行纪念论坛。会场上人声鼎沸，来宾将关注的焦点放在了田中美津身上，因为她很少出现在公众视野并且一直拒绝谈论过去，而人们想要知道她会如何谈论妇女解放。田中虽然没有接受加纳与我的三人对谈，但是她接受了加纳的邀请并出席了该纪念论坛。

田中在演讲开始就表明这是她本人"在国内第一次谈这件事"，她说，"现在也许就是说出真相的时刻了。"她道出了当时在永田邀请下访问妙义山山岳基地的经历。实际上，她的这次吐露并非"国内第一次"，因为在《给生命中的女性们》（田中，1972）一书中，她已经提过那次经历了。然而，这是她第一次在公众面前谈论有关联合赤军内部的"整肃"问题。当她道出下面这段令人印象深刻的感想后，会场立刻变得鸦雀无声。

> 永田杀害了一位戴耳环的女人，为什么？因为那是她自己。永田又杀死了一位怀孕的女人，为什么？因为那也是她自己。

通过这短短的几句话，田中就一针见血地道出了女人不得不选择杀死自己的厌女表现。

厌女对于男性来说是对他者的厌恶，而对女性来说是自我厌恶。“女性的特征”只会成为革命战士的累赘，累赘就需要消灭掉。这是比谁都更努力地成为一名女性革命战士的永田所做出的选择。

8 没有“整肃”的联合赤军？

联合赤军事件之后被判定为一场集体性的私刑处决事件，这使得外界对武斗革命路线的关注急速降温。然而，女性革命战士并不仅出现在联合赤军中。历史的“如果”让我浮想联翩，如果联合赤军没有犯下私刑处决的罪行，那会怎么样呢？他们是不是直到今天都会被当作英雄主义的斗士呢？因为在这场创下了史上最高收视纪录的浅间山庄事件的实况转播的画面前，有不少日本人紧攥着拳头，默默为联合赤军加油鼓劲。

实际上，“没有整肃的联合赤军”在以下这些事件上得以体现。1972 年的以色列特拉维夫机场的枪击事件中，重信房子也参与了。有相关人士表明，联合赤军事件直接导致了这起枪击事件的发生。（スタインホフ，1991，2003）之后，东亚反日武装战线连续策划了多起恐怖袭击爆炸事件。1974 年 8 月 30 日三菱重工总部大楼爆炸事件又造成了 8 人死伤。一个月后，他们以“东亚反日武装战线‘狼’部队”的名义给相关媒体寄送了犯罪声明。10 月 14 日，东亚反日武装战线的“大地之牙”再次引爆了三井物产总部。接着，11 月 25 日“狼”于帝人中央研究所，12 月 10 日“大地之牙”于大成建设总部，23 日“蝎子”于鹿岛建设工厂，接二连三地发动了恐怖袭击。次年 5 月，犯罪团伙 8 人终于一齐落网。这伙人中有两名女性，她们是大道寺绫子（大道寺あや子）

和浴田由纪子。

倘若存在这样的集体，他们遵守规定、禁欲、没有性骚扰，也没有剥削女性的性。他们有着坚固的同志般的感情且相互信赖，也不会动用私刑、处决成员，在“人民”的名义下，沉着冷静地执行着恐怖主义……那么，他们是否应该被称赞为“革命战士”呢？

这些疑问引导我们提出一个根源性的问题，那就是“暴力”可以因其目的而被正当化吗？我们暂且不谈战略战术上的问题，不讨论这种“暴力”对于达成目的而言是否有效。实际上，与其目标（“打倒日本帝国主义”！）相比，联合赤军所提出的“以枪支开路”的手段实在过于天真。而像东亚反日武装战线那样引爆侵略性企业所在建筑物，也不可能阻止得了日本帝国主义的经济侵略。而所谓过激的战斗手段，实际上也可以说是穷途末路的少数人的鲁莽之举。与其说它是一种达到目的的有效手段，不如说是一场想要追求象征性效果的斗争。这样一来就会产生这样的疑问：这种牵连无辜第三方的象征性斗争真的好吗？为什么不用精准打击式的攻击来对付“敌人”呢？

然而，能够通过暴力来破坏的物品与肉体实际上只是制度的代理人罢了，它们并非制度本身。站在革命左翼政治经济分析的立场上来说，他们想要摧毁的目标是全球化帝国主义制度，然而就算他们破坏了世贸中心，制度本身还是纹丝不动。武力斗争这种手段所能达到的“效果”本身就值得怀疑，但即便如此，仍有人推崇对抗暴力的政治意义与象征效果。

对抗暴力，它与统治权力之间存在着巨大的非对称性，因此对抗暴力需要极大的自我牺牲，这种行动在情感伦理上就具有一种浪漫主义色彩，并且执行人的行为很容易被视作英勇献身。正如有人说，虽然目的和手段并不正确，但心境是纯粹的。抵抗这种诱惑本身并不容易。联合赤军执着于“枪支逻辑”的背后是他们早已做好了被击毙的心理准备，这点从他们的证词中就可以知道。他们所谓的“歼灭战”，要“歼灭”（“战斗到只剩一人”）的其实是他们自己，他们知道这种战术是一种“鲁莽”的自杀行为。不，也许应该说这里有一种逻辑的颠倒。正因为这是一种自杀行为，所以才纵容了这种战术上的鲁莽。而且，正因为他们在山岳基地做好了赴死的准备，才能忍耐极为残酷的磨炼，并对集体保持绝对忠诚和透明。

事实上，在“整肃”的过程中，受害者都会出现不可思议的行为。在被逼到极限状态时，他们不会再控诉这种整肃的不合理，甚至不再为保护自己而辩护，而是开始坦白自己应当被“整肃”的过错，甚至还包括一些尚未实践的妄想。这就像是对神明的告解，好像在说“就算你保持沉默，神明也全都知道”。他们说出那些不说出口就不会有人知道的内心独白，这会使他们一步步地把自己逼入绝境。就像绝对透明性所要求的那样，共同体之间不允许存在任何秘密。

9 “以死来承担责任”

东亚反日武装战线的浴田由纪子也诉说了被称为“胶囊思想”的同样的“情感逻辑”。所谓“胶囊”指的是为了确保“断绝后路的斗争”的实行，他们预先准备好了装有氰化钾的胶囊。

“为了担负起死者与伤者的责任，我们选择了死亡。”（浴田，2002：72）这就是支撑他们行动的“逻辑”。2002 年 3 月，距离逮捕已经过了 20 年，当长达 6 年的上诉结果下来后，浴田在向东京地方法院上交的最终意见陈述中这样写道：

面对这个国家政府以及历史上的侵略性企业，我们要向战争问责，要求他们为历史上的压迫和榨取行为谢罪并给予补偿，要求他们明确承担自己的责任，这就是我们战斗的理由。我们自己也有心理准备，需要担负同样的责任并道歉，倘若不向死伤的人担负起我们的责任，斗争的目的就不再有说服力了。（浴田，2002：70）

提出该提案的爆炸战斗的领袖斋藤和已经用行动贯彻了“以死来承担责任”的逻辑。斋藤与浴田一同参与了三井物产总部的爆炸袭击，他被逮捕后直接服毒自杀了。有关这种责任的逻辑，浴田的证言中有这么一段第三方的发言。

斋藤勇敢地担起了责任。希望被告人［指的是浴田（引用者注）］也能够好好负起责任。（浴田，2002：71）

重信房子也坚信这种“以死来承担责任”的思想。然而在这之后，这种思想遭到了众多批评，有人质疑“死亡真的能承担起责任吗？”对此，浴田这样解释道，“对于那些无法承担的难以挽回的责任，我们选择献出自己的生命来抵罪”。这就是浴田眼中的“胶囊思想”。

然而浴田所说的“责任”的对象却发生了微妙的变化。在陈述书中，她这样说道，“当时我们坚信不疑的就是继续武装斗争的必要性,以及承担革命中犯错的责任,还有整肃的实践”。(浴田,2002:72)这种表述似乎是说,责任在于出现死伤人员,但“武装斗争”的路线本身并不存在错误。也就是说，行使对抗暴力本身被正当化了。

浴田的长篇陈述书中记录了这些年来她想法的改变，十分引人深思。之后,浴田还坚决否定了武装斗争的正统性。她写道，暴力出于任何“正确的目的”都不能被正当化，因为暴力本身就是一种“压迫和破坏”。(浴田，2002：94)

我不知道浴田的这种“转念”是否与性别有关。从她的话中我们可以看出,虽然她把炸弹改良为“适合女性”的小型炸弹，但她说这样做只是因为总要有人去做这件事。由此可以看出，她并没有自觉到，自己“以女性身份参与了”对抗暴力。非要说的话，她与团队领袖即丈夫斋藤结婚，成为“一辈子支持他的人”，其动机或许可以认为是出于这种“女性特质”。面对斋藤的死，她怀念地说道，“我自己要思考自己的事，自己决定，自己行动，今后再也没有人给我指导方针了”。(浴田，2002：85)

10　是革命战士还是“皇军战士”？

我们再来看特拉维夫机场枪击屠杀事件中的一位男性革命战士冈本公三。《日本赤军派》(スタインホフ，1991)的作者、夏威夷大学社会学家帕特里夏·斯坦霍夫(Patricia Steinhoff)

在该书的开头有一段令人印象深刻的记述，记录了自己曾经赴以色列访问被关押在监狱中的冈本。“你如何看待你的行为？”面对她的提问，冈本说道：“我是革命战士，战士就是要绝对服从命令。”

这句话在读者心中激起波澜。倘若把这里的“革命战士”替换为“皇军战士”又会怎样呢？冈本的话与皇军士兵的话太相似了。他似乎在说，暴力这种“非常手段”只有在特殊情况下才能行使，也就是将目的放入括号里时，更直白地说，就是当停止思考时。

斯坦霍夫记录了这句令人印象深刻的话，但她并没有将赤军派解释为“日本文化论”实践问题中的一个事例。纳粹德国的士兵也说过和士兵冈本同样的话。因此这种“皇军士兵”的联想恐怕无法被解释为日本文化的特性。相反，我们更应该关注的是国家军队战士与革命战士之间的相似性问题。

1995 年发生了奥姆真理教事件。联合赤军因与奥姆真理教之间存在的相似性而再次受到了关注。在 1996 年发行的《联合赤军与奥姆真理教》（スタインホフ・伊東，1996）中，斯坦霍夫在书的开头写道，“无论是联合赤军事件还是奥姆真理教事件，都不仅仅是日本之事，也不是日本社会独有之事”。（スタインホフ·伊東，1996:21）关于联合赤军事件，某些被称作“有识之士”的人把它看作“日本集体主义的末路”，而斯坦霍夫通过全方位而又细致的考察推翻了那些人自鸣得意的论述。

顺便一提，这些关于赤军的详细缜密的社会学研究出自一名外国女性研究者之手并非偶然。正如“晚一辈”的大冢英志能够与联合赤军保持一定的距离，斯坦霍夫作为外国人也得以冷静地保持距离，而且她的研究是她自己的成就。对于如此高水平的社会学研究出自一位外国人之手，我丝毫不觉得遗憾，并且我不认为日本人可以取得同样的成果。

从重信房子的证词中我们可以知道，特拉维夫机场事件的发生，其直接原因就是联合赤军受到的打击。他们将私刑处决事件看作革命斗争的污点，想要一雪前耻，向世界展现日本赤军的存在感。也就是说，他们必须向世人展现一次没有肃清的武装斗争。可以说，经过这次事件，日本赤军在巴勒斯坦获得了一定的公民权。

重信房子活了下来并返回了日本，如今她如何看待当时的武装斗争路线呢？如果不亲自问本人，我们也无从得知。然而另一方面，巴勒斯坦的事态在这 30 年间越发严峻，以色列的暴力和反以色列暴力的对抗暴力进一步加剧。如今，“没有暴力的世界”俨然成为幼稚的幻想。在这种国际政治形势席卷之下，如果有人开始鼓吹历史证明了武装路线的正确性也并不奇怪。

11　公民社会外部的法外之地

我在与公民权和性别相关的论文（本书第一部第一章）（上野，2003）中提出，能够正统行使暴力的，除了国家还有另外一个主体。国家的暴力不被看作犯罪，而在另外一个被称为私领域的场域中，父母对孩子的暴力、丈夫对妻子的暴力，也在隐私的名义下隐去了犯罪的实质。《反家庭暴力法》于 2002 年出台，但这一法律并不对加害人治罪。在很长一段时间里，即便妻子提出诉讼，警察也不予理睬，公权力一直拒绝介入私领域。因此，私领域成了公民社会中法律无法触及的“法外之地”。

在这里，我还想加上虐待老人的问题。樋口惠子认为看护保险这种第三方的介入起到了对家庭这一无秩序地带来说的“探照灯效果”。也就是说，私领域不仅不是“爱的共同体”，还是强者对弱者专断强横、包括身体暴力在内的公民社会之外的世界。

国家和私领域都处于公民社会的外部，在这点上，二者有着共同之处。并且在私领域之中，拥有公权力所赋予的行使暴力特权的人被看作一等公民，他们被动员为公权力行使暴力的一方（军队）。换句话说，以兵役这一义务为代价，私领域的暴力不被看作犯罪，似乎正是公权力给予他们的特权。在这种公领域暴力与私领域暴力之间，一定存在着贯通二者的逻辑，这种直觉性的思考就是这篇论文的论点[1]。

从临床经验上来说，丈夫对妻子的暴力、父母对孩子的暴力常常是这样的：施暴者将那些绝对无力还手的弱者逼迫到难以逃离的窘境，施暴时考虑周到，狡猾地绝不让他人发觉。而且这种暴力会持续很长一段时间。关于这一点，施暴者总会辩解那不过是“气头上”的一时冲动，但其实大多数都并非如此。

私领域的暴力出现在权力悬殊的非对称之中。受害者的不还击，一方面是暴力让他们无力还击，另一方面也是习得的结果。还击的受害者会遭受更加残酷而激烈的暴力。因此，受害

1 我的这个想法源自美国史的女性研究者琳达·克贝尔（Kerber，1993）。有关私领域暴力和公领域暴力的共同性，请参照本书第一部第一章（上野，2003）以及第四章（上野，2000b）。

者除了选择“在暴力（的处境）中活下去”以外，他们别无选择。

在家暴临床心理咨询中，没有人会建议受害者去进行反击。这是因为，他们如果能够反击，就不会成为受害者了。相反，专家给受害者提供的建议只有一个，那就是逃跑。社工以及咨询师的努力就是为那些无法逃离的受害者提供一个可以逃离的避难所。“逃跑”意味着让他们不再成为受害者。

因此，当事人首先要有自己是受害者的自我认知。在临床心理学和精神医学中一个术语叫 IP（Identified Patient），该词原本指的是“被第三方（专家）鉴定为患者的人”。但这个词是否也可以指自己将自己认定为患者的人呢？在家暴临床案例中我们可以发现，受害者很难将自己“定义”（identify）为受害者。当事人承认自己为受害者是他 / 她能改变当下现状的最低限度的条件。谁都无法援助不想要改变现状（“治疗”）的当事人。

因此从认同的理论来说，比起让当事人“**作为**受害者”，更准确地说是让他们“**成为**受害者”。与一般的观感不同，“成为受害者”并非承认自己的弱小，而是面对加害者伸张自己的正当性，是一种赋权（empowerment）。

然而，无论怎样的人际关系，当语境发生变化时，弱者也会变为相对的强者。被丈夫殴打的妻子也许会虐待孩子和老人，被虐待的孩子也有可能会残害宠物和小动物。这就是丸山真男所说的“压抑的转移”。想从暴力中“逃离”的妻子总会“为了孩子”而选择自我牺牲和无私奉献，将其作为不想改变现状的借口。然而，倘若母亲一直是一名受害者，那么她所遭受的暴力将会赤裸裸地呈现在孩子面前，将孩子置于加害的环境之中。妻子如果一直都是受害者，那么作为母亲的她对孩子而言就会是一名加害者[1]。

12　加害与受害的双重性

受害与加害的复杂状况不能单纯地分开看。也就是说，我们要意识到，倘若受害者一直是受害者，那么他就有可能成为加害者。30年前，在掀起妇女解放运动的女性声音中，就有人痛切疾呼，证明了这一逻辑。

田中美津曾说，“永田洋子与我之间只隔了一张纸”，这不过是一种比喻。以往的论述很少提到，田中在创立新宿妇女解放中心之前，曾经同新左翼的运动家一同活动。田中曾说“新左翼怀胎十月所生出的怪胎”就是妇女解放运动。同样是新左翼，一些女性像永田一样成了女革命战士，而有些女性则投身到了妇女解放运动之中。其中田中曾经表示她无法接受精英阶层的男学生的“自我否定”，这是因为田中曾是儿童性虐待的受害者，要如此肮脏不堪的自己进行“自我否定”，那恐怕已经不存在什么可以否定的自我了，这一转念使得她告别了新左翼。

同一时期告别新左翼的还有另一位女性运动家。有一篇题为《在全学连第三十次定期大会，我们决定向性别歧视／排外主义宣战》的里程碑式的文章，这篇文章之后被《资料 日本妇女

1　有关家暴的加害、受害关系，我从心理咨询师信田佐代子（信田さよ子）的研究成果（信田，2002）以及同她的对谈中学习到了很多，在这里想对她表示感谢。我同信田的对话收录在对谈《婚姻帝国 女性的分歧之路》（上野・信田，2004）一书中。

运动解放史》（溝口·佐伯·三木編，1992—1995）所收录。我编纂的《日本女性主义》的第一部《妇女运动与女性主义》（井上·上野·江原·天野編，1994）也收录了该篇文章。该文章同田中的“从便池中解放”[1]一样具有划时代的意义,两篇文章都是日本女性主义讨论“慰安妇”问题的初期成果，并且这两篇文章不再从“自我否定”和“加害者意识”出发，而是解析了女性的受害与加害的扭曲结构。在文章的开头，作者发出了这样一句略显生硬的宣言——“我们必须清楚，我们女性能够用女性自己的语言，谈论女性自身的问题，这在日本阶级斗争史上是第一次。不，是在以往所有的马克思主义运动史上具有划时代意义的一件事”。从这篇文章的文体来看，作者是在抒发激动而又迫切的情绪。而该文作者冈泽文江说，仅凭“他人之痛”，“把被压迫民族的痛苦当作自己的痛苦”是无法战斗的。她这样写道：

> 日本陆军慰安妇的90%都是朝鲜女性，而日本女性还尚有余力弄清楚自己究竟为何成了慰安妇。“为了国家”这句话能最大限度地将她们从疯狂中解救出来。但她们不被允许看清本质的自身存在，这使得她们陷入了更深的深渊之中。（中略）在慰安妇割裂女性的性这一点上，日本女性与朝鲜女性本质上是一样的。然而对于同属慰安妇的朝鲜女性，日

1　田中美津的“从便池中解放”是日本妇女解放运动中非常著名的一句话。田中说，“我们女性原本既是精神的存在又是性的存在，在男性的意识中，女性被割裂为母亲（生育孩子的对象）以及便池（随意发泄性欲的对象）”。因此田中提出要将女性“从便池中解放”出来。——译者注

本女性慰安妇作为日本这一压迫者的一员，却想将自己与她们区分开来。这种区分使得日本女性进一步陷入了深渊之中。在这里，我要考察的是女性的割裂，女性与女性之间最为严重的割裂关系。强加在女性身上的普遍的本质制度——慰安妇这一制度，使得压迫民族的女性将这种制度所带来的痛苦转化为一种自我存在的痛苦。（井上・上野・江原・天野編，1994：87—88）

女性由于是受害者，因而成了加害者，我不知道还有谁能将这种双重意义表达得比冈泽更淋漓尽致。

我作为一个女性被压抑的性、作为一个压迫民族的日本人的丑陋、以及谁都不会遭遇的作为统治者的凄惨与悲痛，这所有的一切都是一个整体。我就是这样一个被撕裂的、作为整体的存在。（井上・上野・江原・天野編，1994：88）

20 世纪 80 年代，我也从一位在日菲律宾女性口中听到过同样的话。在全球化和日元升值的情况下，性产业的人口国际迁移发生了改变。原本日本男性会参加买春旅行团，而现在情况发生了逆转，作为性工作者的亚洲女性流入日本。这位菲律宾女性在得知日本妻子在丈夫去亚洲其他地方出差时，会在他的行李箱里放好避孕套的时候，不禁说道："我们这些亚洲女性在用身体偿还你们这些日本女性因压抑而欠下的债。"

短期来看，的确可以说日本妻子纵容了丈夫的性侵略。然而从长期来看，妻子不得不容忍丈夫买春，还被迫协助丈夫，即便受到了如此侮辱，但仍然没有离婚这一选项，她们也是父权制的受害者。但是日本女性一直甘于扮演这种受害者的角色，结果导致日本的父权制迫使其他国家的女性接二连三地成了压迫的受害者。

冈泽这样急迫地写道："革命急不可待。我们女性再也不能等了。不能再等待男性了。我们要快点找回自己。"（井上·上野·江原·天野，1994：90）她还在文章中写道："没有今天的解放，就不会有明天的解放。"这也与妇女解放运动理论有关。也就是说，为了实现革命这一未来的目的，我们必须与把现在作为牺牲品的这种禁欲式手段告别。

为了未来的大义，现在可以做出任何牺牲。在很长一段时间里，这都是存在于革命运动之中的手段。其中不仅包括对世俗快乐的禁欲，还包括对女性的压榨、对弱者残酷的舍弃，还有暴力，以及无辜卷入的第三方的牺牲。

然而，对以性爱与家庭的日常生活为战场的妇女运动和女性主义来说，男性与女性的关系、父母与孩子的关系并不意味着"今天的牺牲"之后就一定会有"明天的解放"。特别是在教育孩子的过程中，谁也不能强迫孩子禁欲和牺牲。在受精神主义支配的联合赤军所在的山岳基地中，我震惊于有人生下了孩子并试图将其抚养长大——尽管最终遭到了肃清。当然，我知道在现实生活中存在这样的人，即便是在奥姆真理教的萨蒂安，也有人生养孩子。

从今天的后结构主义性别理论来看，性别歧视在每一次话语实践中，在彼时、彼地不断重复和再生产。今天，我们无法保证作为歧视者的男性今后不再是歧视者。对于解放，我们不能奢求，只能积累此时此刻细小的日常解放。而早在后结构主义之前，妇女解放运动就已经提出了这种观点。

13　逃出去，活下去

让我们再一次回到开头的问题。

“女性也应该成为士兵吗？”是应然性问题，“女性也能成为士兵吗？”则是实然性问题。而我又添加了另外一个问题，那就是“女性也能成为革命战士（恐怖主义者）吗？”。对于这个实然性问题，历史的经验已经给出了答案。国家暴力曾动员过女性，对抗暴力也曾动员过女性。而无论是在何种情况下，女性都可以“像男性一样”高效地杀人，冷酷而残忍。女性已然成为施加暴力的主体。

另外再加一个问题，女性是否可以“比男性”更为冷酷和残忍呢？因为没有可供比较的可靠数据，所以无法从经验上判断。伊拉克阿布格莱布监狱中，女兵对男囚的虐待震撼了全世界。男性士兵也参与了虐囚，女性只不过“像男性一样”参与了虐囚而已。“不像个女人”“区区一个女人”这种性别歧视的论断才使人们对女兵的所作所为感到“震惊”。然而，用皮带勒男囚脖子的女兵在证词中说自己是在“上司的指示下”这么做的。在有严格性禁忌的伊拉克，伊拉克男性和美国女兵的性别角色发生了颠倒，在民族歧视之上又添加了性别歧视，成了一种更为扭曲的丑闻。

在我们现在所生活的时代，人们不再会为女性是施暴主体而感到震惊。综合职位[1]的女性向我们证明了，男性可以做好的事情，女性同样可以做好，只是以前从来没有给予女性证明的机会。

然而，我还没有解答那个应然性问题。“女性也该成为士兵吗？”对于这一要求“军队男女平等”的问题，美国主流派女性主义给出了“肯定”的回答。如果这就是女性主义思想的话，那么我（们）必须跟这种想法告别。另一方面，“女性也该成为革命战士吗？”这个问题或许有着更为广泛的含义：“女性也该成为对抗暴力的主体（比如说恐怖分子）吗？”对于这个应然性问题，女权主义者之中许多人都犹豫不决。这个问题使我们无法避开一个具体的相关问题：“你支持巴勒斯坦的女性恐怖分子吗？”有人会说，弱者最后的手段就是在绝望的战斗中奋不顾身地抵抗，以自己的生命为代价去守护所谓的“民族独立”的价值。

暴力这种手段一直以来都被放在“目的是否可以将手段正当化”的语境中思考。也就是说，没有人认为暴力是可怕的手段。那么倘若目的是“解放”、是“自由”，那通过暴力达成的“解放”和“自由”又意味着什么呢？有很多人曾经指出，美国给伊拉克带来了“民主主义”和“（逃脱专制的）解放”，然而这不过是由武力强加的“民主主义”和“解放”，这中间充满了矛盾。对于阿富汗亦是如此。美国一部分女权主义者认为，美国给阿富汗带

1 日本职场中主要分为综合职位和一般职位，无论是待遇还是晋升机会，综合职位都优于一般职位。——译者注

来了“女性解放”，但由军事力量强加的“女性解放”究竟是什么呢？对抗暴力所带来的“解放”和“自由”又是什么呢？

暴力必然会产生牺牲者。我在上文已经论述了以自己的死亡来抵消牺牲的恐怖分子的逻辑（这也是当事人自我辩解的说辞）。自杀式恐怖主义所牺牲的是自己，那么难道就是说，暴力的受害者首先是行使者自身吗？因为行使暴力的人已经由此被置于暴力的结构之中。牺牲的是他人还是自己，其实并无差别。暴力结构中的主体化即为服从，他们成了暴力的牺牲品，并通过自身成为受害者，从而成为对于他人而言的加害者。“杀人的一方”总会变成“被杀害的一方”。为了不变成“被杀害的一方”，他们必须成为“杀人的一方”。无论是国家军队的士兵，还是革命士兵，所谓“士兵”难道不就是同意以自我牺牲为第一要义的人的集合吗？因此与其他人相比，士兵也是，或者说士兵才是暴力的受害者。

目的是不会将暴力正当化的。倘若你面前就站着一位实行自杀式恐怖袭击的女性，你会说什么？“不要这样做，活下来，这个世界上没有什么事比你活下来更有价值。”——你能将这样的话说出口吗？

当然，无论男性还是女性都很难说出这样的话。然而，对女性而言暴力有着特别的含义。因为同其他所有社会资源相比，在暴力这一点上，女性经历过更多次压倒性的非对称。前文说过，援助的人不会建议遭受家暴的女性去反击。然而，倘若她们一直处于受害者的位置上，则会变为加害者。可以想象，选择以暴力为手段的男性，也同样处于这种受害和加害的错综的双重构造之中。实际上，对加害者的帮助都是从让他们认识到自己的受害性上开始的。

我想再次引用田中美津的话。

> 压迫者之所以是压迫者，是因为他们作为被压迫者而存在。倘若压迫者没有正视自己作为一个被压迫者的痛苦、悲惨，那么他们就感觉不到作为一个压迫者的真正痛苦。（田中，1972，2001：253）

人可以通过拒绝成为受害者而避免成为加害者。**此时此刻**女性的斗争就只有这种方法了。这种方法意味着不服从，但并不意味着不抵抗。对于在这个世界上无处可逃的弱者而言，在“服从就是抵抗，抵抗就是服从”（斯皮瓦克）的双重意义下，这意味着挣扎着活下去。

逃出去，活下去。

我想到的是选择难民化。假如国境不会阻止人群的流动，或者说，人群能够实现双向化流动的话，那么就很难从应当攻击的对象中区分出本国国民和他国国民，难以辨别敌人和伙伴了吧。换个角度而言，对于难民来说，世界上没有一个地方比帝国主义本国更安全，更能免受攻击。如果是这样的话，在巴勒斯坦居民区设置物理城墙的以色列政府，以及要求自己的国民从伊拉克撤退的某国政府，他们行使着何等强硬的“暴力”啊。

在21世纪的今天，我实在是没想到自己所居住的世界居然变得如此野蛮，不仅要刨开30年来一直萦绕不去的坟墓，还不得不谈论如此露骨的物理暴力行为。然而，很难说女性主义在联合赤军事件后得到了足够多的对抗暴力的教训。在加纳所挑战的、田中所应战的历史性尝试之后，在那些将要成为历史，但现实不允许它们成为历史的悲剧之后，我们学到的还远远不够。

第四章 “个人隐私”的瓦解

——关于私领域暴力与公领域暴力的依赖共生

在一本名为《男同性恋研究》的书中，三位作者写道：“个人隐私对‘直男’而言是特权，对男同性恋则是柜子。”（ヴィンセント·風間·河口，1997:94）我想在这句话上再加上一句，“个人隐私对女性而言是法外之地”。

我之所以特意使用“法外之地”这一语气较重的词是有缘由的。这是因为公民社会的法虽然可以统管个体之间的关系，但并不适用于私领域。也就是说，私领域虽然属于公民社会，却是“法律的真空地带”，处于公民社会的“外部”。因此，家人、恋人这种在私领域中属于“亲密关系”的人，他们甚至都算不上是组成公民社会的“个体”。

这样一来，我们就能将弥漫于眼前的迷雾拨开，弄清楚“亲密关系”中那些颠覆我们想象的暴力行为的结构了。在公领域中情节严重的施暴本应被视为“犯罪”，但在私领域中，它却没有受到应有的惩罚。并且那些施暴者在人格上往往从未与受害者分离过。丈夫对妻子的施暴经常会被看作是他在心理层面上对自己的惩罚或伤害。这样的人在人格上十分依赖妻子，他会辩解说："打在你身，痛在我心啊"。但是，妻子根本不是丈夫人格的一部分，更别提是他身体的一部分了。受到伤害、感到痛苦的只是他人的身体罢了。

女性主义的展开是从"个人的即政治的"这个口号开始的。它给予了女性巨大的力量，帮助她们跨越那座名为个人之事和隐私的高墙。一直以来，domestic violence[1]（家庭暴力）被当成"两口子吵架，连狗都不理"的事，被大家熟视无睹。sexual harassment[2]（性骚扰）也被当成"个人之间的感情纠葛"，尽量避免第三者的介入[3]。很多受害女性一直默默忍受着，还觉得"这是我的错""对方平常不是这样的"。当我们跨越那座"隐私的高墙"，让她们开口讲述自己的生活经历时，就会吃惊地发现女人竟然拥有如此多"作为女人"的共通性。

---

1 此处之所以没有用日语汉字"家庭内暴力"，而使用日语片假名"ドメスティック·バイオレンス（该词译作'遭受丈夫、恋人的暴力'）"是因为，日语汉字"家庭内暴力"既往的用法往往会让人联想到"孩子对家长的暴力"。而这种既定的印象是媒体宣传造成的。据统计，在包括杀人事件在内的案件中，"家长对孩子的暴力"比"孩子对家长的暴力"要多得多。而"ドメスティック·バイオレンス"一词诞生于女性主义，它具有浓厚的性别（gender）色彩。

2 此处使用"セクシュアル·ハラスメント"的理由与注 * 的理由一样。因为，"性的いやがらせ"（故意说或做一些与性有关的事使人厌恶）、"いたずら"（猥亵）这些词语，其既往的用法无法传达出セクシュアル·ハラスメント的严重性。

3 "性骚扰"一词一直以来都被视为"个人隐私问题"，它的严重性被忽视了。即便受害者去工会告状，工会也只会说着"这是私人之间的事情，我们管不着"，而把被害者拒之门外。1998 年修订版《男女雇用机会均等法》出台，1999 年 4 月起开始正式施行，该法案加强了防止性骚扰的措施并且明确了执行防止性骚扰方针的企业责任。此法的施行让企业对性骚扰问题的认识发生了天翻地覆的改变。

无论是近乎强奸的性行为还是丈夫的施暴，其实这些都不是“我的错”，也不是“我误会对方了”。生而为女与生而为男的差异感在历经数百年历史的沉淀后，终于通过我口中的“个人经历”爆发出来。当女人和男人赤裸相对时，即便就比喻层面来说，男人也并不是“赤裸”的。因为“床笫之间”（河野，1997，2000）并不是什么“赤身裸体的自由之地”，也不是什么“历史与社会的真空地带”。

女性主义的口号“个人的即政治的”，在历经四分之一个世纪的洗礼后，如今终于更进一步，走到了“私领域是由公权力所建构的”这一层面上。公领域，即公权力的领域，指的就是政治。私领域是由公权力，也就是政治所建构出来的。这就意味着，私领域里存在着私领域政治和私领域权力。政治并不只是指公领域中那个大写的“政治”。福柯之后，权力已经变成一个与身体、话语相关的微观政治概念了。

如果私领域指的就是拒绝公领域权力介入的“神圣领域”，即私领域权力所支配的“神圣领域”，那么私领域可以说是私权力在公权力缺席下肆意横行的“法外之地”。

我想解开的谜团是，公权力与私权力这种相互勾结、合谋的关系是怎样形成的。但当我们尝试去解开时就会发现，这个问题本身十分简单。二者都是父权制权力的产物，它们有着首尾一贯的连续性。

公领域权力是“男性同盟”（Tiger，1969=1976）在同性社会性（homosocial）问题上所达成的共识。而私领域权力，则用来保障这个男性同盟正式成员的权利。塞吉维克（Sedgwick，

1990=1999）定义下的“homosocial”（男性同性社会性）有别于“homosexuality”（同性恋），是分析“heterosexual”（异性恋的）男性气质的强大武器。异性恋男性通过压抑男人之间的同性恋——homophobia（同性恋憎恶、恐同）——来建立彼此之间同一性的纽带（homosociality）。而“heterosexuality”（异性恋）则是指，男性彼此分配作为客体的女性的一种制度。

如上所述，塞吉维克有力地论证了男性同性社会性、恐同以及厌女症这三者之间的联系。因此，如果要成为一个能“独当一面的男人”，那么他至少要统治一名女性。就像那句俗话说的那样，“区区老婆都没法驯服，还算什么男人”，这句话向我们如实展现了父权制与男性之间的同盟关系。

国家和私领域处于公民社会的外部。美国史学家琳达·克贝尔有一部著作，书名颇具深意，叫作《宪法未保证女性作为淑女的权利》。（Kerber，1998）在这本书中，克贝尔通过对兵役与公民权关系的历史考察，证明了国家暴力与私领域暴力对公民而言都不被视作犯罪行为[1]。这里所说的“公民”指的是“一等公民”。由于肩负着兵役，他们获得了行使国家所独占的暴力的权利和义务。作为对他们在公民领域中非武装化的补偿，公权力赋予他们在公领域施暴的权利，以及在私领域无节制地施暴的权利。

实际上，由于美国允许公民私人持枪，所以公民不是完全

1 对克贝尔论述的详细探讨以及私领域暴力与公领域暴力关系的问题，请参考本书第一部第一章。（上野，2003）

非武装化。这就意味着，私领域暴力的表现方式可以是扣动扳机，比如案情发生戏剧性反转的O. J. 辛普森杀妻案。比起拳头和刀，枪支的杀伤率自然要更高。因此美国社会甚至出现了这样一种说法，"配偶指的就是最有可能杀害你的人"。这可不是什么玩笑话。那根连接着加害者与受害者的"动机之线"在近来的后现代型犯罪中已不复存在，而在古典式动机的杀人里，配偶犯罪的概率是最高的。

私领域不遵循公民社会中的法，它是"法外之地"。如果按照这样的方式思考，很多谜团就迎刃而解了。丈夫的劳动与妻子的劳动的"交换"并不遵循公民社会中"市场交换"的原则。而丈夫与妻子之间的性行为也不符合公民社会中的双方同意的原则。有"双向性义务"的地方就存在着完全统治对方的性（sexuality）的可能，而且当然是强者对弱者行使该权利。正因如此，"发生在夫妻之间的强奸行为"很难以犯罪事件立案。此外，配偶还依法有权控制对方的性（sexuality）在婚姻外部的实践[1]。

在私领域中，丈夫、恋人所展现出的绅士风度不过是专制君主偶尔心血来潮的施恩而已。可能有一天，他们的态度就突然发生一百八十度大转弯。许多家庭暴力的事例都在告诉我们这样一个事实：那个施暴的丈夫最初并不是这样的，他是从某个节点开始，在某种因素的刺激下突然变成了那个暴力的人。而这里的

1　当前民法中规定，配偶不履行"性义务"可以构成离婚理由。并且如果一方存在婚外性关系，配偶有权向过错一方索取损害赔偿。

“某种因素”往往是他本人的失业或妻子的独立。也就是说，在夫权的优势地位未被撼动时大度宽容的丈夫一旦陷入某种危机，就有可能开始出现暴力倾向。而“暴力”则是为了再次确认无法撼动的权力关系。这就好像在说“我就是要让你的身体认识到，你的地位比我低……”。

如此想来，其实私领域暴力已被深深铭刻在男性气质的定义中。长久以来，我一直有这样一个疑问：无论是在社会层面还是个体层面上，为什么是“遭受暴力的妻子”而不是那个“施暴的丈夫”被认为患了疾病呢？反而是那个遭受到暴力且无法从中挣脱的妻子常常在心理学、心理咨询的领域中被认为患上了一种名为“依赖共生”（co-dependency）的疾病。也许，这并不是什么“心理疾病”，而是一种“想要离婚却无法离婚”的“制度缺陷”罢了[1]。

反观“施暴的丈夫”，他们既没有患上一种名为“暴力依赖”（倘若真的有“依赖共生”这种心理疾病，那么隐藏在其背后的必定是名为“暴力成瘾”[2]的心理疾病）的疾病，也没有被当作犯人监禁起来，更没有因为深受心理疾病的困扰而咨询心理咨询

1 将制度的缺陷“心理学化”或“病理学化”是心理咨询热潮的一大问题。它将本应归咎于社会的问题转嫁给了个人，从而造成了避免社会变革，反而让个人去适应社会制度的保守后果。

2 就广义上而言，如果“暴力”一词的含义可以上升到指权力结构中的“结构性暴力”这个层面上的话，那么“暴力依赖”一词的含义也可以解释为“权力依赖”。而这种“权力成瘾”就是男性气质的核心。这点在没有直接施暴的男性身上依然有效。倘若“权力成瘾”属于“男性这种病”，那么可能“畏惧权力”就属于“女性这种病”吧。“畏惧权力”的病理是通过患上“弱者的病”或者装作处于“弱势”的地位，以换取免责权。

师。倘若暴力是“男性气质”的核心,那么我们对“男性这种病”的认知也太匮乏了。在日本,近年来终于陆陆续续出现了一些“针对男性的非暴力研讨会”,但这类研讨会屡屡受挫。究其原因,很多当事人并不觉得自己的状态是一种“病”。而精神疗法之所以能发挥作用,是因为当事人把自己当成一名病患去向治疗者寻求治疗。虽然人们逐渐认识到家庭暴力是一种犯罪行为,但即便如此,它仍是一种“没有加害者(因为加害者自己并不这样认为)的犯罪行为”。

在公民社会里(尽管是公民社会,不,应该说正因为是公民社会),如果说私领域暴力是男性公民(其隐私权得到保护的一群人)的男性气质的核心,那么想要揭露家庭暴力中存在的问题实在任重道远,而解决这个问题也会是一路荆棘。

为此,第一步就是要将私领域暴力视为一种犯罪行为,而这就意味着要瓦解隐私。换言之,公民社会中的公共规则要同样适用于私领域,私领域不能成为行使公权力的例外,也就是要承认公权力对私领域的介入。在美国,这种将私领域暴力视为犯罪行为的动向早已开始。而在日本,终于也出现了一些变化,专家虽然小心翼翼兼顾着各方的反应,但还是“大胆地”发出了自己的声音。心理咨询师信田佐代子曾这样写道:

> 谁才能介入一组关系之中,打破封闭的家庭呢?我知道这样的建议会遭受批判,但还是要说:应该让“公共机构”介入到家庭关系之中。目前,我能想到的可以实际运作的第三方应该就是包括我们在内的一些专家以及公共机构

吧。……公共机构以及拥有国家资格认证的人要接受国民义务的嘱托，打破隐私，以拯救受害者为己任。（信田，2000：193）

在我看来，信田这种客气的要求看上去略显谨慎，但这种瞻前顾后的姿态是有其原因的。这是因为走在最前面的美国已经出现了反弹的巨浪，认为那都是专家捏造的病理，是对无罪之人的栽赃。反对公权力介入隐私的力量十分顽强。这些力图让私领域免受公权力惩罚的反对力量还会用各式各样的理论来武装自己。他们的理论有倡导"公民自由"的古典式论调，也有打着后现代主义旗号的"个人的即个人的"的口号。

说到专家，我们可以回想一下关于乱伦、性侵问题的虚假记忆综合征（False-Memory Syndrome）[1]。当乱伦、性侵受害者好不容易才从创伤性记忆中恢复的时候，那些顶着专家头衔、拥有权威的人却质疑他们撒谎。所有试图侵犯父权制神圣领域的举动一定会遭到强烈反击。特别是像日本这样社会变化缓慢的地方，一种新兴的主张在被充分理解并深深扎根于人们心中之前，总会遭到反弹性言论的肆意暗算。

隐私是公民社会赋予男性公民的特权。身处近代转折点的

1 斋藤学在其著作《被封印的嘶吼》（斋藤，1999）中，激烈地抨击了虚假记忆综合征。在日本，已经出现了"日本版虚假记忆论战"（尽管此次论战的焦点事件实际上并没有发生）。这场论战发生在矢幡洋（2003）与信田佐代子（2003b）之间，后来宫崎哲弥（2003）也介入了此次论战。

我们宣告，企图使近代延续下去的任何行为都是反动的。作为公民特权的隐私已就此终结，应当被瓦解，但我们不希望因此导致私领域被进一步国家化[1]。

1 关于私领域的国家化问题，请参考上野（1998a）。

第二部　战争的犯罪化

第一章　战争有“吸引力”吗？

提到中井久夫，可以说他既是一位临床专家，也是一位思维缜密的精神病理学家。最近他出了一本书——《凝视着树》（2006）。单看这个书名，你不会想到这是一本讨论“战争与和平”的著作。该书集合了他近年来所写的随笔，《对战争与和平的观察》就收录于其中。该文的篇幅远长于其他章节，在我收到中井的赠书后，首先阅读的就是这篇文章。在一种压抑的感觉之中，我一口气就把这本书读完了。

为何“反对战争”会失败呢？当我收到编辑部针对以下主题的约稿后，我脑海里第一时间浮现出的就是中井先生的这篇文章。而且我想就算只是宣传一下中井先生的这篇文章也好，于是接受了约稿。这也是因为，他在这篇文章里用一个可怕的现实告诉了我一个答案。那是一直萦绕在我心头却受到压抑的对“和平”这一问题的答案。

编辑在约稿信中这样写道：

在日本，“二战”结束以后“和平”一直被视为无可争议的价值理念，但如今这个概念不再稳固，而是处于巨大的摇摆之中。

编辑对我提出的要求是，希望我能“从所谓‘和平 = 反战’的普遍观念中跳脱出来”。我耿直地接受了编辑的要求，而随后就迎头碰上了这样一个问题——“和平真的是好事吗？”

中井问道：“人类为什么会发动战争呢？为什么就不能永远维持和平呢？……为什么反对战争那么困难，多数都以失败告终呢？”对于这些问题，尽管没有时间也没有能力给出一个完美的回答，但他仍说道：“日本在太平洋战争中落败的时候，我还在读小学六年级。虽然想法尚且稚嫩，但作为一个了解并见证过战争的人，我觉得我必须说出我所观察到的事情。”

“当那些见证过战争的人隐退或者离开人世的时候，往往下一场战争也就开始了。”

这篇文章是步入晚年的中井在 2005 年写下的，字里行间透露着他对 21 世纪可能是新的“战争世纪”的焦虑。在这篇充满“观察”的文章中，他尽可能快速地写下大量有关人类战争与和平的问题，信息之密极大地震撼了读者。

人类为什么会发动战争呢？为什么就不能永远维持和平呢？……这是因为战争比和平更有“吸引力”。这个回答让人毛骨悚然。当然，中井本人并没有使用这么直截了当的表达方式。但是，当我在读他的战争记录时，总会不由得想：原来如此啊，果真如此吗？果然如此啊！他直接把那件每个人都能隐隐察觉到的事摆在我们面前，告诉我们其中不容置疑的真相。

这里就引用中井的一段话吧。

> 战争的逻辑简单明了。它根源于我们人类最深的生命感受。它是一种自豪，是一种万能感，是一种觉悟。战争会给我们带来狂欢般的精神振奋。在战争中，人们（表面上）都变得很有道德，社会也仿佛在进步。战争要求的痛苦、匮乏、不平等甚至都带有一定的伦理性。
>
> 反观和平，它是一个以自我为中心，松散缓慢，空虚，漫无目的，充斥赤裸裸的私利与私欲、犯罪与不道德肆意横行的时代。较之战争，和平缺乏重大事件，它既无法为人生赋予超越个体生命的（流于形式的）意义，也不能给予我们"生命的价值"。和平是"无聊枯燥的"。

原来如此，如果这样比较的话，战争的"吸引力"好像的确是和平的上百倍。为了那个超越生命的崇高价值，战士可以赌上自己的生命去战斗，真是勇敢且壮丽啊。而对此提出异议的人则会被称作胆小鬼、懦夫。

中井看穿了这些所谓的战争的价值，他认为这些只不过是浮于"表面"的东西而已。实际上，比平时更为恶毒的压榨、侵占、残暴、迫害都在战争中更加肆无忌惮，却全都被巧妙地掩藏起来了。并且真正让人悲痛心酸的是，经历过这些恶行的人都已逝去。这仿佛是在说，"死人是永远不会开口的"。

我现在说的并不是60年前发生的事。从上述战争与和平的对比中可以看出，那些赞颂着战争亡灵、篡改教育基本法，并企图创建一个“美丽国家”的人究竟想要什么。崇高的伦理性、对超越个体的公共价值的献身、对同胞毫不吝惜的爱、合作与团结、紧张与振奋……这些令人深陷其中的自我陶醉或许真的存在着某种难以抗拒的吸引力吧。小林善纪的漫画就将这种自我陶醉表现得淋漓尽致。

单把这些话写出来，我就已经像是喝了劣质酒一样直冒冷汗。因为，能抵抗住那种英雄主义、自恋情结的人少之又少。不仅在好战的象征，甚至是在各种反战的象征里，这种英雄主义和自恋情结都在（只不过是以相反的方式）不断重复上演。比如，德国反战电影《白玫瑰在行动》的主角总是一副大义凛然的姿态，为了超越自我的崇高价值，可以不惜牺牲自己的生命。就连在反战电影中出现的特攻队以及大和战舰这些事物都被塑造成了引诱年轻英雄战士做出无谓牺牲的陷阱。

中井说，战争是一个过程，而和平则是一种状态。过程一旦开始了就停不下来。而状态则需要不断用能量加以维持。这就意味着，要一直忍受着所有的无聊、不服、不满和空虚。这种维持并不是一件有趣的事。因此，在战争的政治宣传面前，和平运动总会败下阵来。

战争是有吸引力的。先不管战争的真实面貌如何，至少，那些动员我们参与战争的宣传语有着难以抵抗的吸引力。明白这一点就足够了。想要维持和平，就千万不要掉入那个恶魔低语召唤的魅惑陷阱中。要像耳朵灵敏却胆小的兔子、狡猾的老鼠一样，始终保持警觉，不可懈怠。我想这就是中井先生向我们发出的警告吧。我们要自觉到自己的时间在一点一滴地流逝。

“和平就是一成不变的家常便饭。”

这是中井先生的真知灼见。他说，和平的真谛是——“直到失去了才当作珍宝”。这和我们对幸福的感受一样，当我们身处其中的时候，很难发现它的价值。

明天也会像今天一样,这是多么珍贵啊。如果不这么想的话，女人就不会生育抚养孩子，老人也无法安度晚年。女性主义既不帅气酷炫也不英勇伟大，它是使我们的日常得以持续的思想。我一直认为,英雄主义其实是女性主义的敌人。中井先生所说的话，让我再一次坚定了这种想法。

第二章　有关冲绳岛战役的回忆

近来，历史学界终于承认并开始重视口述历史的价值。长久以来，历史的“史”指的就是“文献”，重视文字记录的文献中心主义在史学界盛行已久，但并不是所有人都会书写文字并把文字保留下来。自然而然文献中心主义的历史学倾向于记述权力阶层的历史。

中公新书系列中有一本书叫作《口述历史》，光听书名便可知其内容，作者御厨贵在书中对口述历史做了如下的定义：它是由专家写作的、给成千上万人看的、公职人员的口述记录。

基于这样的定义，御厨贵着手收集最称得上是公职人员的人——战后政治家——的口述历史，并在这一项目中投入了巨额经费。

在读了他的书后，我感到十分愤怒。

历史是不可篡改的。口述历史的由来与他的认知相去甚远。那些拥有公职的政治家，即使你不要求，也会写回忆录，而且他们不是单单记录一下自己的经历，而是会费劲写出一部粉饰自己伟大一生的自夸史吧。即便专家会走访记录，但对方说的也不一定是实话。

口述历史与以上这些都不一样，它是对抗权力阶层史的、充满苦难的历史。口述历史应该是对没有自己的文字、无法留下文字记录的底层人民的走访记录。它是在通力合作下通过不懈努力、一点一滴争取讲述者信任的过程，是在历经千辛万苦之后终于得以完成的作品。

群众史的开创者色川大吉先生曾给我讲过这样一个故事。一位日本旧帝国大学教授在听到“群众史”这个词的时候，随口说了一句：“你还真觉得人民有历史？”

没错，女性有历史吗？孩子、普通百姓、煤矿工人、被歧视的部落民族、“南洋姐”[1]，他们有历史吗？……对这些问题给出肯定回答的正是口述历史。那些说他们“没有历史”的人，只是没有侧耳倾听过他们的声音而已。自 20 世纪 60 年代开始有一些学者、民间历史学家为了倾听那些声音而东奔西走，陆陆续续创建出群众史、底层人民史、女性史、大后方史、地方史……而这些纷繁众多的声音长久以来却始终被主流历史学无视。

因此，实践口述历史就是与权威作斗争。而我们在御厨先生所给出的“定义”里，好像完全看不到这种历经艰苦奋战的痕迹。

口述历史的价值终于得到了历史学界的承认，这是因为大

1 “南洋姐”原文是“からゆきさん”，指的是 19 世纪末到 20 世纪初被日本政府拐卖到南洋从事卖淫活动的年轻妇女。——译者注

家已经认识到，以文献为中心的历史是有倾向性的历史，是片面的历史。口述历史的价值在世界范围内逐渐被重视。2003 年日本口述历史学会成立，西欧各国也相继设立了口述历史档案馆（记录保存中心）。

在口述历史中，不但有以往未能发声的人的历史，还有那些说不清道不明、尘封在记忆深处的历史。像原“慰安妇”的证言、集中营里幸存者的声音、战时实施加害的回忆等都属于口述历史。它们是即便说出口也没有人会相信的故事，是一想起来就痛苦到连自己都想抹去的回忆。因为它们是一种耻辱，所以无论如何都让人难以启齿……长久以来，历史一直都当这些回忆“不存在”。不难想象，与当事人一起将这些回忆挖掘出来、听取、记录，这项工作需要多么细腻的共情能力啊。

冲绳岛战役的回忆也属于口述历史吧。特别是那段血亲之间自相残杀的“集体自杀”的记忆，对幸存者而言一刻都不曾忘记，那种无以名状的悲情一直埋在他们的内心深处。大江健三郎的《冲绳札记》（大江，1970）一书因为日军下达命令一事被告上法庭，法院在对其真伪的判决中，选择了采用口述历史作为证言。

德国的历史修正主义者在纳粹集中营问题上，围绕着是否存在希特勒署名的“屠杀犹太人”命令书一事，展开了辩驳和反击。而在日本，关于原日军“慰安妇”问题也同样出现了一系列的争论。日本版历史修正主义者们争论当时是否存在能够证明日军参与的命令书。这些历史修正主义者都是躲在文献史料的绝对主义背后、伪装成客观主义的人。

历史牵扯的人数众多，可以呈现出很多不同的样子。那些与历史有牵连的人的口述证言并不比文献的可信度低。

小林善纪说，受“军官民同生共死”思想的影响，一些人本是被强迫走向“集体自杀”，却硬要说是自行选择了光荣赴死。而根据许多幸存者的口述历史来看，那种光荣赴死的背后是不得不亲手杀死亲人的万念俱灰和怨恨——人们怨恨地想着“要是没有军队的话”“要是原本就没有发生战争的话”，也许一切会有所不同。就算没有命令书，还是会有口头命令；就算没有口头命令，还是会有人感到自己不得不这么做。发出命令的那一方可是掌控着武器和权力的集体啊。想来那时整个日本列岛可能都在经历如同集中营一般的时代浩劫吧。

我听说那个创造了“集体自杀”这个词的人现在非常后悔。他在想，为什么自己那时没有把这个事件命名为“强制性集体赴死”。语言掩盖并粉饰了现实。如何称呼一个事件是一种政治性的选择。当我们把“恶作剧”改称为“性骚扰”，把“色狼”改称为“性犯罪”的时候，我们看待现实的角度也会发生一百八十度的转变。

我曾经读过这样一篇文章，作者是一位自称战中派[1]的老年男性。他说，“集体自杀”就是“集体自杀”，非要说它是强制的话，对于经历了整个战争的我来说是一件非常奇怪的事。日本士兵都受到了所谓“绝不苟活受俘虏之大辱”的战场训示。那些无法赴前线战斗的伤兵残将也都被派发了用来自杀的手榴弹和毒

1 “战中派”指的是在第二次世界大战中度过青年时代的人。——译者注

药。在“军官民同生共死”的指导思想下，士兵会这样，和士兵有着共同命运的人民亦是如此。这就是身为一个日本人所要做出的选择——与其投降，不如自杀。

可并不是所有的军官、战士都能内化那样的战场训示，应该有很多人打心眼里无法接受并对此深感不满。如果说“与其被俘不如自杀”的战场训示对谁而言有利的话，我想应该就是军队吧。军队把士兵逼上绝路，丝毫不觉得有必要为了让士兵存活而令其成为俘虏。

在硫磺岛战役中，士兵被下达了禁止投降、“战斗到最后一兵一卒”以及“宁为玉碎”的命令。而在指挥系统瘫痪后，士兵们究竟经历了多么惨烈的苦战呢？对于当时的情景，纵使过了60年，那场战役的少数幸存者仍如鲠在喉，想说却说不出口。

说起来，“军官民同生共死”的思想究竟对谁有利呢？当然是那些需要动员民众、让他们誓死绝对服从指挥的军队。冲绳岛战役中，在许多原本的平静被瞬间打破、成为战场的地方，“军官民同生共死”的思想会渗透到每个岛民心中完全是不可思议的，因为这场战役并不是他们自己主动发起的。纵使在军人之中，也有将校曾对民众说“给我活下去”，也有下级军官自己决定让部下投降。在“赴死”和“活下去”两种决断中，选择哪一种更需要勇气呢？

有位哲学家曾说过这样一句话，“思想是为了让我们去面对死亡。而若是为了生存，我们就不需要什么思想”。没错，这里所谓的思想——特别是战时的思想——就是为了制造“赴死”的理由。思想家、哲学家并不无辜。为了什么而死？自己的死是不是轻于鸿毛？很多年轻人深深地陷入了这些苦恼之中。而“近代的超克”派的思想家为了说服这些苦恼的年轻人，用“花言巧语的麻药”麻痹了他们。

直到现在，每当我听到“有比生命更重要的价值”时，还是会不禁后背发凉。这个比生命更重要的“价值”，是“国家”也好，是“民主主义”也罢，其实没什么两样。如今在伊拉克，打着守护“自由与民主主义”旗号的美国士兵就在“以生命为赌注”浴血奋战。可现实是，有更多的伊拉克人民因为“自由与民主主义”付出了无辜的生命。说到这里，那位提倡一定要教给年轻人“有比生命更重要的价值”的安倍晋三先生实在是一名危险的政治家，他在任期着力推行过“教育改革”。这些都是活生生的事例。

这些问题的根源正是因为我们只有“为了赴死的思想”，却没有“为了活下去的思想”。在那位说着“若是为了生存，我们就不需要什么思想”的哲学家眼中，可能人类与动物没什么差别吧。难道这还不能叫作知识的傲慢吗？

“越平联”[1]的代表、已故作家小田实在其著作《难死的思想》中曾这样写道：所有的死亡都是毫无价值的，所以纵使你沦落为难民，也请活下去。“伯特利之家”（Bethel’s house）是一个提供精神医疗支援的福利组织，对于那些自残、有自杀倾向的年轻

1 “越平联”全称是“争取越南和平市民联合会”，是1965年由反对越南战争的无党派市民组成的反战团体，1974年解散。——译者注

人，该福利组织的创建者向谷地生良曾呼吁道：无论多么痛苦，无论受了多重的伤，都请来北海道浦河的“伯特利之家”，在这里继续活下去吧。长年从事家暴受害者心理咨询工作的心理临床专家信田佐代子给受害者的建议是：请尽快让自己脱离受害者的身份，请离开那个地方，请逃走吧……原地不动还是离开，自我毁灭还是活下去，哪个才是更有勇气的选择呢？

以思想为名的思想，它一旦被创造出来，就陷入无尽的语言游戏之中。那些稍稍体会过个中滋味的人都知道，从魅惑与陶醉中逃脱究竟有多么困难。况且那种“为了赴死的思想”来势汹汹，光鲜亮丽，使人深陷其中。而反观“为了活下去的思想”，老土、丢人、犹疑不决、毫不得体，还会被责难为“胆小鬼”“懦夫”，能够忍受这些的人并不多。

我曾向一位经历过战争的人提了这样一个问题：“为什么有那么多人会被如同谎言般的法西斯主义所迷惑呢？”我至今都无法忘记对方所给出的回答——“法西斯主义的语言真的很具有诱惑性啊”。

而“为了活下去的思想”是属于弱者的思想，让弱者以弱者的姿态受到尊重，他们无须变成强者或压迫者。只有这样，属于女性、孩子、老年人、残障人士的思想才会慢慢产生。为此，我还与中西正司合著了一本名为《当事者主权》（中西·上野，2003）的书。我想，这种“为了活下去的思想”应该有很多地方要向冲绳学习。

第三章　女性主义视域下的广岛[1]

引言

在“广岛”问题上我完全是个外行。我涉足战争与军队以及和平研究领域的契机是我在 1998 年写了《民族主义与性别》(上野，1998a）等书。在很长的一段时间里，和平研究都与女性主义无缘，而女性主义也与和平研究关联颇少。和平研究的背后其实就是军事或军队研究，但女性主义与这些问题的关联似乎也十分稀薄。我想在本章中解答这次抛给我的一系列难题——“女性主义视域下的广岛”。

本次学术研讨会是以女性史学家加纳实纪代为中心的五次

1　该文底稿是我在 2000 年 10 月 22 日“女性·核·和平——从女性主义的角度探讨‘广岛’”学术研讨会（家族社广岛女性学讲座主办）上的演讲稿，我在此基础上进行了修改写成本章。

学术讨论（我私下称之为“广岛加纳补习班”[1]），由“补习生”所策划。在那个受害者历史观仍然占主流的日本女性史时期，民间女性史学家加纳实纪代自行创造了这个世界上从未有过的词——“大后方史”[2]，并在过往的30年间一直致力于有关女性参与战争的历史研究。

我与加纳的初次相遇还是在我20多岁的时候，那时我就感觉到她绝不是一个简单的人物。我之所以打算接受加纳抛给我的这个挑战，完全缘于我对她在这30年间耕耘学术的崇高敬意。当加纳把球抛给我的时候，无论多困难，我都没有不接受的理由。

对于这个我从未涉足的难题，以下论述可能稍显外行，但我还是想从我一直以来致力研究的女性主义理论或性别论的角度出发，和大家分享一下我粗略思考后的一些结论。

现在距我写《民族主义与性别》这本书已经过去了两年。

---

1 广岛加纳补习班即广岛女性学讲座（家族社主办）。2000年4月至8月间，每个月加纳实纪代都会开讲。该补习班每次约有35人参加。每次的讲座主题如下：①女性主义与女性史；②战争与女性——“随军慰安妇”与“大后方的女性”；③和平与女性——母性神话与和平运动；④女性主义与战争——以女兵问题为中心；⑤广岛与女性主义——广岛女性和平学试论。该系列讲座在2001年继续举办（5月到9月由家族社讲座实行委员会主办）。主题与讲师如下：①广岛女性史——其意义与方法（加纳实纪代）；②地方女性史研究中认识到的事（冈山·松江·鸟取·广岛的女性史小组、加纳实纪代）；③原爆受害与女性（关千枝子）；④从女性视角看原爆文学（江刺昭子）；⑤广岛女性和平学试论——核与女性主义（加纳实纪代）。

2 女性守护大后方，支持并参与的15年战争（“九一八事变”至“二战”结束）的历史被称为“大后方史”。为了解析女性为何、如何协助作战，1967年“质问女性的现在”学会创立。该学会聚集了以加纳实纪代为中心的数十位非学界的女性史学家，她们创办了该学会的会报《大后方史札记》。该报从1977年至1996年停刊为止，共发行了包括“战后篇”在内的18卷。

在这两年里，围绕“军队与女性”这一主题，我写了一些论文（上野，1998b，1999a）。在本章中，我会尽可能不重复之前所写的内容，争取将自己的理论再向前推进一步。

1 作为象征符号的广岛

所谓“作为象征符号的广岛”当然指的就是“作为战败象征符号的广岛”。可能有人会对“作为……的象征符号”这种说法感到不悦。比如，当我们问，相较于日本，“德国战败的象征符号又是什么”，这时日本与德国的差异就会一目了然。德国战败的象征符号是奥斯维辛。因此，在战败后，德国重新出发的起点就是承认自己加害者的身份。而日本在战败后重新出发的起点却是“象征着受难的广岛”，因而日本所构建出来的是“牺牲者的身份”而非“加害者的身份”。

这个身份背后所代表的其实就是一亿日本人集体忏悔式的、无须承担责任的社会体制。说到战争责任，我们当然不能把天皇与庶民的战争责任，甲级、乙丙级战犯与庶民的战争责任，男性与连参政权都没有的女性的战争责任一概而论。所谓“参政权”就是公民的 the right of rights，即权利中的权利，是决定自己命运的权利。更极端地说，对那些连自己命运都无法掌握的女性，就谈不上要她们背负什么战争责任。如果说日本战后重新出发的起点是一亿日本人的集体忏悔，那么这就意味着所有人都不用承担责任。正如东京审判在事后承认的那样，审判时并没有追究以天皇为代表的所有日本国民（除了一小部分战犯）的战争责任。

战争快结束时，广岛遭到了新型炸弹的袭击，这件事天皇及日本军部是完全知晓的。但要说这颗新型炸弹究竟给指挥大本营带来了什么冲击，目前我们已经明确知道，它并没有让以天皇为首的指挥大本营停下作战的脚步，甚至之后长崎遭受了同样的袭击也没能遏制战争。真正让天皇以及指挥大本营接受无条件投降的是苏联的参战，这是一个已被证明的历史事实。因此，所谓新型炸弹让天皇决意结束战争的说法完全扭曲了历史。

我们总会把目光聚焦在新型炸弹即原子弹所带来的毁灭性伤害上，但那场东京大轰炸所带来的伤害呢？东京市民也许会想，“总是说广岛怎么怎么样，怎么不提提我们东京大轰炸的死亡情况啊？”

非战斗人员的死亡情况如下：在冲绳地面战中，战斗人员与非战斗人员加起来总共有 20 万人死亡。广岛的死亡人数则是 20 多万，这其中，起初死亡人数是 10 万人，之后又增加了 10 万人。而在东京大轰炸中有 10 万以上的人死亡。广岛遭到新型炸弹袭击起初的死亡人数是 10 万人，所以在广岛的死亡人数更新前，在东京大轰炸中死亡的人数要比广岛多。与 1991 年海湾战争时使用的精准打击不同，地毯式轰炸并非只摧毁军事设施，而是一种以破坏普通人日常生活为目标、直接攻击非战斗人员的战争方式。只强调新型炸弹所造成的巨大死亡，也就意味着轻视了其他空袭的残酷性。

即便是按照当时的国际法，攻击非战斗人员的行为同样会被视为犯了战争罪。空袭、原子弹并不会分辨战斗人员和非战斗人员，但近代的战争方式让我们撞上了一个问题：攻击非战斗人员的行为是不正当的吗？因为近代战争是一种总体战，是在总动员体制下的战争，非战斗人员也参与了这项民族国家最庞大的事业。所以，在总体战体制下，对方有理由去攻击那些非战斗人员。

2 美国眼中的广岛

虽说战后日本重新出发的起点是“广岛”，但我们还是注意到这样一个事实——日本对“广岛”象征意义的认识与美国对广岛问题的认识之间存在着巨大差距。发生在20世纪90年代中期的“史密森（Smithsonian）论战”就是日美双方认识差距的最好证明。美国国家航空航天博物馆位于华盛顿，是史密森系列博物馆中的一个。战斗机“艾诺拉·盖号”（Enola Gay）在该馆的展出计划引发了一场大规模的论战，这场论战以自由派的败北而告终。

所谓“杜鲁门的决断”指的是，“杜鲁门做出向广岛、长崎投下原子弹的决定，使得战争提前结束，由此避免了美军进行地面作战，减少了美军的伤亡”。但这只是日后美国对使用原子弹的行为正当化的“神话”，而非事实。之前我已经讲过，使日本军部和天皇无条件投降的是苏联的参战，而非那两次新型炸弹的攻击。而且美国要达到其目的的话，仅投下一枚原子弹就足够了，但它投下了第二枚。美国这一行为被外界看作是杜鲁门事先考虑到了战后美国对苏联的战略。

我曾去过陈列着“艾诺拉·盖号”的美国国家航空航天博物馆。在那里，还有一个超大显示屏循环播放着一段对“艾诺拉·盖号”机长长达14分钟的采访。我听到机长说：“我们向广岛投下了一枚原子弹，即便如此，日本还是没有接受无条件投降。

所以，我们不得不再向长崎投下一枚原子弹，但日本仍旧没有接受无条件投降。那时我们认为对广岛、长崎投下原子弹的决定是正确的。”话音刚落，14 名机组成员的照片就出现在画面中，旁白还说“他们是一群热爱祖国的人”。当时还有一些美国年轻人和游客在观看这段影像。这段经历使我感到恶心。

“艾诺拉·盖号”在史密森博物馆展出初期，曾遭到美国退伍军人协会的强烈反对，最后还闹到要更换馆长的地步。引发退伍军人协会强烈不满的是，该馆计划从广岛原爆资料馆借一部分原爆遗物进行展示。那时在听到美国为了要展示“艾诺拉·盖号”而计划向广岛借遗物的时候，我感到十分生气，觉得“这是何等傲慢！”，甚至还呼吁“一样东西都别想从广岛借出去”。而在同一时期，大江健三郎先生是支持把遗物借给美国去展示的。如今想来，那时我的想法真的是太狭隘了。在我访问史密森博物馆之后，我的想法也发生了转变。

画面中影像的视角与海湾战争中精准打击的视角相同。在影像中，观众从上空俯瞰广岛，远远地能看到一朵蘑菇云。但在那朵蘑菇云之下，生活着什么样的人，他们又遭遇了怎样悲惨的命运？那段影像里基本上没有出现能解答这些问题的画面，视角完全是单方面的。所以我的想法改变了，为了能让人知道那朵蘑菇云之下究竟发生了什么，我们应该将那些受难者的遗物展示出来。幸运的是，广岛市市长秋叶忠利对促进日美友好似乎十分积极。作为收到美国四照花的回礼，他想，即便是遗物的复制品也好，把这些东西寄赠给史密森博物馆并在那里开设一个特别展室，岂不正好能促进日美关系的发展吗？

将投下原子弹的行为正当化是一场政治阴谋，这一阴谋在超过半个世纪以上的岁月中仍是主流。支撑这场政治阴谋的其实是这样一种思想：那场战争是为了守护自由与民主主义、与法西斯主义对抗的正义之战。至今，美国人仍坚信行使武力是“为了正义”。他们深信，战争有两种，“正义之战与非正义之战”。

可究竟什么是正义之战，什么又是非正义之战呢？先不说美国在建国之初时武力征服原住民的往事，我们暂且认为在历史上美国只发动过一次非正义之战，就是那场成为美国污点的越南战争。我不禁想：“要是美国连那场越战都打赢了的话会怎么样？”在历史上，正义之战的另一个名字是胜利者的战争，而失败者的战争则是非正义之战。这就是战争的正义与否和胜败之间的对应关系。美国入侵尼加拉瓜（1982）、入侵格林纳达（1983）都是美国单方面挑起的侵略性战争。对此，美国不但没有丝毫“反省”，甚至没有受到联合国的制裁。

3　海牙国际法院与原爆的非战争罪化

日美两国在原子弹投放问题上存在着巨大的分歧，而这种巨大分歧产生的主要原因不仅仅在美国一方。因为在“二战”结束后，日本政府支持并强化了美国对原子弹投放问题的看法。即便进入了20世纪90年代，在海牙国际法院审理有关非人道武器的案件时，大家是否还记得当时日本政府给出了怎样的反应？外务省派去的官员给出了这样的证言，“原子弹并不算非人道武器”。那时，同在现场的广岛、长崎两市的市长与外务省针锋相对，给出了截然相反的证言。

这种非人道武器还包括生化武器和毒气等。尽管在国际法中，生化武器和毒气都被列为非人道武器，但日本政府的官方看法主张，原子弹并不算杀伤性武器。而支持这种政府的就是我们这些日本国民。战后日本政府的外交政策自始至终都在支持美国将投放原子弹的行为正当化。

1970 年，美国主导的《不扩散核武器条约》正式生效。但该条约可以说只是一个国际政治阴谋。它规定，除目前已拥有核武器的大国之外，其他国家一律不准拥有核武器。该条约赤裸裸地庇护既得利益国家，自然遭到了后发国的反对。法国是其中一个拥有核武器的国家，态度一直都很傲慢。在雅克·希拉克总统在任期间，法国在至今仍是法属殖民地的穆鲁罗瓦环礁上进行了核试验（要进行核试验，难道不该在法国本土进行吗？）。针对法国的行为，印度和巴基斯坦都表达了强烈反对，并相继进行了核试验，而那些已拥有核武器的国家没有权利谴责印巴两国的暴力举动。

4　和平运动的分裂

在日本，战后反核运动持续进行着。20 世纪 50 年代，反核运动还一度达到了高潮。那时，在第五福龙丸事件[1]发生时，一位居住在杉并区的主妇发起了一场反核联署活动，该活动共收集到了 3000 万份署名。和平运动得到了广大反核普通民众的支持，

1　1934 年 3 月 1 日，日本远洋鲔鱼船第五福龙丸号在美国试爆氢弹的比基尼环礁岛受到高能辐射，致使船员死亡。——译者注

但在冷战时期的国家政治角力中，它被政党利益权谋分裂了。

冷战时期，苏联开始进行核试验时，那些被称为苏联派的人就“好的核武器与坏的核武器”展开的论战，大家还记得吗？也许会有人想“核武器还分好与坏吗？”，但它恰恰就是造成日本和平运动政治性分裂的可怕理论——“核武器有好与坏之分”。日本的和平运动也被卷入到美苏争霸的冷战格局中。

“二战”结束后，在废核问题上日本国民究竟有没有达成集体共识呢？从上述和平运动的分裂来看，我认为，时至今日其实都没有。核能发电的事例也同样如此，日本政府一直都在推进和平利用核能的政策。虽然有人说日本人对核问题很敏感，但在现实世界中，这种敏感似乎早已沦为形式主义。尽管战后日本终于达成了非核三原则（这还是在自民党执政期间提出的），但我们都知道，这个非核三原则也同样早就沦为形式主义了。广岛的各位想必早已倒背如流，所谓“非核三原则”指的是纵使日本有国力和技术发展核武器，也必须坚持“不制造、不拥有、不进口”核武器的三项原则。冲绳在归属日本之前，由于还不属于日本领土，所以非核三原则并不适用于冲绳。但在冲绳回归后，针对非核三原则究竟是否适用于冲绳，一度成了争议的焦点。那时，佐藤内阁表面上承认非核三原则适用于冲绳，实际上却暗地里与美国达成了协议。那件事在当时的资料公开后被曝光了出来。

冲绳的回归是“去核武器的回归”还是“保留核武器的回归”呢？实际上是“保留核武器的回归”，而且不仅没有进行“冲绳的本土化”，反而还在逐步推进“本土的冲绳化”，这在现今已成了众所周知的事实。每当有美国的核潜艇要进入日本港口的时候，日本总会询问对方潜艇里是否装有核弹头，却没有一次进入潜艇检查过。因为,日本总是相信美国嘴上说的话,所以日本“本土的冲绳化”其实在很早之前就已经开始了。而继续投票给这种政府的也是我们自己。

5 两个法外之地

我想试着回答一下这些问题：国家所行使的军事权究竟是什么？将国家暴力即军事权正当化的依据又是什么？

国家军队军事权的依据也可称为“国家暴力的非罪化”。因为在任何其他领域中施暴都是一种犯罪行为。在公民社会中，无论你打了谁，你的行为都会被视为犯罪。尽管杀人和暴力在公民社会中都会被视作犯罪,但在国家的名义下,却不会被视为犯罪。这意味着什么呢?

在思考这一点时，我们会迎头碰上这些问题：近代公民社会和民族国家的形成，以及二者形成时的暴力分配的问题。公民社会在其内部完成了公民的非武装化、杀人以及暴力的犯罪化。倘若如此，我们只能认为国家似乎并不属于公民社会。

另外还有一个问题，存在着不属于公民社会的领域，即所谓的“私领域”。公民社会在形成时，其外部也出现了两个领域，即“国家领域”和“私领域”。而这两个领域中存在着不属于公民社会领域的两种暴力，一种是国家暴力即“公领域暴力”，另一种则是私领域中的暴力即“私领域暴力”。这两种暴力展现出惊人的一致性，均未被看作是犯罪行为。

美国女性史学家琳达·克贝尔在研究中指出，“公领域暴力与私领域暴力的非罪化和公民社会中暴力的犯罪化是同时完成的”。（Kerber，1998）“暴力是否是犯罪”“男性气质的核心是否是暴力”，与其思考这些一般性问题，不如试着探讨一下该问题的语境——“暴力在什么样的条件下会成为犯罪，在什么样的条件下不会成为犯罪”。如此一来，我们就能将这一问题置换为以下问题——如果国家军队成员实行了集体有组织的杀人或暴力行为，他们会被当成英雄；而在酒馆里对某人动手则会被视为犯罪，这两种情况究竟有怎样的差异？

克贝尔就独立战争以后，美国兵役与公民权之间的双向义务关系做了一系列实证性的历史考察。我在她的研究中获得了巨大的灵感，想试着将这个问题再往前推进一步。我想到可以把“公领域暴力”“公民暴力”“私领域暴力”放在一起考虑，于是就有了以下这些思考。

公民社会虽然处于法律约束之中，但公民社会的外部好像存在着法外之地，国际社会就是其中之一。国际社会虽然由民族国家组成，但原本就是法外之地，而后逐渐诞生出了以“国际法”为名的规定。“像绅士一样打仗”“战争中不使用非人道武器”“打仗并非不可，但谨记不能做出触犯战争罪的行为”。尽管这些规则看似没有人会遵守，很不现实，但它们仍然存在。战争本就是主权国家的权利，因此国际法将武力处理国家间纠纷的行为正当化了。

联合国维持和平行动，即 Peace Keeping Operation，是军事活动的一个环节。“operation”这个词本身就是指代作战的军事用语。而这里“和平”的含义，我们可以从词源学上来考察。

名词“peace”来源于“pacify”这个动词。而这个动词又衍生出“pacification”，即“和平化”这一名词。在日语的日常用语中，最接近“pacification”一词的是“镇压”“平定”。这也就是说，“pacification”是指“上对下的暴力平定”。

这个关于和平的知识点，我是从保守派女性知识分子长谷川三千子那里知道的。长谷川为了强调维持和平的暴力特征，提出了这一词语的来源，她认为不存在不依靠暴力的和平。所谓“Peace Keeping Operation”其实正如长谷川所指出的那样，是通过上一层的压倒性武力优势来平定某些局部性暴力的镇压行为。因此，维和行动首先就是一种军事行动。为这种军事介入行为冠以人权之名、将其正当化的活动早已开始。科索沃战争（1999）就是一个例子。

联合国是决策指挥维持和平行动的主体。我们都知道这样一个国际政治的常识——美苏两极争霸的格局瓦解后，后冷战时期形成了美国一超统治世界的国际格局。时至今日，美国仍掌握着联合国的决策指挥权。既然打着人权外交的旗号介入科索沃，联合国军队为什么不介入一下巴以地区的冲突呢？而在此之前，联合国在美国单独军事入侵格林纳达的时候没有任何动静；在巴以地区冲突胶着的时候，联合国还是没有采取任何行动。这是因为以色列是美国的关键利益伙伴。

联合国就是在美国国家机会主义的主导之下运行的。要是除美国之外的任何国家打破了国际秩序，联合国就会以“正义”之名进行干涉。而当美国自己打破秩序的时候，联合国就会放任美国不管。这就是那个“世界警察”美国的真实面貌。国际社会是法外之地，“拳头即正义”这样的逻辑仍然适用于当今的国际社会。

而在私领域之中，名为父权制的私领域暴力也在肆意横行。对于这两个处于公民社会外部的公与私的法外之地，我们有理由怀疑，二者之间也许存在着逻辑上的贯通性。

6 谁是“公民”

行使公领域和私领域暴力的是一群被称为“公民”的人。那公民又是谁呢？“公民”指的是一等公民，即已婚且拥有私有财产、负有纳税义务，并且有服兵役义务的男性家长。这些人一直以来被称为一等公民。一等公民如果以国家之名行使集体暴力，他们的行为不会被看作犯罪。而这群人倘若在自己所属的私领域，对包括妻子、孩子在内的私有财产行使暴力，他们的行为同样不会被视为犯罪。

通奸罪之所以能够成立，其法理依据就是私有财产所有者有权要求侵犯其财产的人予以赔偿。由此也可以看出，妻子被视为私有财产的一部分。战前，只有女性的通奸罪才是通奸罪，到了战后则变成双方的。法律开始保障配偶对彼此身体的使用权具有排他性。

公领域暴力与私领域暴力，这两种暴力分属于两极。在公民社会中，当一名公民即一等公民行使两种暴力时，无论哪一种都不会被视为犯罪。而处于这两极之间的中间部分，即发生在公民之间的暴力才会被视为犯罪。如今我们终于看穿了这惊人的把戏。

在这里，希望大家能回想一下有关一等公民权和兵役关系的内容。从民族国家形成之初，这两者就是无法分离的概念。历史研究已经明确表明，福利国家的出现起源于战争。克贝尔的研究表明，在独立战争时期，美国的福利制度是伤兵独享的特权制度，之后演变成退伍军人的特权制度。比如，退伍军人在公务员选拔时会被优先录用，终身享受养老津贴，可以优先进入较好的学校等。服了兵役便有资格终身享受公民特权。

7 公领域暴力与性别

但是，只有男性能履行兵役义务，这就导致公民终身特权结构性的性别分配不均。美国主流派女权主义组织 NOW 的女性成员指出了这种分配结果的不公平之处。

自越战起，围绕着“兵役也同样适用于女性”以及“让女性也有权利应征入伍”的问题，她们曾数度发起诉讼。但这种要求一等公民权的平等，甚至是要求兵役上的性别平等，真的是女性主义的最终目的吗？

如果将性别这个变量放在公领域暴力中分析的话，又会有什么新的发现呢？军队是国家暴力的机器，要求军队中的男女平等就意味着“要停止男性对暴力的独占，让女性也参与到暴力之中”。就这一问题，我用一篇论文进行了论证。该论文的题目颇具讽刺意味——《让女性也拥有成为烈士的权利吗？》（上野，1999a）。

所谓“烈士”指的是为了国家献上自己生命、实现崇高自我牺牲的人。但是，这背后隐藏的正是赤裸裸地行使暴力这件事。“为国而死”实际上是“为国而杀”，也就是以国家之名行使杀人权。军队是训练高效杀人的地方。女性主义是要求在杀人权上的性别平等吗？

在人类的各种行为中，无论如何考虑，杀人应该是最为愚蠢的一种行为吧。有些人主张也要赋予女性行使这种愚蠢行为的权利，我认为这相当于在呼吁“行使愚蠢权利的平等”。伦理学研究者加藤尚武认为，女性主义要是在所有领域中都要求男女平等的话，那么也应该要求“行使愚蠢权利的平等”。他的这种想法实在武断。加藤认为，“男人要是做出愚蠢行为的话，女人也会想要做出同样的愚蠢行为。”在他眼中，女性主义就是要求“愚蠢行为的平等”。加藤对女性主义的理解简单而又片面，因为他以男性为标准，完全误解了女性主义。这种误解充分展现出父权想象力的匮乏，因为他们只能以自己为标准去考虑性别平等的问题，而这恰恰体现出他们思维的局限性。

可当我们回顾历史时就会发现，在“二战”中，日本女性的参战并不是通过“女性也承担兵役”的方式实现的。成为“军国的母亲”“军神的母亲”是女性足以比肩烈士的自我牺牲。对女性而言，最珍贵、最重要的是对国家的付出，付出的是“儿子的生命”。这让人联想到“圣母怜子”的象征主义。

“圣母怜子”是基督和其母亲的雕塑，在雕塑中，圣母怀抱着被处死的儿子默默哀叹。若桑绿（若桑みどり）在《战争构建的女性形象》（若桑，1995）一书中指出，在战争时期，烈士与母亲之间的象征主义曾被反复用作政治宣传的工具。在总体战体制下，“女性虽然无法成为烈士，但只要她们成为军神的母亲、烈士的母亲，她们为国家做出的贡献就足以比肩男性”。

为了战争，母性也被动员起来了。回顾历史，那些所谓“女性是和平爱好者”的性别本质主义说法，其实早已被否定。战后，母性虽然成了和平的象征，但在战争中，它曾被动员、被当成执行战争任务的象征符号。

在此，我们必须放弃“母性是和平主义吗？”这一问题。因为，这个问题实际上就是在问“母性的本质是和平主义吗？”。女性主义理论早已不允许再使用“本质”“自然”这类词语了。我们可以将这个问题置换为——“母性在怎样的条件下会为了和平而被动员起来，又在怎样的条件下会为了军事目的而被动员起来？”历史已经告诉我们这样一个事实：在不同的历史语境中，母性会因不同的目的而被动员起来。

这种提问方式的转变意味着女性主义理论已经提升到了一个新的层次。比如，我们可以将“母性是否是女性的缺陷”置换为“母性在什么样的条件下会成为女性的缺陷”。如此一来我们就能知道，是近代社会的工业化导致母性成了女性的缺陷。因为在农业社会中，母性并不是女性的缺陷。

或者我们可以试想一下这样一个令人生厌的问题——“性是一种劳动吗？”也许有很多人都不愿意将自己与恋人或丈夫之间爱的行为称为一种劳动，但这种问题的提问方式本身就出了错。让我们先放下“性在本质上究竟是什么”这一问题，把它替换为“性在什么样的情况下是一种劳动，又在什么样的情况下是一种爱的行为”。通过将问题放在具体语境下，“母性与和平主义”

之间所谓本质主义的关系也就此断开了。

如果能将女性与和平主义之间的本质性联系切断，那么也就不能再说女性参军是非自然的事了。然而，我们应该打着在所有领域中推进“男女共同参画”以及打着扩大专业化、职业领域的旗号，推行女性参军吗？推行的结果又会带来什么样的影响？是会导致“军队的女性化”还是“女性的军队化”？哪一种会先出现呢？

历史经验已经通过美国这个实例给了我们答案。美国的女性参军要早于日本。

> 女人能杀人吗？能。女人也可以和男人一样接受高效率的杀人训练吗？能。女人有完成战斗任务的身体条件吗？有。我们可以把女人派到前线的小分队或海军陆战队吗？可以。（Rayner，1997）

这就是美国“女性的军队化”给出的答案。现实早已向我们证明：女性也同样可以被训练为优秀的战斗人员。

8　女性的国民化

在此，我想再次考察一下这个问题：女性成为一等公民究竟意味着什么？如果女人认为要向男人看齐，成为一个独当一面的人，那这就意味着她们的目标是“女性的国民化”。在关于民族国家论的研究当中，对“女性的国民化”这一问题的考察日渐增多，而这种现象的出现受益于后殖民主义这种新的学术思潮。

同化政策是殖民地统治理论的一部分。它的目的是要将殖民地区的人民进行国民化整合。最近，一位叫新川明的学者出版了一本名为《冲绳的整合与逆反》（新川，2000）的书。新川是反对冲绳回归日本本土的知识分子。他认为，2000年在冲绳举办的首脑峰会，以及发行以守礼门为图案的2000日元纸币，“象征着冲绳国民化整合的最终完成”。并且,他指出抵抗“国民整合”的道路与“拒绝同化”之间存在着某种联系。

在国民化的过程中，谁是国民，而谁又是一等国民呢？这个问题也是在问国民的标准究竟是什么。如果一等国民的首要标准是以男性为模型的话，所谓“同男性一样”“像男性”这些说法绝对不会是女性主义的最终目的。而倘若对这类说法表示否定，那么就意味着选择了拒绝同化这条路。

在后结构主义的性别理论中，克里斯蒂娜·德尔菲认为性别并不是二元对立，她认为性别是创造非对称性二元的差异化的实践过程。关于性别的意义，她这样说道：

> 像男性一样就意味着成为统治者。然而，要想成为统治者，就一定要有被统治者的存在。……我无法想象所有人都成为“统治者”的社会。（Delphy，1989）

也就是说，德尔菲认为，无论在理论上还是实践上，性别平等的终点不会是“女性同男性一样”、女性“像男性”，我们要瓦解的就是性别差异。

瓦解差异的想法同样适用于同化政策这一问题。后结构主义的知识分子也正在将其理论化。我在冲绳问题专家野村浩也的论文中找到了如下这段话，与性别理论惊人一致。

> 如果要（冲绳人）像日本人一样，其实就是要成为歧视者。而成为歧视者不可能解放冲绳人。（野村，1997）

无论是女性、冲绳人还是被殖民者，他们都是“二等公民”。野村一语道破了所谓“国民整合”的陷阱,即它试图将这些二等、三等国民变成一等国民。站在目前我们所到达的民族国家论、性别论以及后殖民主义的理论高度上，当我们探究“公民”“个人”的真正含义的时候，也必须追问“公民”“个人”的性别性、民族性以及阶级性问题。需要我们进行如此追问的时代已悄然来临。

那么，女性主义所追求的“性别的正义”又是什么呢？有一部分人认为，所谓“性别的正义”指的是分配的公平，也就是平等分配公民社会中的所有资源，即所有权利和义务。而这种平等分配就是女性主义的终点吗？“国民”各种权利中有一项是“成为烈士的权利”，也就是说要平等分配国家的暴力权、杀人权，也就是平等分配行使愚蠢行为的权利。但这真的是女性主义所追求的最终目的吗？

如果“性别的正义”是平等分配以男性为标准的各项权利义务，那么这种正义在一定的集体范围内、一定的条件下也不是不可能实现。

比如，在过去的十几二十年里，美国白人中产阶级的男女薪资差距极速缩小。那些白人中产阶级女性可能会说，这反映了对女性的歧视已不复存在，但有人为此付出了代价。就在同一时期，白人和其他族群之间的薪资差距反而进一步扩大了。这是因为白人中产阶级女性创造出这样一种社会结构：她们雇用拉丁裔等少数族群女性替她们照料孩子，自己则进入职场打拼。

我将这种附带某种限制条件、仅限于某种集体内的平等，称为“会员制俱乐部”的特权。只要成为这个会员制俱乐部的会员，在某种程度上就可以实现平等，一部分女性确实可以坐享平等的果实。这的确是事实。如果“一国女性主义”这种说法成立，那么在附带限定条件的某一范围内的平等是可能实现的。在一些北欧国家，甚至还出现了国家女性主义的说法。可这就是我们所追求的终点吗？这个问题依然没有解决。

将女性国民化可能就意味着女性也要承担国家最大的一项事业——总体战。女性也要加入支持国家行使公领域暴力的行列中，成为暴力的行使者。这就是女性主义所追求的最终目标吗？像 NOW 这样的美国主流派女权主义组织也许会给出肯定的回答吧。那么日本的女权主义者又会给出怎样的回答呢？

9　在战争罪与名为战争的罪行之间

在本节中，让我们回到“什么是战争罪”这个问题。当思考战胜国与战败国之间的差异时，我们就会意识到女性史里居然也有“战胜国女性史”与“战败国女性史”之分。20 世纪 80 年代后，女性史学界掀起了一股“反省史”的浪潮，这种“反省史”在日本、德国、意大利三个国家确立。“德意日女性史”是“轴心国联盟女性史”，也是“原法西斯国家女性史”，还是“战败国女性史”。

放眼世界，在同盟国联盟女性史中，是否也同样出现了这种“反省史”呢？回答是否定的。在英国女性史、美国女性史中出现过名为“帝国女性主义”的反省史，即对殖民地统治、压迫原住民的历史所进行的反省。但尽管如此，经历“一战”“二战”的洗礼，战胜国一方的女性史在对抗20世纪法西斯的“自由与民主主义之战”的问题上，没有展现出对女性协助作战的丝毫反省。虽然法国出现了对第二次世界大战的“反省史”，但这只不过是针对维希政府协助德国的自我批判而已，在反抗法西斯问题上仍持拥护态度。法国也没有出现像日本这样的反省史。

若桑绿在《战争塑造的女性形象》一书中，对女性的作用给出了十分贴切的表达——“女人虽然没有上前线，但发挥了战争啦啦队的作用”。可如果女性的作用是战争啦啦队的话，那么所有民族国家的女性不都是自己国家的啦啦队吗？美国女性和德国女性一样，也发挥了啦啦队的作用，那为什么只有战败国的女性要对此进行反省，而战胜国的女性却不需要？

这是因为，直至今日，战胜国的女性对打着正义旗号行使公领域暴力的行为没有表示丝毫怀疑。美国女性支持联合国维和行动、联合国维和部队等行使军事权，而德国女性也支持德军通过北大西洋公约组织参与联合国维和部队的行动。这样看来，日本尽可能避免军队建制的做法在国际世界也实属例外，不得不说，“日本的一般常识并非世界的一般常识”。然而，究竟哪种想法才是非常识呢？将日本式的思考方式变成常识的努力所欠下的债战后 50 年来一直未被清算，这点如今正在被追究。

2000 年 12 月，在新闻工作者松井耶依（松井やより）为代表的日本女性的合力推动下，“妇女国际战犯法庭”正式开庭了。这一刻足以铭刻于历史。

审判战争罪的背后隐藏着一个可怕的问题——“什么是战争罪？”要给战争罪定义，就意味着“同时也要定义什么不是战争罪”。将某种行为视为犯罪，意味着需要定义什么行为才不是犯罪。只有这样才可以将一部分暴力行为犯罪化，与此同时，还可以将其他暴力行为免责化。如果是这样的话，那么女性主义就不得不去解答这样一个问题——“什么样的暴力，在怎样的条件下可以被免责呢？”

我很想知道，妇女国际战犯法庭的主办方对这一问题能回答到什么程度。实际上，由于妇女国际战犯法庭所依据的原则是“以当时的国际法审判当时的战争罪”，因而并不会涉及战争罪的定义。就这一点我可以理解，因为这可能已经是她们目前所能达到的极限了。在这个极限范围内，主办方已经尽了最大努力，并且也取得了为受害者“夺回正义”的重大成果。

我认为，审判战争罪的难点在于，战争罪与并非犯罪的战争行为的正当化，二者紧密地联系在一起。跳过讨论战争是否为犯罪行为，而直接去讨论战争罪的做法，就好像是掉进了陷阱中。

“什么样的暴力，在怎样的条件下可以被免责呢？”如果将这个问题换个问法会比较容易回答——“是否存在正义的暴力呢？”女性主义对这一问题的唯一回答是，“不存在所谓的正义的暴力”，即“所有的暴力都是犯罪”。这个回答里同时包含着，公领域暴力的犯罪化和私领域暴力的犯罪化这两个含义。女性主义在推进私领域暴力从非罪化向犯罪化转变的道路上，迈出了坚实的一步。比如，近来家庭暴力问题终于进入了大家的视野。

我在《让女性也拥有成为烈士的权利吗？》（上野，1999a）这篇论文中论述了“好的暴力”和“坏的暴力”。和平，pacification，它指的是“好的暴力对坏的暴力所进行的镇压”。我们认可这种“好的暴力”吗？女性想要受到“好的暴力”的保护，让自己成为“好的暴力”的行使者吗？……我的回答很清楚，暴力不存在“好”与“坏”，暴力就是暴力，我无法认可暴力。这就是我所给出的唯一答案。

女性主义所给出的回答只有这一种。如果我这样说，可能会立刻招来反对的声音：这也太不现实了，你连警察的暴力也不认可吗？你要对侯赛因这样的独裁者入侵科威特的行径视而不见吗？你要对17岁少年劫持公交车事件坐视不管吗？我很可能会遭到这样一连串问题的攻击。

对于这些问题，我给出的回答如下。目前，我们正逐步将私领域暴力犯罪化，诸如阻止男性在私领域中施暴，或者与不向女性施暴的男性一起培养出像他父亲那样没有暴力倾向的儿子。如果女性主义对此还抱有希望的话，就该放弃“男性气质的核心是暴力”这种本质主义的说法，而认同男性气质也是被建构起来的，是可以被改变的。

如果我们的目标是将私领域暴力全部铲除，为什么就不能一并铲除公领域暴力呢？我认为，在我们的目标里，私领域暴力的犯罪化和公领域暴力的犯罪化是可以并存的，并且都是可以实现的。

我能这么想也是因为，我并不认为女性主义是一种“平等分配与男性同等权利义务的思想”。女性主义思想常被误解为“男性可以做到的事情，女性也同样可以做到”，但绝非如此。

我认为，女性主义就是一种少数群体的思想。少数群体指的是，在这个世界上吃亏、受到歧视、处于弱势地位的人。女性主义并不是一种要求“女性也要和男性一样变为强者”的思想，而应该是“弱者以弱者的姿态受到尊重”的思想。

我的臂力可能无法胜过男性，也可能无法仅凭一己之力在这个世界上生存。即便如此，为什么我就不得不屈从于其他人呢？女性主义一直以来倡导的都是尊重弱者的精神。我的回答是，女性主义前进的方向只有这一个，那就是去挑战公领域暴力和私领域暴力，将“一切暴力犯罪化”。当然，这之中还包含着“战争的犯罪化”。

第四章　大后方史思想

1 “大后方史”的先驱

加纳实纪代是研究“大后方史”的先驱。在她提出这个词之前，并不存在这种说法。在日本主流历史学界中，至今仍没有“女性史”的一席之地。而加纳却凭借自己对学术的钻研，开创了民间女性史学这一新的领域。而且她还最先提出了要追究女性的战争责任问题。年过六旬，她才开始在地方上一所规模较小的私立大学任教，从此成了文部科学省认证的学者（即有资格申请科研经费）。但如果说这标志着主流史学界开始承认女性史拥有公民权地位的话，那未免言之尚早。

女性史学在很长一段时间里都是民间史学，并且这种情况一直延续至今。虽然战前有高群逸枝[1]这位巨匠存在，但她的女性史研究被同一时期的主流历史学不留痕迹地抹去了。

1 日本著名女性历史学家，是日本女性史研究的开创者，著有《母系制度研究》《入赘婚姻研究》等。——译者注在她去世30年之后，一些后辈学者对高群的母系制度研究的实证性提出了质疑[1]。日本战败后，井上清的《日本女性史》（1948）虽然风靡一时，但对井上而言，女性史是对唯物史观的灵活运用，只不过是用来消遣解闷的研究而已。北海道女性史研究会、熊本女性史研究会等一些民间团体的女性史学家继承了日本战后女性史学，使其延续了下来。加纳的大后方史研究会也是这些民间女性史团中的一个。全国女性史交流大会自1978年起至今，每3年在各地巡回举办一次，而加纳也参与了[2]。21世纪以后，一些横跨日本史、西洋史、美术史等领域的学者创办了性别史学会。参与该学会的主要是一些大学在职的学者，与参与民间女性史学的并不是同一群人。在日本，民间女性史学很早以前就出现了，远早于琼·斯科特提出"性别史"的20世纪80年代，也早于受到女性学直接冲击后在欧美圈出现的女性史。当时，无论是在女性史积累层面还是研究成果上，日本的民间女性史学已达到其他任何社会都无法企及的水平[3]。除此之外，它在地方女性史的口述历史实践方面也累积了丰硕的成果。

---

1 栗原弘在《高群逸枝关于婚姻女性史表象的研究》（1994）一书的《关于入赘的研究》一章中，通过追溯被视为母系制度依据的平安时期各家日记的原文等内容，得出了高群"捏造资料"的结论。

2 加纳在神奈川举行的第八次全国女性史交流大会中策划并主持了学术研讨会。

3 另一方面，受唯物史观及运动史影响的民间女性史学的先行登场，使得它与接受妇女运动洗礼后登场的女性主义以及性别史之间的关系发生了扭转。有关这方面的详细论述，请参考上野千鹤子收录于《差异的政治学》一书中的《历史学与女性主义》（2002a）一文。

2 作为战争加害者的女性

“大后方”（home front）与“前线”（battle front）是一组反义词。在总体战体制下，不仅仅只有男性参与战斗，为了支援在前线作战的士兵，女性也被动员起来，承担起“守护大后方”的责任。女性是“经济战”的战士，也是“人口战”的战士，还是“精神战”的战士。而为了解除出征士兵的后顾之忧，那些守护在家里的妻子也是总体战中的“战士”。

如此想来，“在收到征召令、被迫走向战场的丈夫离开后，独自咬紧牙关守护着孩子和家的妻子”究竟是受害者还是加害者呢？女性越是努力去做那些“女性气质”要求的她们该做的事，不就越意味着她们“以女性该有的方式参与了战争”吗？这样的质疑在战败后的叙事中，彻底推翻了把女性构建成受害者的叙事，即所谓女性“在那个艰苦的年代，受尽了各种苦”的常见说法。战败后，日本建构起了一套以 8 月 6 日的原子弹爆炸为象征符号的全体国民的“苦难叙事”。而战后的女性也同样在那个刻有“母性”的“受害者叙事”中被免去了战争责任。将女性在“那场战争”中的身份由“受害者”替换成战争“共犯”的正是加纳和她的伙伴在 20 世纪 70 年代初建立起的民间大后方史研究会，这可谓是向“常识”挑战的范式转换。

而被我称为“反省史”（reflexive history）的全球女性史“重审历史”的活动则出现于 20 世纪 80 年代中期之后。如此看来，无论是在时间上还是成就上，加纳的尝试在全世界都处于领先地位。

在国际上，女性军事化研究第一人辛西娅·恩洛在她的著作

《策略》(*Maneuvers*)(Enloe，2000=2006)中指出，某种特定“女性气质”的建构对战争的推进发挥着不可或缺的作用。符合“男性是前线的战士，女性是大后方的天使”[1]这种性别角色分工的“女性气质”才是推进战争的关键因素。因此，纳粹才会那么喜欢“具有女性气质的女人”，日本的法西斯主义者也称颂日本的妇道。加纳曾引用一名士兵回忆录中的一段话，他当时在挥舞着旗帜的国防妇人会的欢送下准备出征，这名士兵回忆说，“女人真是可怕，她们看似面带温柔，却是送男人去赴死”。当女人对成为士兵的男人说“你要努力战死沙场”的时候，她们也变成了“加害者”。在战争接近尾声时，面对被派到冲绳作战的未婚夫，那时还是个小姑娘的冈部伊都子听到对方说，“这场战争就是一个错误，我不想死在这种战争中”，那时她完全不能理解，甚至还说出“你必须要去”这种话。冈部称那个时候的自己就是一个“加害者”，她一生都无法原谅那样的自己(岡部，1997：8—10)。

加纳所主持的民间研究团体“质问女性的现在”发挥了先驱的作用。该团体发行了杂志《大后方史札记》，她们不仅要追究高群逸枝、奥村五百子这样的精英女性的战争责任，还要追究那些普通女性的战争责任。之后，加纳的大后方史研究并没有限定于战争这一特定时期，还将目光放到了战败后的日本。军事实力主导的战争形态在战后转变为了经济战，而在充当工业战士兵

1 在性的双重标准下诞生出了一种对女性的统治结构：将女性分为“守护大后方的贤良淑德的妻子”与“在前线战斗的娼妇”(“慰安妇”)，即家妻与娼妇的结构。(上野，1998a)

的丈夫（把上班族命名为“经济战的战士”，真是起了个好名字）的背后，依然是女性在守护大后方。杂志《大后方史札记》本应随着1985年的论文《女人的战后及其起点》的发表而落下帷幕，因为该文章已经谈到日本宣布投降的“8·15”。但这本杂志之后更名为《大后方史札记 战后篇》，进一步谈论从战败到1975年的历史，涵盖了从GHQ（驻日盟军总司令部）占领期、经济高速成长期、全共斗运动以及妇女解放运动。该杂志在出版8期之后停刊。正如加纳在该杂志的后记中所写的那样，“我再一次意识到，这本杂志办得实在是太有意义了”。加纳开创了一条前无古人的崭新道路，是既往的权威史学家从未想过的研究。因此她是开创“加害者女性史”的第一人。

3　战败后的性别秩序

加纳的新书《战后史与性别》（2005）是战后版的大后方史研究。这本书共460页，虽然篇幅很长，但其中的文章都是曾刊载于各类媒体的随笔，比较易读。这本书的章节构成如下：

第一章 女人们的8月15日——那天的光与影

第二章 从“独立”到经济高速成长

第三章 战前化的战后

第四章 从“大后方的女性”到“前线的女性”

第五章 有关“慰安妇”与教科书的问题

这本书里的“战后”指的是，从1945年8月15日到2005年6月长达60年的时期。这段时期里，围绕“新历史教科书”的选择问题引发了一系列争论。该书编排的章节顺序是按照论述内容的时间顺序，而这种编排多少有些别扭。这是因为无论怎样的历史研究，都只是记忆作用的一部分，因此不仅仅是我们记得什么，更重要的是我们何时、如何想起那段回忆的语境。所以还不如按照每一篇的写作时间以编年体来编排，我想也许这样才更能让读者紧随作者的意图以及问题意识的推进吧。该书中的所有论文都在文章末尾附上了首次刊载的时间，最早的是 1984 年，最新的是 2005 年。不仅各篇论文论述对象的时间跨度很大，写作时间的跨度也达到了 20 年以上。在如此长的时间跨度中，世界迎来了后冷战时期，经历了海湾战争和伊拉克战争。这段时期里，发生改变的不仅仅是现实，作者自身的想法也应该发生了改变。在阅读该书所收录的论文时，我所采用的方法是将那篇论文首次刊载的年份在题目前标记好再读。这样我就能知道作者是在什么时候、什么样的历史语境下写出那篇文章的。比如，倘若去掉了“8・15”这个关键词，我们就无法继续讨论某些问题了。

这本书第一章分析的是战后 40 年即 1984 年《大后方史札记》所进行的有关“8・15 体验”的问卷调查，调查的对象是 581 名女性。根据目前我们所了解的记忆与回忆，这份问卷与其说是调查“8・15”的体验，不如说是对“8・15”的回忆，而这份回忆本身就是值得历经数年追踪调查的研究对象。与这篇文章研究主题相同的伊藤康子的论文《战败前后生活意识的变化》(総合女性史研究会编，1990)，同样把 1945 年到 1986 年收集的各类有关“8・15 体验”的调查结果看作是战败之时的“事实”。但我认为,应该更加重视的是实施调查的时间点的历史语境。实际上，随着时间的流逝，有越来越多人认为战败是一件“让人松了一口气”“令人开心的”事。而我们并不能将这种现象只归因于抽样对象之间的性格差异。因为“当时的经验”是事后构建出来的，我们思考这种现象时，要考虑战后日本的繁荣以及回答者对现状的肯定，这二者与战败的事后正当化（或者说即便有双重意义的情感叠加，那也是选择性的回忆）是相互联系的。更进一步说，我们也知道，当回答者对现状持肯定态度时，做出这种回答的概率会变高。

第二章中的两篇论文《自己的历史——“女大学生亡国论”》和《啊，丙午！》[1]都十分出色（1962年，晖峻康隆在《妇人公论》上发表了一篇名为《女大学生亡国论》，但准确来说是《女学生自视甚高》的文章）。这两篇论文都表达出了当时正处于大学时代的加纳对晖峻文章的“恨意”。加纳希望那些在20世纪60年代怒吼着“不，不会亡国”的女学生能够在2000年之后，开始转而质问外界“亡国又有什么错？”。她坚定地继承了否定“像男人一样平等”的妇女解放运动的精神。

第四章和第五章的主要内容是后冷战时期女性面临的现实问题。说到动员女性参与战争的问题，一直以来存在着两种讳莫如深的禁忌——动员女性成为士兵和动员女性成为“慰安妇”。换个说法，二者分别是动员女性成为暴力的加害者和动员女性成为被害者。到了20世纪90年代，这两种禁忌突然间被解禁而爆发出来。而关于这一点，恩洛也有所论述，正如她所指出的那样，

1 “丙午”是干支之一，顺序为第43个。在日本有一种迷信，认为生于丙午年的女性都比较强势。——译者注

这是“女性的军事化”的多重含义中的两个侧面，它们很少会发生在同一个女性身上。

我们已经证明了，在海湾战争后的各种战斗行为中，女兵可以成为“与男性一样”的战斗力。那些所谓“女性是和平主义者”“女性是家庭的守护天使”这种本质主义式的神话早已破灭。而在另一方面，自 1991 年金学顺等原“慰安妇”的证言公之于众，性暴力被害者的沉默禁忌也在逐渐被打破。“慰安妇”的证言直接给了父权制最致命的一击，也直接引发了之后“新历史教科书”的论战。

在我自己也参与过的有关“女性士兵”的论战中，加纳的立场十分明确。她拒绝在国家暴力中推行“男女共同参画”，认为“非武装”才是女性主义所追求的。加纳这样问道，这场没有结果的论战“是否抹去了……女权主义者对‘平等’和‘自我决定权’的追求呢？……是否能够建立起一套‘非武装’的女性主义理论体系呢？”（加納，2005：369—370），这也是加纳自己对自己的提问。但至今仍没有人能够回答这个问题，而这个问题可能正是身为“战败国女性主义”的日本女性主义能为国际女性主义做出的贡献吧。回顾过去，今天的我们才得以懂得大后方史的先驱意义。

这本书所收录的随笔都是加纳在战后每一个历史性时刻的发言，也可以说是她所做出的“时局论述”。如此归类总结，我们就会知道一直以来她都在就此时此刻的问题积极发表自己的意见。和她为上一辈女性所做的事一样，对时局发表意见的人总免不了受到后一辈对他们的历史审判，包括发表意见的时间。加纳在 20 世纪 80 年代时，因倡导所有兼职女性劳动者从职场中“撤退”而引发争论，20 世纪 90 年代又因支持女性天皇而遭到反对天皇制一派的批判。也许有人想要提前对她做出审判，但我认为，对于她的时局论述是否正确，做出历史审判还为时尚早。在加纳的一系列合乎时宜的时局论述中，有一篇 2005 年 7 月发表的关于“新历史教科书”的选择问题的演讲，收录在她这本书的最后。作为该演讲记录的收尾，同时也作为这本书的结尾，她写了如下一段话。

> 我想在这本书里再次强调一下，“男人在前线 / 女人在大后方”这种……近代所建立起来的性别秩序也是战争国家所创造的。（加纳，2005：369—370）

这几行文字正是《战后史与性别》这本书的总基调。在此，我也模仿加纳，再次强调——只有男人的战争是无法成立的。

第三部　超越民族主义的思想

第一章　女性主义与民族主义

作为女人，我没有祖国。

作为女人，我不需要祖国。

作为女人，我的祖国就是整个世界。

——弗吉尼亚·伍尔夫《三个金币》

（Wolf，1938=2006）

女性主义与民族主义可以兼容吗?

我在《民族主义与性别》（上野，1998a）一书中曾经论述过民族主义与女性主义是无法兼容的。因为我们在取得“女性的权利”的过程中，需要通过“男女共同参画”向民族主义靠近，但是这样获得的“女性的权利”对女性主义而言其实是一个“陷阱”。坦率地说，仅就我所思考的女性主义而言，我并不希望它是这样一种思想。这仅仅是我的愿望，但并不意味着在现实中无法实现。在历史上，女性主义和民族主义不仅是伙伴关系，而且既有的现实已经证明二者还是共犯关系。既是民族主义者又是女权主义者的人随处可见，不仅如此，甚至还存在着女权民族主义这种概念（West，1997）。不同的人对女性主义有着不同的理解，民族主义亦是多义的，人们对于它的解释也会随着语境和定义而发生变化。

女性主义与民族主义可以兼容吗？

在下结论二者无法兼容之前，我们应当从经验和理论上更加细致地讨论这个问题。从经验上来看，在怎样的条件和语境下，二者能够兼容？它们的兼容又会带来怎样的影响，有怎样的效果？另外，从理论上来看，二者的兼容是否只是掩盖其内在矛盾的一种妥协，还是这种兼容有着某种内在逻辑的一致性呢？对于这些问题，我想再次论证一下。

1　女权民族主义是可能的吗？

本章开头所引用的弗吉尼亚·伍尔夫的文章是她基于“一战”的个人经历写下的。她在这篇文章开篇提出了这样一个问题——“‘我的祖国’对于我(们女人)这种外人而言,究竟意味着什么？”《三个金币》发表于1938年，在那一年，包括伍尔夫在内的（中产阶级）英国女性还没有接受高等教育的权利，同外国人结婚的英国女性还会自动丧失国籍。英国女性获得参政权是在1928年，而《三个金币》提出的疑问针对的是1917年第一次世界大战。那时，女性没有权利决定是否发动战争。参政权是最为重要的权利，是自己能够决定自己所属国家命运的权利。因此，没有参政权的女性不仅作为“外人”被国家排除在外，对于国家的决定，可以说是没有责任的。对那些连是否发动战争都没有决定权的女性，我们要怎么追究她们的“战争责任”呢？

伍尔夫问：“究竟英国有哪些方面是属于女性的？”我们可以将这个问题反过来问：“女性究竟有哪些方面是属于英国的？”女性被卷入了自己无法承担责任的国家命运之中，她们自己命运的一切（身体、生命、财产等）都被归入了这个国家。特别是在总体战体制下的大规模国家事业之中，女性被迫与国家同呼吸共命运。而这种国家归属的从属性和排他性，即命运共同体的特点，正是构成民族主义的重要条件。

《女权民族主义》的主编韦斯特（L. A. West）在过了半个世纪后的1977年，引用了伍尔夫的那篇文章。她这样问道：“女性没有被赋予平等的公民权，那女性为什么可以成为民族主义者？”（West，1997：xii）她还指出，美国的妇女运动ERA（Equal Rights Amendment）的失败导致美国联邦宪法中不存在男女平等的法条，社会性的歧视延续至今。然而，与伍尔夫的时代不同，现在的女性已经获得了参政权，对于是否要发动战争也有了投票权。我们已经不能再说，对于布什当政期间美国发动的伊拉克战争，美国拥有投票权的女性无须负责。尤瓦尔-戴维斯（Yuval-Davis）在《性别与国家》（Yuval-Davis，1997）一书中这样说道，女性主义与民族主义之间存在着“复杂”的关系，不能说所有的民族主义都是“善”，反过来也不能说所有的民族主义都是“恶”，就像神话中的“雅努斯”一样。（Yuval-Davis，1997：21）因此本章就是在基于二者的复杂关系下，探讨这种复杂性。

2 翻译的政治

本章之所以用片假名的形式（ナショナリズム）来表述“nationalism”[1]一词是有理由的。“nationalism”一词很难恰当地翻译成日语的某一个词。“nationalism”有三种日文译法：“民族主义”“国民主义”“国家主义”。这种多义性也是日本在讨论 nationalism 时发生混乱的原因之一。讨论 nationalism 的经典著作，约翰·戈特利布·费希特（Johann Gottlieb Fichte）和欧内斯特·勒南（Ernest Renan）的作品，分别被翻译为《对德意志国民的演讲》[2]（Fichte, 1807—1808=1997）和《国民是什么》[3]（Renan, 1882=1997）。倘若“nation”所对应的翻译是“国民”，那么“nationalism”一词就应当翻译成“国民主义”。如此一来，我们就应当将日语中的民族主义与国家主义区分使用，理由如下：

第一，对应“民族”一词的还有其他词语“ethnos/ethnie”，除此之外还存在“ethnocentrism”（民族优越感）这一概念。安东尼·D. 史密斯（Anthony Davis Stephen Smith）（Smith, 1986=1999）将“民族”一词区别于作为近代概念的“nation”来使用，他认为 nation 起源于 ethnic。大泽真幸解释称，在历史上有过“从 ethnie 向 nation 的飞跃”。（大澤，2002：296—313）

1 由于本节是专门讨论ナショナリズム一词的译法，所以译者在翻译该词时一律使用该词的英文 nationalism。除本节之外，日语ナショナリズム均翻译为“民族主义”。—— 译者注

2 中文通常翻译为《对德意志民族的演讲》。—— 译者注

3 中文通常翻译为《民族是什么》。—— 译者注

第二，国家主义也有对应的词语："statism"。如果翻译回来，"statism"只能翻译成国家主义。如果说国家这一行为体（actor）不同于 nation，那么我们就需要区别使用"statism"与"nationalism"。

第三，表示 nationalism 过程的"nationalization"一词，对应的日文是"国民化"。比如说，在性别研究中，有一个主题就叫作"nationalization of women"，可以将它翻译为"女性的国民化"。所谓"国民化"指的就是超越作为潜在变量的性别、民族、阶级，逐渐靠近"国民共同性"，也就是使个体认同的过程。

从这个意义上讲，将"nationalism"一词翻译成"国民主义"其实更为准确。正如大泽所指出的，"nationalism"是"19 世纪的概念"，是应新的历史现实而诞生的近代概念。而所谓"19 世纪的现实"指的就是"国民"的诞生。"国民化"的过程则指"国民化"在民族国家的形成期以及民族国家诞生之后，依然会一直持续下去，其中还包括确立等级（gradation）在内的"未完成的项目"。因此，nationalism 可以定义为某种形成、维持以及再生产 nation 的意识形态和实践。

大泽在编纂《关于 nationalism 的 50 本名著》时说道："我将使用片假名的'ナショナリズム'（nationalism），我想把这个概念解释得尽可能广义、宽松，将那些通常不会被当作 nationalism 的著作也一并纳入其中。"（大澤，2002：4）正如他的话所示，翻译词语的多样性对应着概念的多义性。这样一来，我们才得以追问"nationalism"这一空泛的符号究竟包含着什么含义，而我们又会因此面临怎样的象征斗争，并且从本章的问题——女性主义和nationalism的关系——出发思考在这样的关系下女性主义得到了什么，又失去了什么。

3　定义民族主义的尝试

定义民族主义的方法可以分为两种。一种是理论性方法，采取的是操作定义的分析框架，即设定几个条件作为讨论民族主义的前提；另一种方法则是放弃操作定义，而使用经验性方法，即遵从历史语境，将那些“被人们称为民族主义”的事物作为叙述概念。

小熊英二在《“民主”与“爱国”》（2002）中采取的就是后者，他将民族主义定义为历史性概念。小熊的研究显示，民族主义一词根据其语境的不同，被赋予了多种不同的含义。历史已经告诉我们，“爱国”这一象征符号既与“保守”相关，又与“革新”相关，既与“天皇制”有关，又与“民主主义”有关。这使得追求“某种公共的共同性”（无论是国民、民族、公民、人类还是其他）以及“广义的同胞之情”的思想都成了民族主义。他模仿丸山真男的措辞说道：“如今，是否将某种事物称为‘民族主义’，已经是每个人的自由了。”（小熊，2002：827）实际上，从历史来看，那些互相严苛批判的意识形态阵营都打着“民族主义”的旗号。如此一来，只要承诺某种公共性价值，谁都可以称得上是“民族主义者”。

如果是为了分析历史，小熊的方式或许是正确的。但严谨地说，他的分析缺少方法上的一贯性。因为如果“民族主义”仅仅是一种历史性的叙述概念，那么就有必要使用“当事者给出的定义”。然而他仍然认为，对于那些当事者都不称为“民族主义”的话语，只要是“有关公共的话语”，就可自然归入“民族主义”之中。可是，倘若采用这样广义的概念，民族主义的定义便不得不被舍弃，失去了作为分析框架的存在意义。

韦斯特在引入女权民族主义的概念时，曾说过这样一句话，“由于女性的加入，我们可以再次尝试定义民族主义了”。(West, 1997)可这里仍然存在一个问题:站在“女性的立场上”“再定义”的对象，是否仍可以被称为“民族主义”？不仅仅是现有的民族主义概念，如果将那个正在形成、再定义的民族主义也称为“民族主义”，那么“民族主义”的含义将会烟消云散，我们的质疑也会变得毫无意义。

4 剥除民族主义的外壳

小熊英二的《“民主”与“爱国”》(2002)一书解析了“民族主义”这一符号会根据不同的历史语境，将几乎所有相互对立的概念联系在一起。他还清晰地论述了，日本在战败与被占领的地缘政治学之中，是如何让革新民族主义的两个关键词“民主”与“爱国”达到兼容的。保守与革新的对立由极权主义 / 民主主义、国家主义 / 国际主义、军事主义 / 和平主义、社会主义 / 资本主义等一系列二元对立的外壳所组成。在“二战”后的某一段时期，当这些外壳被剥除，保守与革新在围绕“爱国”这一象征符号的资源斗争中，革新取得了胜利。这是因为，保守与革新居然“扭转”了它们原来各自所对应的亲美与反美的价值取向。也就是说，在保守阵营看来，革新阵营所使用的“反美”是一种犯规招数，他们借“反美”创建起了一种反美革新民族主义。

而这样的“扭转”直到今天依旧存在。它证明了连“保守”与“亲美”的结合都取决于历史语境的变化。在“二战”后的很长一段时间里，“民族主义都是一个禁忌”（田原・西部・姜，2003），如果站在这个角度考虑问题的话，在那场发生在保守和革新之间的有关“爱国”的拉锯战中，革新民族主义已然成功将“民主”与“爱国”结合在一起。哪怕在今天，这种观点听来都令人觉得十分新奇。然而，小熊指出的事实是，仅半个多世纪的事情也会被遗忘,这就是人们对历史的健忘症。在政治现实之中，一些完全没有可能实现、令人眼花缭乱的政治合作总会出现在我们眼前。斯大林与希特勒的《苏德互不侵犯条约》（之后由德国一方毁约）就是如此。而在最近的小泉政权之中，甚至还出现了新自由主义与民族主义这种不可思议的结合。历史无法从内在逻辑的一致性与首尾的一贯性上来解释这些现象。

另一方面，西川长夫（1992，2001，2006）也剥除了民族主义的外壳，将民族主义作为分析范畴加以论述。

既往以西欧近代国家为例的国家论中，“近代国家”指的是，通过资产阶级革命形成，具备以下三点的体制：①政治的民主主义；②经济的市场主义；③公民的个人主义。缺少任何一项的政治体制都不能被称为“近代国家”。这也就导致了日本的讲座派与劳农派之间的长时间对立。

然而，正如西川所述，如果把“民族国家”的概念看作近代在全球化过程中形成的历史性概念，认为其创造了本尼迪克特・安德森（Anderson，1983=1987）所说的均质的“国民”，拥有路易·阿尔都塞(Althusser,1995=2005)所谓的学校、军队等“国民整合装置”，那么军事独裁体制、权威主义国家、君主立宪制都可以与“民族国家”作比较。如果站在这个角度来看，社会主义国家其实并不是什么后资本主义国家，只不过是将“工业化”这一过程改为在计划经济内进行的民族国家的一种形式罢了。而这个过程恰恰印证了“趋同理论”的成立。民族国家这一概念框架使得这种比较史研究成为可能。

在这里我不打算使用历史叙述这种非定义式的方法，而是想要仿照阿尔都塞和西川的做法，把“民族主义”看作一个可操作、有边界的概念。而我使用的民族主义定义是，“对民族国家的归属具有排他性与从属性的一种国民综合的意识形态和实践”。这样定义有以下作用：

第一,通过采用“民族国家”这一历史性概念,可以避免把“民族主义”看作超越历史的普遍概念。西川认为,所谓“民族国家”指的是：①有国家边境的领土；②有国家主权；③有具备平等权利的国民（均质化的人口）；④有实现国家统治和国民整合的制度和机器；⑤是一种上层的世界性体制，这种体制指的是在18世纪以后出现的统治共同体，也是指主权国家所拥有的能够否定比其更高一层权力的自律性权力集合体。由此,经过历史化的“民族主义”指的是这样一种意识形态和实践：它伴随着民族国家的形成而出现，会借着民族国家的形成对其进行维持与再生产，在需要民族国家的时候会起到动员意识形态的作用，在民族国家动荡之时又可以作为反动话语而存在，当进入后国家时代（假设可以实现的话）就会结束其历史使命。

第二，通过采用“民族国家”这一历史性概念，我们可以将从国家这一单位中分离出去的“民族主义”与这里所讨论的民族主义区分开来。其中最易混淆的就是，“patriotism”与“nationalism”两个词语总是会被有意或无意地混为一谈。在这里我想说一下，为什么“patriotism”一词，我不使用汉字。因为，把“patriotism”一词翻译为“爱国之情”（日文原文：愛国心）是错误的（或者应该说是故意的误译）。正如其词源“patri”所示，该词应当翻译为对故乡或家庭之爱，即“爱乡之情”。比如意大利、菲律宾等民族国家的成立阻碍了地方主义的社会，在这些地方 nationalism 与 patriotism 可以说是相互对立的。

玛莎·努斯鲍姆（Martha Nussbaum）的书 *For Love of Country: Debating the Limits of Patriotism* 的日文版虽然译为《热爱祖国——有关爱国主义局限性的论战》（Nussbaum，1996=2000），但我们不能说日文书名的翻译就一定是错误的。因为 1994 年在《波士顿评论》杂志上也出现了这样的论战，包括朱迪斯·巴特勒（Judith Butler）、阿马蒂亚·森在内的 18 位学者参加了。这些学者就 patriotism 与 nationalism 有意或无意的混淆问题进行了论战。

从词源学上看，“民族主义”（nationalism）一词源于前缀“natio”，即“诞生”。因此，有人认为民族主义是“自然家庭的延长与诞生的共通性”概念。但这种看法早已被推翻。作为集体性价值承诺（commitment）对象的家庭、共同体、民族国家，它们不仅在形成原理上有所不同，历史上也曾出现家庭主义与国家主义、乡土主义与国家主义的对立。从日俄战争时期著名的反战诗与谢野晶子的《你不要死去》中，我们也可以知道，国家形成之前，家庭价值与国家价值之间存在着利害对立。

正如安东尼·史密斯与本尼迪克特·安德森所指出的，nation 与国家的边界实际并不一致。从 nation 即 natio（诞生）中寻找国家起源的做法，目的就是要隐藏民族国家的人为性，建构起一个“共同起源”的神话。

第三，通过强调民族国家的领土性，可以从民族主义中区分出不具备领土性的民族主义。事实上，民族主义神圣化的象征就是血（有着出生共通性的人）和土（领土）。正如西川所指出的那样，所谓“民族国家的时代”就是地球表面全部按照国境来分割的奇妙时代。后成立的民族国家会参照先行的范例进行“模仿”，所以民族国家之间具有共通性。而这些共通性中的一种就是领土性。实际上，对于那些不拥有领土或者说没有意向占有领土的共同性承诺，我们也可以将其称为民族主义。

比如美国的“伊斯兰民族”（Nation of Islam）。“伊斯兰民族”虽然使用的是“nation”这个词，但它并不是主权国家内的国中之国，也就是说它没有要求自治区或集团的自治权。这种“nation”的用法，可以说是安德森所论述的要求“想象的共同体”的承诺，我想也许可以将其看作“nation”的比喻式用法。

在此基础上，西川把“national identity”（国家身份认同）简洁明了地定义为“心理上与民族国家或国民共同体的自我认同”。然而，需要注意的是，这里不使用“identity”而使用“identification”，以此来强调“认同的过程”。“国民化”是一个未完成的项目，正因为如此，作为意识形态的民族主义是以动态的形式出现的。

5 通过“想象的共同体”来实现“命运的共有”

探究女性主义和民族主义关系的尤瓦尔-戴维斯把nation分成以下三种类型。

民族nation：Volknation=依据“共同起源”这一神话观念的共同体；

文化nation：Kulturnation=依据“共同文化”这一神话观念的共同体；

国家nation：Saatnation=依据“平等的公民权”这一神话观念的共同体。（Yuval-Davis，1997：12）

尤瓦尔-戴维斯使用的是安德森的“想象的共同体”这一概念。使得共同体成为共同体的是“共同性/共通性”（community），这其中包含了民族、文化、语言、公民权等等。她将所有这些“共同性”的依据都称为“神话观念”。我认为她给出的这种名称是正确的。因为这些作为前提条件的因素都是无法验证的公理，而且实际上现实已违背所有这些公理式的前提。

在此基础之上，尤瓦尔-戴维斯又添加了另一个重要的概念，那就是“命运的共有”（shared destiny）。随着nation逐渐被视作一个“命运共同体”，“我们”（we）与“他们”（they）的边界也会出现。因此，“平等的公民权”只是个神话。实际上，即便是只能被赋予二等、三等公民权的成员，也被迫卷入到这种共同命运之中。因此，他们会被要求表现出从属于这个集体的排他性与忠诚。正如伍尔夫所说，如果女性连自己决定命运的参政权都不曾拥有，那么她们对这个集体而言只不过是“外人”，但即便如此，一旦战争失败，她们仍然得从属于这个战败的集体，背负同样的命运。伍尔夫使用有些极端的措辞，将这种共同命运称为“强制性的同胞之情”（forced fraternity）。（Wolf，1938=2006：162）值得注意的是，这种同胞之情直译其实就是“手足之情”，它将女性排除在外。女性被卷入了“男人的连带关系”之中，被强制纳入了这种“命运共同体”。

如果只从词源学的方法论来看，尤瓦尔-戴维斯所给出的概念也只是基于“nation”这一用语的历史用法而已。但她给出的概念之中还包含 Staatnation 之义，因此还拥有以下两点含义：①“平等的公民权”也只不过是神话而已，其实是用边界区分出“我们”与“他们”；②这里预设的法国式公民权的普遍主义，也是 nation 的一个版本。而关于这点，西川就曾直接指出，法国的公民权的普遍主义不过是以“普遍主义”为名的另一种民族主义而已。（西川，1992，2001）

尤瓦尔-戴维斯从两个方面考察了民族主义：①国家的制度，②意识形态和实践。这两个方面密不可分。这也印证了上述西川对民族主义的定义。

在经过上述操作式的概念定义后，让我们再次回到开头的问题。我们可以把问题分为经验性的和理论性的。从经验上来看，女性主义和民族主义在历史上既有合作，也有对立。那么，两者是否可以兼容呢？针对这一问题，如果还是从经验上来看，只能给出既是肯定又是否定的模棱两可的答案。而这种合作或对立是否是被强迫的、妥协性的、充满矛盾的、机会主义的呢？还是说伴随着内在逻辑上的必然性？我们仍未得出答案。

6 女性主义与民族主义——历史上的对立与合作

从经验上来说，女性主义之所以对民族主义十分警戒是有其历史根据的。卡普兰（Robert Kaplan）在关于西欧女性主义和民族主义关系的论述中曾这样谈道：

> 西欧的女性主义在19世纪出现时就与政治紧密相关，从那时到现在一直都受到民族主义的影响。这是因为，女性主义是民族主义谋划的结果，它一直与左派势力处于同盟关系。因此，西欧几乎没有出现像美国那种“自由主义”女性主义。西欧的女性主义与西欧之外的发达工业化国家的不同，它深受马克思列宁主义、共产主义、社会主义话语和思想影响，有着更加激进的特征。（Kaplan，1997：22）

也许有许多人会认同卡普兰的这种历史认识吧。而日本的女性主义在起源上与西欧女性主义有着相似之处。从这个角度来看，我们更应该关注的是，在“先进工业社会”里，起源于公民权运动的美国女性主义的特殊性。然而，之后的女性主义理论又走到了消解“马克思主义和女性主义的不幸婚姻”（Hartman，1981=1991）的地步。

非西欧社会却并非如此。在《近代亚洲社会的女性主义和民族主义》这部论述女性主义与民族主义的先驱之作中，库玛里·加亚沃德娜（Kumari Jayawardena）采用了一种广义的方法来定义女性主义——女性主义“包含以下两方面：在当下体制内寻求平等的运动，以及企图改变体制的重要斗争”。库玛里以亚洲为例，分析了发生在亚洲的“民族解放斗争”，这种斗争是“在达成政治独立、主张民族一体性的基础上以实现社会近代化为目标的实践”。（Jayawardena，1986=2006：10）与反殖民斗争相联结的民族主义成功动员了大量女性，甚至还出现了像印度这样在独立之时承认女性的功绩，并给予女性参政权的例子。

一般而言，当人们对主权国家的要求与民族觉醒以及反殖民主义相结合时，女性就会与民族主义共同战斗，而当人们对主权国家的要求与阶级斗争相结合时，女性就会与社会主义一起战斗。至于功绩，既有像印度女性那样得到政治权利的回报，也有像苏联女性那样获得表面平等，实则处于男性统治之下。法国革命也可以被看作“资产阶级”的阶级斗争，然而在革命成功之后，《人权宣言》所保障的其实只有男性公民的权利而已。无论是伊朗革命还是阿富汗革命，当革命结束之时，女性只能在宗教激进主义者的统治之下“大梦初醒”。许多革命对于女性而言，都是以“背叛的革命”而告终的。但即便我们举出了这些经验性的事实，也很难证明其内在逻辑的必然性。

卡普兰指出，女性主义和民族主义所缔结的“幸福的婚姻”有两个例外。（Kaplan，1997：24—31）一个是19世纪的意大利，另一个是20世纪初的芬兰。这两个例子都发生在国民整合的过程中，女性进入公领域变成一个“关乎国民的课题”。然而在意大利，墨索里尼却把民族主义用于法西斯独裁的正当化。芬兰更是早于其他欧洲各国，在1909年就承认了女性的参政权，因为国家要奖励那些为民族主义做出贡献的女性。在那之后，芬兰女性的参政情况没有出现倒退，直到现在以总统为代表的内阁中，女性官员人数和国会议员的女性比例都超过了其他西欧国家。然而，哈维奥–曼尼拉（Haavio-Mannila）向我们展示了她“颇具讽刺的见解”。她认为芬兰之所以有这样的结果，是由于政治新秩序还未完全建立，女性只不过是在男性独占政治的初始阶段，打了他们一个措手不及罢了。（Haavio-Mannila，1979，载Kaplan，1997：31）

这种历史经验反过来可以证明，女性主义和民族主义的合作并非必然，而是依赖于具体语境的偶然情况。女性主义随语境的发展而变化，通过跟民族主义或共产主义合作，收获女性的集体利益。而无论哪一种合作，对于女性主义来说都不过是偶然（contingent）罢了。

埃马纽埃尔·托德（Emmanuel Todd）在《新欧洲大全》（Todd，1990=1992）这本书中描绘了欧洲的意识形态地图，并指出“民族主义出现在意识形态的真空地带”。原来如此，被放置于“意识形态”框架下的事物遵循着某种理论、具有某种前提且拥有一贯性的信念体系，但当它失去统治和动员的象征性价值时，就会反复召唤那个最为便捷的认同的武器——民族主义。这样的做法并不稀奇。并且在这种民族主义之中，没有比“强制性的同胞之情”（伍尔夫）更加具有积极意义了。这种“共同性”不仅没有跨越国境，还会随着倡导此类观点的人群的利害，而随意改变其“边界的定义”。与欧盟一体化的地区主义（regionalism）

不同，冷战体制结束后的欧洲各国应该经历过这种片断式地方主义（provincialism）的民族主义。

7 剥除女性主义的外壳

在过去的30年间，女性学和性别研究已经积累了丰硕的研究成果，学者开始逐渐切断女性主义与其他各种思想、运动之间的本质主义关联。如果我们拒绝把女性主义自动放在和平主义、反军事性、民主性、反歧视性等外壳中，那么我们也要拒绝所谓女性主义与全体主义、军事主义、种族主义等思想并不相容的这种“预判”。在后结构主义之后的性别研究中，我们开始否定把女性等同于和平主义者这种本质化的观点，即便是“母性”这种象征符号，在历史之中也能够从两方面被动员起来，即为了战争或为了和平。

事实上，女权主义者既是母性主义者，也是批判母性主义的一方。而且女权主义者既可以存在于法西斯阵营之中，也可以存在于社会主义阵营之中。除此之外，有关女性主义的历史研究早已指出，众多国家的女性参政权倡导人都会表现出种族歧视的一面。我们需要再次从当时的语境出发，对女性主义和其他各种思想、运动之间的关系进行“历史化”（historicize）的研究。进行这样的研究时，我们需要警惕理论的怠慢，绝不能毫不怀疑地将女性主义当作一系列思想的外壳，这也是我对自己的提醒。

8 女性主义与军国主义（militarism）

佐藤文香的《军事组织与性别》（2004）一书通过剥除女性

主义的和平主义外壳，论证了女性主义与军事主义的多样关系。如果切断女权主义者 = 和平主义者 = 反战的这种本质主义关联，我们就可以再次考察女性主义与军队的多样关系。她的研究反映出，随着“军队中男女平等”的推行，“战争是男人之事”的性别本质主义早已解体。她在性别意识形态的“差异和平等”的这种二元思维模式的基础上，添加了差异意向（是否承认男女的差异大于个体间差异）/ 平等意向（是否承认男女在角色和工作上的平等分配）/ 军事意向（是否认为军事组织的存在是正当的）。以新添加的这三项为基础，她把这些概念分成了三个区块、八个象限，并试图从理论上论述这八种类型。并且，她以 20 世纪 90 年代的美国为例，证明了所有类型在过往的历史经验中都存在着与之对应的话语（佐藤，2004：83）。

	平等意向	差异意向	军事意向
①军国主义传统主义者	-	+	+
②反军国主义传统主义者	-	+	-
③军国主义承认差异的平等派	+	+	+
④反军国主义承认差异的平等派	+	+	-
⑤军国主义平等派	+	-	+
⑥反军国主义平等派	+	-	-
⑦军国主义实力至上主义者	-	-	+
⑧反军国主义实力至上主义者	-	-	-

在这些类型中，有“平等意向”的③到⑥可以称为“女性

主义派”。其中，对性别规范没有疑义的④反军国主义承认差异的平等派，以及像要求军队中男女平等的NOW的⑤军国主义平等派,我们很难判断它们哪一个才“更接近女权主义者”的主张。在实际的政治决策中，它们的选择也总是相互对立。

佐藤的分析仅限于组织化的国家暴力，也就是国家军队。因此，她把“militarism”一词翻译为“军事组织意向”（有时也会翻译为“军国主义”）。如果像辛西娅·恩洛（Enloe，2000=2006）一样把“militarism”看作更为广义的军事主义和武装化的话，那么这其中就应该还包括对抗暴力、民兵组织、恐怖组织以及民营化的战争承包公司。我曾论述过“对抗暴力与性别”这一主题（上野，2006）（本书第一部第三章）。其中我谈到了“女性恐怖分子”，比如日本的菅野须贺（菅野スガ）、金子文子以及重信房子。我认为，我们应该好好讨论，究竟应不应该将这些女性称为“女权主义者”。且如果像恩洛一样，把“女性的军事化”广义地解释为通过各种性别规范动员女性朝着军事主义迈进的话，那么论述对象就不应该仅限于女兵，还应该包括军人的妻子或女朋友、军妓、在基地工作的女服务员以及军需产业中的女性劳动者等等。军事化通过性别规范可以让女性“以女性的方式加入”其中,甚至有时候,还可以通过“颠覆性别规范”“利用”女性对平等的诉求。所以，女性主义与军事主义的关系并没有那么简单。

9　公民权与兵役

一直以来，围绕着军事主义这个问题，公民权与兵役都被放在同一个框架内来论述。然而我们已经迎来了一个公民权、兵役、国家三者关系纠缠不清的时代。琳达·克贝尔（Kerber，1998）论述了美国公民权的历史，并指出保证公民权的是国家，而一等公民权的条件就包含了兵役（为国家拿起武器战斗的权利和义务）。1973 年，美国男性征兵制度废除后，要求兵役义务男女平等的 NOW 就向法院提起了诉讼，但 NOW 的这种战术是无效的。在北大西洋公约组织加盟国中，逐渐出现了以专业化的志愿兵制度代替征兵制的倾向。甚至在欧盟中，还出现了提高北大西洋公约组织加盟国军队女性比例的要求。

并且，随着战争的民营化，不问国籍的雇佣兵制度实际上已经登上历史舞台。在治安恢复之前的内战地区的民兵，以及随着军费缩减被解聘的国家军队的士兵都被纳入其中。在这种时代背景下，兵役已经不再是一等公民权的条件。在民营化军队中，军队男女平等的政治规定不再奏效，战争也许又会重新成为男性的专属。然而，只要甲方仍然是国家这一公共机关，那么作为甲方的国家仍会优先选择关照那些男女共同参画程度更高的乙方企业。但我们已经进入到一种无法进行预判的时代。在科技落后的时代，国民是人口资源，国家军队是兵力，而在高科技武器的时代，战争是资本、技术、信息的较量。征兵制已逐渐成了过去。

即便如此，在雇佣兵时代，战争仍然作为民族国家的事业一直存在。这就好比体育运动仍然是国家之间的战斗一样。从奥林匹克运动会的起源开始就一直有这样的说法，体育运动是模拟战争，是规避现实战争的一种替代性的礼节斗争。然而在全球化的背景下，无论运动员的种族、出生地、文化发生怎样的变化，在足球世界杯等赛事中，人们还是会挥舞着国旗欢呼，而意识不到为自己国家队奋战的是其他种族的运动员。而即便所有人都知道，要想拥有能力出色的运动员就要依靠资本，但谁都没想过，竞技体育实际就是经济实力的较量。观众挥舞着国旗为“雇佣兵”的比赛狂欢呐喊的行为正是民族主义。

10　再论女性主义与民族主义

以上所有分析都是基于经验性的现实变化所带来的结果，而并非民族主义逻辑性的归结。从历史上来看，民族主义就像传说中的鵺[1]，出入自由，毫无障碍，可以随意改变姿态，还能够一直存活下去，是一个没有定义的概念。如此一来，民族主义就如“正义”“善良”一样，无论从属于哪个阵营，都是一个被利用的象征战斗的目标，而这种目标其实只不过是一个空洞的记号而已。

到此为止，我始终有意地尽量避免定义女性主义。女性主义也会根据语境而产生变化，很难说什么是“女性集体的利益”，什么是“女性地位的上升”，这些问题很难达成共识。然而，正如民族主义可以被微观地定义为“与民族国家这一‘想象的共同体’的认同”，同理而言，女性主义也可以被定义为“与女性这种虚构的共同性想象上的认同”。后结构主义之后，“女性”这一概念的基础不再是生物学上的同一性以及身体经验共通性的本质

1　鵺是一种怪物，最早出现在《山海经》中，后在《平家物语》中也有登场，据说头似猿、身似狸、尾似蛇、脚似虎。——译者注

主义了，而成了通过对这一集体概念的想象投射而成的概念。曾经被批判为本质主义的“国际妇女联盟”亦是如此。“国际妇女联盟”的定义并不是一开始就存在的，而是事后通过话语的操演形成的。只有在我们质问那个将“女性”变为差异化符号的性别二元对立体制时，才能够实现想象上的认同的操演。

对于同一个概念的想象上的认同，可以发生在包括种族、民族、阶级在内的所有集体性概念之中。这种认同是通过与对立集体概念的差异化而完成的。众所周知，它①一方面获得集体内部想象上的同质性；②另一方面还起到了隐藏集体内部差异的效果。并且，不同概念之间③并不一定是相互排他性的关系，但是④根据语境的不同，某种特定概念会凌驾于其他概念。比如，在民族和阶级凌驾于其他概念的时候，男女之间的利害关系就超越了性别，成了一种共通的概念，而倘若去质疑集体内部的性别歧视，就会被打压为分派主义或利敌行为。

理论上，民族主义也只不过是对某个集体概念的想象上的认同而已。但是，与其他概念相比，它有着与众不同的特点。那就是①卓越性、②从属性、③排他性。也就是说，它作为一个概念起着如下作用：①它要求优先于所有集体概念；②不允许部分性从属，而追求全部的从属；③在“我们”和“他们”的二元对立之中，排除了作为灰色地带的中间项。正因如此，它要求更大的承诺，也就有了实现动员的可能。

对于民族主义的这种特征，伍尔夫给出了准确的定义——我们也可以称之为“强制性的同胞之情”。“同胞”的范围会根据语境的不同而随意变动。

如此一来，民族主义隐藏了国家与民族集体内部的性别差异，它要求从属于某一个集体，并强制要求与这个集体的男性“共命运”。不仅仅对于性别，这对于跨越国境形成的各种集体概念都起到了压迫性作用。因此，很难说女性主义与民族主义存在逻辑上内在的兼容性。加亚沃德娜也曾经强调女性主义是没有“民族同一性”（ethnic identity）的。（Jayawardena，1986=2006：7）

相比民族主义，女性主义这一概念的前提为：①多元性、②部分性、③相对性。如此一来，也许我们可以从逻辑上得出这样的结论——女性主义不仅与民族主义，还与所有排他性的、要求一元共同性的原教旨主义（fundamentalism）势不两立。当然，从历史经验上来看，女性主义和民族主义、共产主义，甚至宗教原教旨主义都暂时性、过渡性地共存过。然而，那只不过是同床异梦的结合罢了。我曾经质问过“是‘民族’还是‘性别’——强制的对立”（上野，1999b），如今的我已经找到逻辑上合理的解答。强制要求我们回答“是民族还是性别”这一排他性的二选一问题的正是“民族”，而非“性别”。

二者的区别也反映在它们对于“差异”的态度上。女性主义追求的是相对化性别的差异，通过操演来实现差异秩序本身的解体。与此相对，民族主义同种族主义一样将差异绝对化，通过维持、再生产这种差异来获取利益。在“强制性的同胞之情”中，形成了一种“无论是恶是善，祖国就是祖国”这种绝对的自我正当化。并且，越缺乏这种批判的智慧，离女性主义的主张就越远。根据以上讨论，我想再次阐述一下我的结论：女性主义和民族主义在内在逻辑上是无法兼容的。

结语

青年社会学家高原基彰（2006）针对最近出现的民族主义现象，把民族主义分为两类——高度发展型的民族主义和社会流动下的个体焦虑型的民族主义。前者指的是西川所说的作为国民整合的意识形态，也就是民族主义原本的意思；而后者则起到了类似隐藏个体焦虑的作用。精神科医生香山里香（香山リカ）所说的“小民族主义”（香山，2002）就可以被理解为后者。对于一直在探讨民族主义的我们而言，这也部分回答了关于民族主义的问题——为何民族主义可以将众多类似问题吸收在内？

民族主义通过强制性的命运共有，为人们提供了一部将自我正当化的强大机器。这样一来，对于“你热爱国家吗？”“你热爱民族吗？”“你热爱家庭吗？”之类的有关“强制性的同胞之情”的问题，女权主义者有理由提高警惕。因为，这种“同胞之情”的结果就是否定（至少是低估）性别。

第二章　超越民族主义的思想

自小熊英二《单一民族神话的起源》（小熊，1995）这本书出版已经过去了三年。他最近又出了一本书叫作《“日本人”的边界》（小熊，1998）。该书将民族国家论提升了一个层次，而小熊也凭借这本书迈入了从未有人涉足的领域，让人耳目一新。

这本书共 778 页，如果用每页 400 字的稿纸来计算的话就是 2000 页，远超前作的 1000 页[1]，真是惊人的写作能力，且在内容上也与前作少有重复。新作吸取了批评的声音，在此基础上还完美融合了前作的论点。该书的副标题为“冲绳、阿伊努、朝鲜：从殖民地统治到回归运动”。如果试着分解一下这个副标题的论点，其实足以将其分为数册独立的著作。但如此一来，视角就会聚焦于每个独立的对象，很难阐明论点。但小熊通过对“冲绳、阿伊努、朝鲜”与“日本人”之间的边界进行多层次、历史性

1　在日本，通常用稿纸的页数来计算文字量。400 字的稿纸，2000 页就是 80 万字，1000 页即 40 万字。——译者注

的论述，成功阐明了主旨。

民族国家论在后冷战时期掀起了一股热潮，伴随着众多“陈词滥调”的感叹,这本书在喜新厌旧的日本学界再度登场。其实，有关民族国家论问题的论述仍然不够。该书的作者小熊为我们开辟了一个全新的方向，而正是这个新方向让我更加感到以往的研究是远远不够的。

小熊这本书为民族国家论做出了三项新的贡献。

第一，小熊提出了被民族国家纳入与排除的同时性。特别是他从纳入与排除各自的正面和负面出发进行探讨，从而免于得出“从民族国家中被排除就是歧视”这种武断的结论。国民对国家的权利与义务并不平衡。当纳入的天平向负面倾斜时，纳入也就成了“不亚于排除的压迫”。（小熊,1998:638）围绕着“冲绳、阿伊努、朝鲜”这三个主题，小熊在复杂结构以及诸多人名、历史资料的夹缝中穿梭，但依然能让读者找到方向。这归功于贯穿全书的探讨框架——“民族国家的纳入与排除”。

第二，在划定民族国家边界的问题上，他从双重“他者”的存在这一视角展开论述。所谓双重“他者”可以理解为对日本而言的欧美与亚洲、帝国主义列强与殖民地，以及处于优势地位的他者与处于劣势地位的他者。这种双重他者对于殖民地处境下的人而言也同样存在。作者在后记中提到，他曾考虑将该书的书名定为“有色帝国”(colored imperialism)。针对近代日本究竟是“欧美的受害者”还是“亚洲的加害者”这一问题，作者皆给出了肯定的回答。日本作为一个后来居上的帝国主义国家，其民族国家的形成实际上是在比自己更优越的他者的阴影之下完成的，这也是日本作为民族国家的条件。小熊以近代日本为例，完整展现了近代日本的复杂性。他没有陷入以往论述民族国家的二元思维模式之中，而是选择了一种“三元思维模式”。因此，他也成功跳脱出二元对立思维模式下的论述陷阱。

第三，他根据“身为国民”和“成为国民”的含义重新建立起一套关于边界线的分类体系。他所探讨的核心在于，“身为日本人（日本国民）”这一概念其实是没有内在的空壳定义，是通过划定什么“不是日本人”而构成的。小熊接着指出，从这点来说，日本是通过“同化”政策在事后创造出“日本人”这一身份概念的，“同化”政策的作用实际上是率先把有关国民整合的各项制度引进日本本土。我对这个论点十分感兴趣。且我认为，小熊成功地戳到了那些饱含苦痛的少数群体的民族主义（minority nationalism）的痛点，而这个痛点也处于那些“成为国民”这一分界线上的当事人的战略中。

小熊的处女作《单一民族神话的起源》也收获了诸多饱含赞誉的书评，但富山一郎给出了最严厉的批评。富山是一名研究冲绳的学者，他一直致力于研究“成为日本人”这种自我认同的陷阱，并在这方面取得了开拓性的进展。他认为小熊将作为“统治者思想”的“日本民族论”简化成了“单一民族论与多民族论的对立”，他批评了小熊这种静态的分类方式。

> 国民化不仅仅是自我认同的问题，还与具体的政治权益及统治息息相关……所谓讨论并非简单整理归纳知识分子给出的有关什么是“日本人”的热闹的探讨……而应该就每个

具体的殖民主义的个案进行分析。（冨山，1997：81）

另外，富山认为“从这一点来说，在面对话语所具有的历史性时，该书就显得有些漫不经心”。（冨山，1997：81）富山严厉批评道，“如果作者是站在多数群体思想的角度书写历史，那么其著作就配不上历史这两个字”。（冨山，1997：82）富山认为“所谓‘日本人’本就是在‘同化’过程中被构想、被期望而形成的概念”（冨山，1997：81），因此，我们应该描绘的其实是“政治权利的取得与‘日本人’化相互斗争的过程”。而在《“日本人”的边界》这本新书中，我认为小熊充分吸取了富山的意见，并回应了富山的批评。

早尾贵纪也引据富山的观点，认为小熊的这本新作存在一个巨大的问题——欠缺“成为‘日本人’”这一视角。（早尾，1999：100）早尾这样说道，“小熊一方面强调‘日本人’的‘纳入与排除是同时发生的’，另一方面却又将区分‘日本人’与‘非日本人’的那条线=边界实体化了。在小熊看来，边界线内部是‘纳入’原理在起作用，而边界线外部则是‘排除’在起作用。（同书636页）在这一点上，小熊犯了‘民族国家’论中一个决定性的错误”。（早尾，1999：100）我认为早尾对小熊的批评是不恰当的。小熊在其新作中探讨的恰恰就是“边界”的历史性建构及其变动，并分析了“纳入与排除”错综复杂的排列组合。我很怀疑早尾是否真的阅读了小熊这本书。

就在小熊这本新作发行后不久，石田雄在《思想》上发表了一篇题为《作为被构建观念的“同化”政策的“日本”》（石田，

1998）的论文。这篇论文按照“中心与周边”的思维模式，串起了阿伊努、冲绳、朝鲜这三个主题。石田的论文无论在内容、章节构成还是分析框架上，都与小熊的论文惊人地相似。富山所定义的“日本人”是指“在‘同化’的过程中被构想、被期望而形成的概念”。（富山，1997:81）而石田也这样定义“同化”政策，认为那就是“创造‘日本’这种观念的过程”。（石田，1998：上49）在石田看来，“日本”以及“日本人”的内容并不是“同化”政策的前提，而是效果。石田进一步指出，“同化”政策里最重要的是该政策所具有的“纳入与排除的两面性”。（石田，1998：上51）尽管如此，石田在其论文的注释中并没有列举小熊的新作。不仅如此，论文的参考文献也只列举了后冷战时期的新民族国家论的代表——富山一郎与李妍淑的著作[1]。作为民族国家论新的里程碑，小熊与石田在他们各自的论文中不约而同地提出了相同的观点，应该说是独具慧眼的两位作者之间的默契吧。另外，我还想对作为古典自由主义者的石田表示敬意，因为他审时度势，重新构建起了一套属于自己的历史认识体系。

同样的历史分析方法也被运用到了欧美民族国家与公民权关系的研究之中。美国史学家琳达·克贝尔的《宪法未保证女性作为淑女的权利》（Kerber，1998），该书探讨了美国公民权与女性的问题，通过对历史的梳理弄清了以下问题：国家赋予公民的权利与义务往往是不平衡的，这种不平衡中还存在着性别、阶级

1 我之后口头上向石田本人确认，他说在完成那篇刊登在《思想》的论文时，他还没有来得及读小熊的著作。

以及种族的差异。纵使是民族国家内部,也存在着多种多样的“纳入与排除”的排列组合，即便“国民”的内部，也没有达到“平等”，国家与国民之间甚至都不是双向义务关系。

其实，小熊的“边界”这一领域性概念以及石田的“中心及周边”这一地理性概念还是有缺憾的，二者都没能着力去论述“国民”内部的多样性问题——性别、阶级以及身份所导致的差异化,他们在这些问题上的分析略显单薄。所谓只要成为“国民”就能获得“平等”,“国家”会回报“国民”做出的贡献……这种想法不过是民族国家一早就准备好的意识形态而已。对于“国民”而言，它只不过是一个“无法兑现的约定”罢了。

虽说如此，小熊仍然探讨了在石田的“中心与周边”这种二元对立思维模式下无法触及的一系列问题，那就是双重的“他者”以及“他者”在“三元思维模式”下的含义。比如，对阿伊努而言的俄国、西欧和倭人，对战后冲绳而言的美国和日本。在这种双重、三重的“他者”之间，同样也存在权力关系。一些研究分析就如实反映了这种非正常的权力关系。比如，分析总督府与日本政府内务省之间争夺统治朝鲜的权限给朝鲜“自治”案以及“同化”政策带来的影响，或通过分析冲绳独立论与回归论各自所处的历史语境，从而了解这两种理论的不同之处。从结果来说，日本对周边地区的统治政策既没有一贯性，也不存在什么原理规则。正如小熊所说的，那种统治政策是一种“无方针”“机会主义式”的政策，“但正是这种模棱两可……才让统治的作用发挥得淋漓尽致”。(小熊，1998：654)

尤其在书的第四部的第十八章到第二十三章中，小熊探讨了战后的冲绳问题。他解析了拥有双重“他者”身份的冲绳的复杂处境，直接指出了民族主义在逻辑上的漏洞——冲绳只能在“日本人与非日本人”的二元对立之间摇摆。小熊在后记中看似自信满满地写道：“让我感到意外的是，那些战后进步知识分子的民族主义并不太出名，但它是谈到‘战后’这个问题时不可或缺的一部分。”[1]（小熊,1998:768）小熊指出了在冲绳的“国民教育”运动中，“日之丸”“君之代”以及“使用标准日语”所起到的讽刺作用。

最后一章主要围绕回归民族主义批判者新川明所提出的反回归论，让我们在这本书的结尾再次体会到了小熊的写作意图。这也是他对少数群体的民族主义边界的批判。小熊的前作《单一民族神话的起源》的结论是以这样的建议收尾的，即“希望我们可以建立起一个异文化共存、秉持多元文化主义的更好的民族国家”。然而，这样的结论欠缺了对民族国家的根本性批判，在这点上，小熊也遭受了各种批评。在新作中，小熊接受并回应了这些批评意见，并论述道，“即便民族主义是少数群体的民族主义，我们也很难从民族主义所孕育出的纳入与排除的连锁关系中跳脱出来”。（小熊，1998：656）并且，“仅仅依靠被统治者，我们是跨越不了民族主义的界限的”。（小熊，1998：657）小熊借用了新川对民族主义的批判——“为了竞争‘更好地归还’，左派与右派民族主义进行了竞争”（小熊，1998：617）——来说明自己想要表达的其实就是“拒绝与国家形成认同”（小熊，1998：

1 之后，小熊就这一问题在其大作《“民主”与“爱国”》（2002）中进行了探讨。

619）这一根本思想，而这种思想也是“对国家存在的根本否定”。（小熊，1998：620）小熊对新川的想法深表赞同，二者都认为对“人权”“平等”的诉求必须通过“国民化”以外的方式实现。有人听后表示“那就拿出民族国家之外的方案来啊”或认为否定统治和权力很不现实。我只能说他们缺乏想象力，他们的想象力已经被禁锢在民族国家这个牢笼之中了。

在第二十一章的注44（小熊，1998：750）中，小熊委婉地批判了朝鲜的对抗民族主义。但他也充分认识到了朝鲜民族主义时不时发挥的历史性作用，并认为“在日朝鲜人”的民族主义是一种不与韩国形成认同的“对抗国家的民族主义”，他对此表示赞许。另外，他在“权利意识”与犹豫扩大国民范围这两者的关系上也做出了周密的论述。

在最后一章，小熊说，“近代日本百年的历史经验告诉我们，有时我们会期待国民的‘权利’，而有时我们又会为了追求稳定的自我同一性而陷入‘日本人’这一身份之中，但这些都会孕育出更大的痛苦与悲剧的连锁关系”。（小熊，1998：666）即便将这里所说的“日本人”替换为“朝鲜人”“冲绳人”，我们所面临的问题依然得不到根本性的解决。就这一点而言，我想小熊也会同意我的想法吧。我们应该从近代日本百年的历史经验教训中学到这样一件事——不要去追求所谓“更好的民族国家”。如果可以得出这样的结论，小熊这本书就是目前民族国家论中一个新的里程碑，同时也是一部历史性著作，更是一本具有话题性的书。

第三章 “民族国家”论的功与过

——在后民族国家时代重读《跨越国境的方法》

1 在后民族国家时代

20世纪90年代初，我收到了“国民文化会议”的邀约。在参加会议之前，我已经读过西川长夫所著的《跨越国境的方法》（1992，2001）。至今我仍然记得我和见田宗介等人站在同一个讲台上的不自在感。“国民文化会议”是1955年设立的会议，集合了高畠通敏先生、日高六郎先生等战后自由主义左派知识分子（又称革新派）。我觉得“国民文化会议”听上去就是保守派团体的集会，因此感到十分不自在，甚至还觉得自己不应该在这样的场合出现。但是，当我了解到“国民文化”一词其实是战后革新派知识分子某一时期的希望的象征时，我才发现时代和世代早已不同。

西川长夫认为“国民文化”指的是“民族国家的自我意识”，也是“国民整合的象征”。听到他如此论述，我才明白为什么我会感到如此不自在。他的那本书首次出版于1992年，而几乎在同一时期，人们对“国民文化”的评价既有积极的一面，又有消极的一面。如果了解到曾经还存在这样不同的看法，那我们就不能简单地把这之间的差异仅仅归因于时代和世代。

20 世纪 90 年代，西川笔耕不辍，陆续推出了一系列著作，还多次组织演讲和研讨会。通过这些努力，他在日本确立了一套“民族国家”的新范式，并推动了该词的传播。可以说他对日本“民族国家”论的创立做出了极大贡献。如果没有西川，20 世纪 90 年代日本的知识形态可能会大有不同吧。而我自己也通过西川的研究接触到了“民族国家”这一理论范式，并受到一些影响。这种范式也解开了那些困扰我多年的谜团，令我恍然大悟。

在阅读这本书的过程中，我仿佛在经历一场时光倒流，不禁怀疑《跨越国境的方法》这本书应该写于民族国家论诞生之后，而非20世纪90年代民族国家论诞生之前。这本书发行于1992年，而我却是在了解了作者后来的研究经历的基础上，大概过了 10 年才给出对这本书的评价。这意味着什么呢？事实上，该书所论述对象的时间跨度包括被称为后民族国家时代的 20 世纪 90 年代，以及这之前和之后的时期，带有时代的印迹。该书不仅预见了“民族国家”论会席卷 20 世纪 90 年代，还表现出某种脱离那个年代民族国家论的乐观。要回答为何如此评价这本书，那我们就要分析 20 世纪 90 年代对历史而言，以及对西川先生本人而言，是一个怎样的时代。

2 “民族国家”范式的效果

1989 年，作为范式的“民族国家”论虽然尚未成形，但它确实流行了起来。它的流行与柏林墙倒塌以及随之出现的东欧剧变息息相关，还与1991年的苏联解体有着必然联系。一直以来被我们视为自然之物的国家只不过是人为制造的产物而已，既然有成立之时，就会有在眼前瞬间崩塌的一刻，与其他人为性创造物是一样的。国家也有耐用年限，这已然成了理所当然的事实。因此，20世纪90年代不仅可以被视为后冷战时期，还可以首次被称为后民族国家时期。民族纷争不断的非洲和科索沃，一方面使得我们目睹了国家没有起到统治机器作用而出现的棘手的现实情况，另一方面也让我们得以窥探没有国家的/国家之后的世界权力的构成情况。人类的想象力总是有限的。现实世界的国家所展现出的摇摆性让我们第一次感受到历史存在着其他可能。从这个角度来思考，我们就能够弄清20世纪90年代“民族国家”论从流通走向流行的原因。当国家不再是宿命，才会让人开始探索国家起源之谜，才会使得“束缚自己的国境究竟是什么？”这一问题逐渐相对化。

然而，虽然这本书几乎没有谈到划分20世纪90年代之前和之后的现实世界所发生的事件，但西川的“民族国家”论不仅是直接受到现实世界中历史性变革影响后的突然醒悟，而且有着理论方面的缘由。对于西川来说，比起1989年柏林墙的倒塌，同年法国革命200周年纪念对他的理论影响更为深刻。这也意味着，他所讨论的不是后冷战时期即20世纪末的历史，而是跨越两个世纪的近代（与民族国家）的历史。

有关明治维新与法国革命的比较研究虽然十分普遍，但日本法国史学家西川先生依旧进行了二者的比较研究。明治维新究竟是不是“不彻底的资产阶级革命”？就这一问题，战前的社会科学家分成了两大派别——“讲座派”和“劳农派”。如果明治维新是不彻底的资产阶级革命，那么之后成立的明治国家就不是近代国家，就无法与革命后的法国进行对比。当然，此讨论的前提是西欧中心主义，即“近代”“资产阶级”“国家”这些概念都要以法国（或者英国）为标准，与标准存在一定距离的都会被看作是一种“脱离”。

如果我们放弃以西欧为标准这一前提，看历史的角度（这就是范式）就会发生变化。所有近代国家的形成都是在互相模仿的过程中完成的，它们创造出实在法和作为其法律主体的国民［也就是福柯所说的，既是“主体”（subject）又是“从属”（subject）］，建立起国民教育和国民军队，要求一种排他性的归属，并根据国境彻底地划分土地……如果我们把这些行为称为“民族国家”的话，明治国家不是民族国家又是什么呢？这样一来，就算不把“自由、平等、博爱”这种“特别的法国式”的各种价值观念看作近代的指标，我们还是可以在“民族国家”之名下对比近代政治机器。另一方面，近代欧洲的固有性和多样性也可以成为我们分析的对象。

而正是这种比较的视角促使了“民族国家”范式的形成。在“近代”这个时期成立的国家都可以称为“民族国家”。这是因为如西川所述，“民族国家的成立不仅是一个国家的成立，还意味着要加入到世界民族国家体制之中”。从这一点来看，近代之后——或者如果我们仿照西川进一步限定历史时间的话——法国革命之后成立的国家，不存在没有“加入到世界性国家体制”的情况。这和传播论以及流出论都有所不同。国家成立的时期有早晚之分，但这并不等同于一个国家的“先进或落后”。无论哪个民族国家，都只在世界史语境下具备固有性而已。因此，一般我们所谓的“西欧模式”其实是说不通的。

3 “文明”与“文化”的解构

民族国家的形成有着两面性，“加入世界国家体制和整合国内的国民”。西川认为，虽然二者“有时相互矛盾”，但这种显而易见的矛盾只不过是表面现象。如果要通过一种意识形态机器来考察这个两面性，那么能够强有力地论证这一问题的有且仅有西川先生的“文明/文化”论。我至今仍然无法忘记阅读西川那篇刊载在《思想》上的《作为国家意识形态的文明与文化》(西川，1993)时的激动和兴奋。我这才知道，西川那本著作中最精华的部分,即有关“文明”和“文化”概念的详细论述,原来就是《思想》杂志上那篇论文的前奏。他的论述表面上是对“文明”和“文化”概念的词源学式、掉书袋一般的考察，但实际上是知识谱系学的绝妙解构实践。

“所谓‘文明’指的是法国人的国民意识”，这是我第一次听到如此简单明了又恰如其分的“文明”的定义。他给出的定义让我恍然大悟,“的确如此啊,原来如此啊”。如果这样思考的话，有关“文明”“文明史”“文明学”的各种谜题也就逐一解开了。“公民”实际上指的就是“文明化的人”的集合。“文明”的普遍主义认为，任何人都能够实现且被要求实现“文明化”。因此“仍处于文明化过程中的人”就被分为三六九等，形成了将歧视和殖民主义正当化的意识形态。谁都可以成为法国公民，这句话反过来就意味着，公民也有一等公民、二等公民……的阶序性。但我们也没必要将法国这个民族国家把法国“文明”这种普遍主义当成国家意识形态的做法当作一种“矛盾”。这显示了法国中心主义和扩张主义的野心。

同样，“‘文化’指的就是德国人的国民意识”。这里的“德国”是“后成立的民族国家”的代名词，而结合当时的历史事件，“后成立”换言之就是“在（先成立的民族国家）法国的威胁下”成立的“德国”。也就是说，在强大的邻国推行“文明”这一普遍主义的阴影之下，连国民都尚未形成的“后进民族国家”所采取的意识形态就是“文化”。“文化”在其成立之时，就伴随着一种相对于普遍性的固有性。“文化”作为“普遍性”的“补充”或“残余”，建构了一种不可能转移和同化的精神性，它是一种将排他性和种族主义正当化的意识形态。因此我们才能理解另一个“后进民族国家”——明治国家——为什么选择了与自己相似的德国“文化”作为自己国家的意识形态，而没有选择法国“文明”。并且，我们也明白了，在历史的长河中，“固有文化”（文化难道还有不是“固有文化”的形态吗？）一边虚张声势地将原本空洞的内容夸大，一边却在普遍主义面前始终抱有一种自卑感。

西川引用了诺贝特·埃利亚斯（Norbert Elias）的说法，将所谓“西欧的自我意识”分为“文明”和“文化”两种类型，分别对应法国和德国的国民意识。他对这两种类型的论述仿佛一记醍醐灌顶般的“逆袭”本垒打。西川没有谄媚高举着“文明”这种普遍主义大旗的法国。他指出“文明”只不过是法国这一民族国家的发明而已，并清楚地将“文明”的概念回溯到了其诞生之初的历史语境，并指出“你那些理论不过是法国的国民意识罢了”。我甚至想把他的这种解构称为“复仇”，而“复仇者”就是那些被法国吸引、玩弄、看不起，对法国爱恨交织的日本法国研究者。西川的这种解构甚至可以匹敌萨义德的理论，后者指出，所谓“东方主义”不是“有关东方的知识”，而是“为了对东方进行统治、再管理、权力迫害的西方的知识形态”。如此一来，我们也就明白了本书中作者对萨义德理论产生共鸣的原因了。

4 “民族国家”论的流行

对于20世纪90年代“民族国家”论的流行以及它的功与过，西川是否负有责任？“民族国家”论作为一种极具吸引力的范式被大众所接受，并瞬间得到了推广传播，超出了学者的预想，引领了一种潮流。并且，它同日本其他流行现象一样，在其概念本身还未成熟且未被充分理解时，就遭到了厌弃。“民族国家”的范式就像一块在哪里切下去断面都一样的金太郎糖果，迎来了人们一句又一句“陈词滥调”的叹息。

以下西川对于萨义德的批评，也同样适用于“民族国家”论。

> [萨义德的东方主义论（引用者注释）] 给我们的印象也许就像在笼中的滚轮上奔跑的一只松鼠吧。之所以这么说原因有二：第一，论证的方向性总是明确的，且总是导向同一个结论；第二，让人看不到论证的出口。（西川，2001：115—116）

所谓完美理论都是自成体系的。如此一来，“民族国家”论被厌烦的原因之一就是，“民族国家”论越是具有强大的解释力，就越使得“任何问题都会被导向民族国家论”这个“唯一的结论”。并且，一些理论原本是想要将民族国家相对化的，但结果反而证明了民族国家所拥有的强大约束力。这就导致人们“看不到出口”，反而产生了反效果。

当然，这些都是人们对“民族国家”论过于简单的理解和滥用所导致的，并非西川的责任。马克思曾因马克思主义者的泛滥而叫苦不迭，只得说自己“不是马克思主义者”，如果西川效仿马克思的话，或许他会说“我不是民族国家论者”吧。话说回来，西川自己的论证难道就不存在“看不到出口”的倾向吗？

的确，他对“文明”与“文化”的见解十分精彩，可是近代这个时代，恐怕无法被它自己所创造的概念背叛和动摇根基吧。“文明”通过其普遍主义超出了其发明者的预想，使得二等公民、三等公民也纷纷追求各项权利。“文化”则因其固有性而不得不同时承认他者文化的固有性。“文化”概念还诞生出了诸如“多元文化主义”这种“怪胎”，因为“多元文化主义”就是一种逻辑矛盾。“文明”“文化”是民族国家的自我意识，这看上去是个清晰明了的命题，但如果将意识形态放置于每个历史语境下，便有可能看到概念发生矛盾、聚集，而后超出自身的过程。

比如西川指出，“国民主义与国家主义不过是盾牌的两面而已，国民主义最终将会被国家主义吸收”。他将国民主义区别于国家主义，有力地批判了那些将希望寄托于国民主义的革新派知识分子心中所隐藏的民族主义，而他的论证也为学者批判丸山真男提供了启发。然而，对于我们究竟还有怎样的选项，他并没有给出回答。并且，西川身上也没有那种帝国主义国家的知识分子所表现出的不具诚意的赎罪意识，那些知识分子区别对待民族国家形成之后的民族主义（强者的民族主义）与民族国家形成之前的民族主义（弱者的民族主义），他们拥护的是前者为恶而后者为善的逻辑。“民族主义”曾是反帝国主义和殖民地解放斗争的象征符号，从这一点来考虑，“民族国家”论在把民族主义从拥护对象转换为批判对象上功不可没。

我之前论述过“女性（二等公民）的国民化”问题中的陷阱，因此，西川的主张——不管是“自上而下”还是“自下而上”的民族主义都称不上是追求解放的目标——对我而言有着难以抗拒的魅力，但另一方面它又使我陷入到新的困境中：拒绝民族主义后，需要找到其他代替方案。曾有人这样批判道：连菊花图案的护照都舍弃不掉的人还谈什么批判“民族国家”，这不过是特权者的傲慢罢了。除此以外，批判在日外国人以及巴勒斯坦人民的“民族主义”也都被视为禁忌。有些人认为，国民主义和国家主义不过是民族国家自我意识的两面而已，但这种观点会将问题简单化。还有一些人认为强者的民族主义是压迫性的，弱者的民族主义是解放性的，但这种二分法又太过教条。我们要避免出现以上这两种情况，寻找其他论述方法。

5　解构国家的思想

说到“民族国家”论的最佳研究成果，我想小熊英二的《“日本人”的边界》（1998）就是其中之一。在这本书里，小熊以冲绳回归问题精妙地解析了战后知识分子的“革新民族主义”。对于“被压迫者的民族主义”，他提出了一种更为谨慎、有所保留的论述方式。也许我们应当这样思考，作为“民族国家的自我意识”而登上历史舞台的民族主义，同近代诞生的众多概念一样，根据语境的不同会有不同的表现方式和效果。小熊在书中介绍了一位反冲绳回归论的学者新川明。他在《冲绳的统合与反叛》（2000）一书中指出，向本土同化、统合的民族主义与同“独立”论相关的本土民族主义完全不同。新川将冲绳的“反回归”的思想称为“解构国家”的思想。

新川这样写道，“不以国家为目标的国民意识是不存在的，而不以国家为目的的爱国主义（patriotism）却始终存在”，“只要人们仍然觉得自我的生存空间不应当遭受国家意志的不合理压迫，‘反回归’论就不会消失。因为这种思想扎根于作为人类共同‘梦想’的反对权力和追求自由的思想之中”。（新川，2000：148）并且，他尝试提出了“解构国家”的代替方案——《琉球共和社会宪法C私（试）案》（《新冲绳文学》，48号，1981年6月）。在“民族国家”范式登上历史舞台的10年前，人们还不得不接受宿命般的国家这一必要条件。到了1993年，新川在著作中引用了历史学家在《新冲绳文学》中回顾当时情况的论述：

> 那时（发表之初），那些替代国家原理的研究真是让人眼前一亮啊。（中略）如今，全世界似乎都在经历着民族国家的终结，而正是在历史框架发生重大转变的现在，我们才

更应该把那时的研究课题当作新的课题来重新讨论。（新川，2000：129）

从冲绳现实的冲击中迸发出的构想展现出了超越民族国家的走向。

我从一位在日韩国男性的发言中受到过同样的冲击。“所谓在日民族主义其实并不是民族主义。”虽然它的确是在对抗着强制同化的日本民族主义，但这并不意味着与韩国和朝鲜民族主义的认同。对于一种民族主义的抵抗，并不一定意味着呼吁建立“另一种民族主义”。在日外国人的民族主义是“没有领土的民族主义”，是“一种抵抗民族主义的民族主义”。由于现在仍然没有一个合适的表达，在日外国人的民族主义被误称为“民族主义”，但借用新川的话来说，他们才是“反抗权力与追求自由的思想”。

6　难民的思想

西川说这本书源于他在大学授课时学生的反应。那门课旨在讨论批判“民族国家”。在讨论中，学生给出的最为直观的反应是：“为什么不能热爱自己出生的国家？”西川和学生在如何寻找根源以及身份认同问题上进行了激烈的讨论，西川提醒学生，“我们要注意不要把民族自豪感混进去”（西川，2001：51），然而学生更为直截了当地反问道：“那为什么我们不能拥有民族自豪感呢？”西川是如何回答的呢？西川的回答是，“因为国境一定会将人类分割，并区分‘敌’与‘我’”。我们不能忽视的是，西川之所以如此回答，是因为他出生于殖民地，他的出身给予了他无法抹去的痕迹。

西川出生在朝鲜，童年是在伪满洲国度过的，在日本战败的第二年，沦为难民的他还曾跨越“三八线”。承担起往后时代的希望的西川可谓是广义上的“移民”。他自己就是一个“被故乡拒绝”的“移民”，也是一个“难民”。从这一点来说，他其实是一个“流离失所的知识分子”。斯皮瓦克（Spivak）给后殖民主义下了一个绝妙的定义：“强奸后诞生的孩子”。萨义德和斯皮瓦克都曾在英语圈接受教育，骨子里流着西欧教育的血液，并反过来对西欧的知识体系进行批判。西川也是如此，他通晓法国文化，用骨子里吸收的法国文化反过来给了法国致命一击。从他们的论述来看，无论是西川、萨义德还是斯皮瓦克，他们都是广义上的“后殖民主义知识分子”。

西川提出的民族国家的代替方案就是“私文化”。通过对“文明”与“文化”概念犀利而又彻底的论证，他清楚地认识到，民族国家框架下成立的“异文化理解”与“多元文化主义”是无法解决问题的。然而，他寄希望于“私文化”的想法是否太过乐观了呢？西川的书在发行大约 10 年之后又推出了修订版。在修订版中，他重新写了一章“补论”——《回顾 20 世纪 90 年代》。在那篇文章里，他重新探讨了对“多元文化主义”和“私文化”寄予的希望。在经历后民族国家的历史现实之后，西川的立场不仅没有改变，反而更加坚定了。

西川一针见血地指出“文化”其实就是“国民文化”，并提出“多元文化主义”不过是国民整合的新方式罢了。但若是“私文化”，他相信“文化”概念可以超越“文化”本身。可他的这种乐观却让读者陷入了困惑。

然而，西川借由“私文化”这种自我矛盾式的措辞想要表达的东西其实和新川不谋而合，他想表达的是至今我们仍未找到的那个“解构国家”的生存方式。在战后日本的殖民地出生，意味着他不仅被故乡拒之门外，而且无法同祖国实现认同。对于“流离失所的知识分子”西川而言，他对阿尔贝托·梅卢奇（Alberto Melucci）所提出的“游牧民族”（nomad）表现出共鸣。也许，他认为“私文化”就是一种“不属于任何地方的我”所做出的“选择和决断”。

在 2000 年 12 月的《朝日新闻》中，同样是从中国大陆撤退归来的作家泽地久枝在采访里针对“正所谓有国才有民……”的提问，语气强硬地反问：“你在开玩笑吗？”泽地的回答给我留下了深刻的印象。她谈道，战败之时无论是国家还是军队，都丝毫没有给国民任何保护，他们成了难民，却依旧能在不依靠国家的情况下努力生活。这种坚韧不拔的精神贯穿了泽地的整段发言。

超越民族国家的思想有两个视角，一个是难民的视角，另一个则是统治者的视角。西川所论述的是难民一方的视角。虽然在个别问题上我仍然持保留意见，但我依旧对西川的论述产生了强烈的共鸣。因为，我在他的论述中感受到了“难民的视角”。这也正是《跨越国境的方法》这本书在经历了 20 世纪 90 年代的后民族国家现实之后，于 21 世纪再次出版的意义所在。

第四部　祷告的替代品

第一章　为了死亡的思想，为了活下去的思想（访谈）

（以下是季刊*at*编辑部采访我的记录。详细内容请参考初出一览）

1　有关《女性革命战士的一系列问题》

采访者：上野老师在2004年6月号的《现代思想》上发表的《女性革命战士的一系列问题》十分具有启发性，本次访谈我们想就这篇文章采访一下上野老师。

在这篇文章中，上野老师从联合赤军事件以及与之相关的田中美津极其苦涩的发言出发，论证了暴力的两种表现形式——“国家暴力”和“对抗暴力”。特别是上野老师论述了以往学界未曾触及的“对抗暴力”的问题，并深刻指出在这一问题之中受害与加害错综复杂的双重构造。通过考察加害者／受害者的受害者／压迫者的特性，为我们开拓出一个新的视域。这种视域不仅仅是表层的“既反对恐怖分子也反对战争”的口号，还是一种更深层的论述。而我们杂志也想从上野老师所提出的这一认识出发展开思考。

我也是对上野老师近来的研究抱有极大兴趣的读者之一，这次《女性革命战士的一系列问题》可以说是近年来上野老师同时在做的一系列研究的集中体现，我能强烈感受到这篇文章是这几年您工作的一个分水岭。

上野：我在收到这次访谈邀约的时候，也收到了您对于这篇论文的感想，作为作者十分感激。我怀着复杂的心情，做了充分的心理准备写下这篇文章，但发表后几乎没什么反响。

批判“国家暴力”是容易的,但要论述“对抗暴力”这一问题，那就是我的“阿喀琉斯之踵”，是我最为薄弱的环节，不论怎么说都是我的痛点。我试着去书写这一主题，没想到居然没有受到什么强烈的批判。

采访者：反而觉得十分不可思议吧。

上野：是的。唯一收到的反馈是在《朝日新闻》论坛的时评专栏中，北田晓大先生提到了我的论文。另外，我在论文中引用的水田风先生也给我邮寄了明信片，表达对我的支持。我十分感谢这二位。但这篇论文的反响仅此而已，我感受到了一种集体性的无视。

采访者：您在构思这篇论文的时候,有没有预想过会如此“毫无反响”？

上野：我在写论文的时候，对于谁会提出怎样的疑问，心里基本上是有数的。然而只有这次，我觉得大家是不是再给我一些反应会更好呢？没想到几乎没有反响。感觉这种沉默好像绵里藏针（笑），有一种说不出来但一定不对劲的寂静感。

采访者：是不是有一种沉默本身更值得思考的感觉？

上野：读过这篇论文的人跟我讲，“这篇论文跟上野老师以前的写作风格不一样，这次感觉你十分慎重啊。”的确，我在写的时候考虑了各个领域的人，因此写得特别谨慎小心。但即便如此，该有的反响却没有，为什么没有人向我提出挑战呢？这让我多多少少有些落寞。

采访者：那您这次在这个时期选择《女性革命战士的一系列问题》这个比较棘手的主题的契机是什么呢？当然您在论文中也提到了伊拉克阿布格莱布监狱中出现的女兵对男囚的虐待，您的写作动机也包括对这一问题的回应吗？

上野：有回应的意思，也有回应自杀式恐怖主义袭击的意图。在“暴力的连锁”中女性是施暴一方。我们是否就能说某一方的暴力是恶，而另一方的暴力是正义呢？对于女性恐怖主义者而言，我总觉得有一种似曾相识的感觉。对此，我们当然不能因为是女性就抱有乐观主义的想法。

阿布格莱布监狱中的虐囚事件已经赤裸裸向我们展示出，女性不只是受害者。在这种用女人凌辱敌方男性的错综复杂的结构之中，包含着种族歧视和性别歧视，这不禁让人怒从心生。如果我们承认女性主义的目的就是让女人“和男人一样”，那么阿布格莱布监狱中的女看守就是女性主义的“完成”，与此同时也意味着女性主义结束了它的历史使命。但为了女性主义可以延续下去，我们必须追问该怎么办。

采访者：现在就连日本也派出了女性自卫军官前往伊拉克呢。

上野：因为要推进“男女共同参画”，可能有些人还会提议把一半的女性送去伊拉克什么的。这些人会说，“这不就是女性主义的‘完成’，这不就是你们想要的结果吗？”云云。

采访者：当然，这完全是本末倒置的，如果让这种情况继续下去，现状就会越发危险。

上野：特别是在如今快要席卷全国的新自由主义[1]潮流之中。这不仅仅是女性的问题，男性也一样。在“新自由”的名义下不得不分裂出“胜者”和“败者”的阵营。而我们又该如何对抗这样的分裂呢？如今进入21世纪，特别是小泉政权的长期执政更是加剧了这种分裂。我们无法忽视这个问题。

而且，我就算死也不想跟“新自由”被划分成同一阵营（笑）。“新自由”就是“优胜劣汰”，它倡导“自我决策、自己负责”。并且从最开始，它的边界和规则设定就更有利于“胜者”阵营，“新自由”不过是个骗局罢了。所以，我在写《当事者主权》（中西·上野，2003）的时候，思考过书名的英文翻译应该是什么。“当事者主权”可千万别给我翻译成“self determinism”。我坚决不想和那些主张“自我决策、自己负责”的学者被混为一谈。如果一定要解释成某个词的话，我还是想用日语解释，“自己能够决

1 neoliberalism，又可以简称为“新自由”。该思想批判政府对市场的过度介入，主张在注意个人自由与责任的基础上，重视竞争和市场原理。

定自己的事”。

然而，想来我们真的是“词穷”啊。即便是在这本杂志创刊之际，那些原本想要创造新事物的人，也总会陷入到词汇量匮乏的窘境之中，这点我们需要多加留意。在自己正从事或想要做的事情上，总觉得自己语言化、理论化的努力和能力追赶不上所想所感。如果勉强使用一些词汇和语言，结果往往会陷入既有的语言框架之中。

采访者：那么难以创造新的语言这一问题是否真的是日本的运动在结构上的薄弱之处呢？

上野：是的。以往用于弥补词汇匮乏的都是现有的思想，比如马克思主义什么的。但就目前这种状况而言，连现有的思想我们都无法再依靠了，只能自己调配语言。

暂且不谈女性主义在初期的情况，我觉得当下我们已经走到了这个阶段。在情况多变的当下，面对女性被置于新自由主义改革这一现状时，我们无法再从现有的女权语言中探求出答案了。比如，当我们一说到“自立”这个词语的时候，就会瞬间被新自由主义击败。

在这篇有关“女性革命战士”的论文中我也提到，正是因为现在的年轻女性抱有自己被赋予了众多选择的天真幻想，才会陷入“自我决策、自己负责”的新自由主义理论的陷阱中，不仅如此，她们还将这种理论的陷阱内化了。我觉得，她们不是想要将自己的能量、才能和其他女性分享、共有，而是想要超越她们（笑）。事实上，这种竞争的结构已经出现了。

2 “有尊严的生”和“彰显阳刚之气的思想”

采访者：在《女性革命战士的一系列问题》的末尾处，上野老师试图引导大家再次讨论“非暴力”的问题。也就是说，您主张彻底性的“非暴力”，或者说至少认为“对抗暴力”这种形式是无法解决问题的。如果说这会陷入一个死胡同的话，今后我们应该怎么去解决，或者说不诉诸暴力的解决方法究竟存在吗？您最近出版了新作《老去的准备》（2005），在这本书里您探讨了衰老、看护等问题，并针对这些问题的解决方法进行了各种探讨。我想问的是，您如何看待“今后的方向”？

上野：这个问题要是这么简单就能回答的话，我也不用费尽心思写这些论文和书了（笑）。如果非要简单点说的话，那就是我十分讨厌“有比生命更重要的价值”的思考方式，这种冠冕堂皇的话，我真是厌恶至极！无论说这话的人是左翼还是右翼。

采访者：的确，如果“有比生命更重要的价值”的话，那究竟是什么呢？可能是某种浪漫主义吧？

上野：怎么说呢，可能就是一种自我膨胀的妄想吧（笑）。

也许很多人会觉得《女性革命战士的一系列问题》一文和《老去的准备》中的看护话题，看上去八竿子打不着，但联结这两篇文章的其实就是没有“比生命更重要的价值”这种思考吧。

比如说，不是有“有尊严的生”这种说法嘛。反过来说，这种说法伴随着一个问题，那就是有什么价值能让你这么想要活下去？当“有尊严的生”无法维持的时候，就很容易想到可以通过“自我决策”来选择“安乐死”（也可以叫作“尊严死”）。这不是玩笑，日本也许真的会通过安乐死法。因为，那才是最终极的“自我决策、自己负责”。

采访者：是的，这种逻辑走到尽头，就会遇到这个问题。

上野：你听说过 PPK 运动吗？就是“ピンピンコロリ”[1]的缩略语。现在有人在推广这种理念，据说长野是发祥地。还有许多人一起做 PPK 体操呢（笑）。

采访者：有效果吗（笑）？

上野：锻炼肌肉之类的，它和瞎改的看护保险法是一个感觉（笑）。所以我跟田中康夫知事说，听说 PPK 运动发祥于长野，你可一定要阻止，这简直就是法西斯主义啊。最开始田中知事也不明白我的意思，还问我：“哪里法西斯主义了？”他还说：“这可是老百姓心中切实的愿望啊，死前一直健健康康的，直到某一个早上突然就死去，这样不好吗？”

但是，没有人能按照自己的预想死去。你也不是按照预想来到这个世界的。明明不可能按照预想迎接死亡，但那些推行 PPK 运动的人却没想过，要是有一天他们没按照 PPK 计划，病倒了，起不来床了，又会是怎样的心情呢？那些人会为了维护自己的“尊严”而选择死亡吗？

说什么“有尊严的生”，单单把“尊严”作为价值，还把它

---

1 可以翻译成“健健康康突然死”，指的是老人平日里健健康康，死的时候很突然，患病后不受罪就咽气。——译者注

看作比“生”更重要的价值。如此重视“尊严”，好像“尊严”就是终极自我决策的对象，让人觉得它是比“生”更为崇高的价值。等一等，这真是太奇怪了。为什么没有人发出这样的质疑呢？

现在想来我觉得有吉佐和子真的太了不起了。她在写《恍惚的人》（有吉，1972）的时候，曾经跟文艺评论家平野谦先生对谈[1]。她的那部作品十分细致地刻画了老人恍惚的状态（现在想来应该叫阿尔茨海默病），平野非常“具有男子气概”地说道：“我不愿意，要是有一天这样的话那我宁愿去死。”有吉当时好像只有三十多快四十岁，毅然决然地跟平野这样说道：“我就算脑子不清楚了，给周围人添麻烦，我还是要活下去。”哎呀呀，我真觉得她是个了不起的人啊（笑）。所以啊，思想的作用是什么？不就是对那些头脑不清楚、嘴边还流着口水的人说，即便这样你也要活下去吗？

采访者：的确，有吉老师的话十分深刻。

上野：说起这个，我想到一位名叫池田晶子的女哲学家。她有一本很有名的书叫《从14岁开始的哲学——引导思索的教科书》（池田，2003）。而说到她的处女作，则是《埴谷雄高论》（池田，1987）。

池田所论述的埴谷雄高是一位战后思想界最具代表性的虚无主义者。不仅如此，在一众日本思想家中，埴谷还是一位别具

1　有吉佐和子、平野谦对谈《思考有关“衰老”的问题》，收录于《恍惚的人》附录，刊载于《波》1972年6月号。

一格的虚无主义者。池田在文章中这样说道:“我们不需要为了活着的思想，我们需要的是为了死亡的思想”。这听上去真是十分“具有男子气概”啊。这名深受埴谷虚无主义影响的女性，说了这么一句自命不凡的话。我读了之后怒气一下就上来了。男人要是说出这样的话，我可能会面带冷笑(笑)。女人说出这种话，我是无法原谅的，真的无法原谅。

池田这么毅然决然地说出“我们不需要为了活着的思想”，她真的什么都不懂。根本不是这样的，现在的问题是，根本“没有为了活着的思想”。很多思想都是(不能说所有思想都是)“为了死亡的思想”，或者是为了死亡而发挥作用的思想。保田与重郎也好，革命思想也罢，都是为了死亡而发挥作用。许多思想在现实中只是起到了残酷的“作用”。

因此，池田说什么不需要为了活着的思想，我觉得你干脆放弃做人，像动物一样活着得了。这些不过是“彰显阳刚之气的思想”，还真有愚蠢的女人被骗得团团转，装作一副有大智慧的样子。

说到这种“彰显阳刚之气的思想”，我就抑制不住对埴谷雄高的愤怒。曾经,埴谷在回答某个问卷[1]的时候,有这样一个问题:“你觉得你无法成为一个有肚量的人的原因是什么?”你猜猜他回答的什么?他居然回答“生育孩子”。他可是让妻子堕过好多次胎啊!不能成为有肚量的人的原因在于生育孩子，他竟能这么

1 《文艺》1963年10月号的问卷《向埴谷雄高提问》(收录于讲谈社版的《埴谷雄高全集》第6卷《影绘的世界》，1999年)。

面不改色地说出口。与妻子发生关系而不避孕，还让妻子多次堕胎，他怎么有脸说啊？

采访者：埴谷居然认为“不让妻子生孩子”不是过错啊（笑），真是厉害。

上野：真是可怕。光从这点就不能相信这种人的思想，但即便如此，还有不幸的女人信奉这种恬不知耻的思想。被“彰显阳刚之气的思想”所骗就是精英女性的宿命啊（笑），就连我也被不少人骗过呢。我深知受骗女性的不幸，我一边觉得她们可怜，一边觉得她们也该适可而止了（笑）。

3 难民的思想和愤怒

采访者：针对这种“为了死亡的思想”，上野老师多次提到了用“活下来的思想”与之对抗，是吗？

上野：正如刚才所说，革命思想中也有许多“为了死亡的思想”。联合赤军其实就是典型的为了死亡的思想。无论是左还是右，这个世界上到处都是为了死亡的思想。

采访者：上野老师所说的“彰显阳刚之气的思想”，从这点来说这种对死亡做好心理准备的思想谱系是主流的想法。男性本身也许没有意识到，是吗？

上野：这就是所谓英雄主义的核心。所谓自我牺牲，说是为了家人、为了恋人而死，实际上才不是为了别人呢，只不过是为了自己所信奉的理念和思想而选择赴死罢了，它是一种终极动机。小林善纪的《战争论》（1998）的腰封上写着这样一句话，“你是选择参加战争，还是选择放弃日本人的身份？”这句话可以被解读成一种威胁。有人深信不疑国家、民族这些价值是赌上性命也要维护的。为了捏造的价值而选择自我毁灭，我想说你们男性干脆自相残杀吧，但是当女性的命运也被卷入其中，那就不再仅仅是男性的问题了。我反倒想说：“让我放弃日本人身份？放弃了，我照样生活得很好。”

这种让男性为了英雄般的价值相互竞争的机制建构得十分完备。因此，对于更为过激、向自我牺牲前行的人，男人绝不会说他们不好。而幸存下来的男性反而会遭受白眼、被指责为懦夫之类。

女人也喜欢英雄主义。男人总想要成为英雄，而女人喜欢英雄般的男人。女人煽动男人为英雄主义冒险，在这点上她们也是同伙。但我一直认为，英雄主义是女人的敌人，是女性主义的敌人。女性主义就是老土而又日常的（笑），就是一种希望“明天也能像今天一样活着”的思想。不这样的话，就没办法生育孩子。

采访者：这虽然不是有吉老师的话，但您认为所谓“我就算脑子不清楚，给周围人添麻烦，但还是要活下去”这句话是为了活下去的思想吗？

上野：要说出这样的话，我们需要从根本上转变我们的思想。光靠如今流行的什么偏差值、什么新自由主义，是完全不行的。我们需要的是颠覆价值观的大转变。

假设在你面前，亲生父母糊涂痴呆了，流着口水，你该怎么办？你是要选择有“尊严”的活法，跟你母亲说赶紧死吧，还是说你想要他们活下去？如果是你自己痴呆，你会觉得自己都这样了，干脆让身边的人给自己一服药，死了算了吗？

超老龄化社会的到来，我觉得是一件好事。因为所有的人都不得不在很长一段时间里经历“下坡路”。以前，人的平均寿命只有 50 岁，所以以前的人都是奋力一点点往上走，然后在某一天突然倒下的。

采访者：就像《坂上之云》描绘的那种牧歌时代啊（笑）。

上野：是的。那种时代已经过去，但是今后漫长的下坡路该怎么度过，没有人给予我们这样的思想。然后呢，再一想到男人是怎么做的，我有时会觉得活该吧你们（笑）。

采访者：今后的路不容易啊。那接下来让我们再进一步讨论，如果我们将“活下去的思想”放置在跨越国境的场域中，就能与您在《女性革命战士的一系列问题》的末尾所提出的“难民化的选择”这一问题联系上了。那些放弃英雄主义、放弃国籍或者说被迫放弃国籍的人，在为了活下去时所做出的选择就是“难民化的选择”。

上野：小熊英二的《“民主”与“爱国”》（2002）一书总结了“二战”后的各种思想，他在最后一章里提到了“越平联”。我曾经问过小熊为什么要提到他们，他回答说，“不提的话，真的没有希望啊”（笑）。无论如何，对于 20 世纪 60 年代和“越平联”有交集的小田实，小熊对他的评价很高。

小田与其他战后的思想家相比，没有建立什么理论体系，也没有使用过什么晦涩的术语，更没有紧跟现代思想的潮流。外界对小田的评价都不算太高，然而小熊重新评价了作为思想家的小田，这也是《“民主”与“爱国”》这本书的贡献之一。

小田经常说的一个词就是“难死的思想”[1]。在第二次世界大战中，对于父母和身边的人在大阪大空袭中接连死去的人来说，不存在什么有意义的死亡。没有什么能给死亡赋予价值，也不存在什么“尊严死”。他认为，战争下的死亡全部都是“难死”。小田的这种思想，不仅对空袭中遇难的人，对战场上的士兵也同样有效。“难死”的人指的就是所有老百姓。他的这种思想跟我刚才说的没有什么比生命更珍贵的价值，只是换了种说法吧。以此类推，我认为难民也有“难民的思想”。

每次只要我说到“跨越国境”，就一定会遭到各种各样的批判。“真是天真”“你现在赶紧把日本护照扔了吧”“你既会外语，又是精英人士，在哪儿都能生活呗”“你说的是亡命，不是难民”。我觉得“亡命”这个词有一种区别对待的感觉，因此不想使用这个词，反而是“难民”这个词比较恰当。

我年轻的时候，深受一位罗马尼亚出生的作家齐奥朗（Emil Cioran）[2]的影响。他是一名亡命者。他逃到巴黎，母语被剥夺，

1 这是小田实所提出的概念，指的是在战争或灾害中大多数百姓所经历的没有意义且不合乎常理的死亡。—— 译者注

2 罗马尼亚出生的哲学家，一生基本在巴黎度过，他以独特的代表作《因出生带来的不便》等作品闻名。

被禁止使用母语来表达自我。他作为一名亡命者心绪万千，著作中充满无处释放的愤怒。现在想来，当时只懂得日本的我，为何能够对母语被剥夺的齐奥朗所释放的愤怒产生如此共鸣呢？我觉得因为我和他一样，我的愤怒是用男性语言无法描述的女性的愤怒。

采访者：原来如此。

上野：我当时在一所女性入学率十分低的大学读书，在我学习哲学、社会科学时，使用的都是精英男性的语言。就算我想要表达自己，除那些之外也没有其他词汇了。当时的愤怒就像沸腾了的水一样（笑）。说得更难听点，进入大学这一世界的女性，是她们自己选择要在那里生活的，所以没办法推卸责任。因此那种愤怒是一种无处宣泄的愤怒。

也就是说，亡命者和难民选择了一条“已经无法返回祖国”的路，而在大学世界中迷茫的女性，甚至连可以回去的“祖国”都不曾拥有。在思想的语言中，女性是没有母语的。当然，作为日常用语的女性语言是存在的，但它并不存在于思想的语言之中。无论在哪里谈论什么，都只能用借来的语言、用他人的语言来讲述。

因此，当我思考难民问题的时候，我产生了某种共鸣。实际上，在世界各地我经常会遇到放弃国家的同辈人。

4　国境、部分归属、浪漫主义式的犬儒主义

采访者：他们是日本人吗？

上野：是日本人。他们有一些是留学生难民，也有一些是结婚难民(笑)。而且,在加拿大和澳大利亚,也有人真的更改了国籍。

采访者：在美国的西海岸一带很多呢。

上野：是的。看到这些人，我觉得我跟他们没什么分别。

在外国闲逛的时候，我还发现一件事。实际上在很多地方，有很多新来的移民在服务行业做着家政、保姆、服务员等服务性工作。他们虽显笨拙、操着别国的语言，但仍然努力地活着。为了生存拼命学习某种语言，努力地生活下去，这样的人随处可见。看到他们我就想，“看看，这不活得好好的吗？”我想我也能啊（笑）。

日本人一说到“难民”，就总觉得不得了，立刻就联想到阿富汗、库尔德的难民营。的确，随着国际纷争不断扩大，难民的数量也在以万、十万的单位不断增加，邻国还死守自己的国境，不让他们进来，因此在世界范围内都出现了这种“难民营”。

但另一方面，我又在想，国境又是谁定的呢？国境戒备松懈的地方到处都有，而在那些地方，只要简单地跨越山脉、渡过河流不就可以了吗？墨西哥的湿背人[1]不就是这样的吗？

我住在墨西哥的时候，曾经问过当地人，“湿背人”为什么要冒着危险跨越国境。他们回答说：“因为拿不到护照。”我才知道在墨西哥护照是要用钱来买的，我又问：“那你们没钱吗？”

1　越过河流跨越国境的人（所以称为“湿背人”），意指偷渡者。

对方回答说："不是的，是我们没有出生登记。"也就是说他们没有被登记为国民，所以根本没法取得护照。

采访者： 是吗？原来如此啊。

上野： 他们也不会说西班牙语。对于当地在印第安语区生活的人而言，努力学习西班牙语和去纽约学习英语，二者要付出的努力是相同的。

并且，在这些人中还有一些应季劳动者，每年他们的生活就是往返于城乡之间。是的，这已经习惯成自然了。对他们来说，在城里[1]打工和去纽约打工是一样的。这样的话，去美国赚钱的效率还更高呢。对于这些人而言，美国和墨西哥之间漫长的国境线究竟是从哪里到哪里，这些并不是用来遵守的。

因为我看到了这样的现实，所以对我来说"难民"的形象就是这样的。他们想，法律什么的又不由自己定夺，这样一来就干脆无视了。当然惩罚就另说了。实际上在世界各地都有许多人成了难民，但依旧活了下去，在别的国家生活的他们拼命努力，掌握即使在水中被击中也能游着活下来的技能。只要想到这些，我就会十分单纯地认为，这样也能够活下去啊。

现在的难民营，如果不被隔离和封闭，只要是开放的，人们就会像水一样，从高处向低处流淌，奔向能赚钱、有就业机会的世界各大都市吧。我觉得这样不是挺好的嘛（笑）。虽然说是全球化，但国境就像承受着巨大水压的大坝，阻止着人的流动。

1 指墨西哥城，墨西哥的首都。

采访者：在东南亚岛屿周游的鹤见良行先生，以很多生活在亚洲沿海地区、在各个岛屿之间流动的人为例说道："国家和国境，并不是多么重要的设定。眼前就有许多人自由地生活着。"

上野：是的，对于这些人而言，国境根本无关紧要。

采访者：关于这点，我有一个疑问，您强调国籍是"部分从属"，有关这方面您是怎么思考的呢？

上野：举个身边的例子，学校的老师会对学生说，"你们裙子的长度大概这样，头发长度大概这样，咱们说好了，大家可要好好遵守哦"。说什么鬼话，谁跟你说好了，明明是你自己定的（笑），这种情况都经历过吧。

在社会上有好多我不记得我曾同意过的"约定"。什么这个约定具有强制性，没有其他选择，只能遵守（笑），不然的话就要进监狱。人们通常想，要是这样的话，那就只能遵从了。这其实就是一种奴役，说好的事我不得不听话，没说好的，你就算说一千遍一万遍也没有用。我只能说我不记得跟你做过这样的约定，我没有理由遵守没说好的约定。为什么我们没有质问的权利？难道你不觉得这是个朴素又简单的质问吗？

就算是"国家"层面，道理也是一样的。裙子长度、头发长度什么的也就罢了，国家也许会让你去死。以前人们总说还好我不是男人，可就在不久之前，我们连"还好我不是男人"都难以说出口。

国家让你去死的时候，你为什么不说我不记得跟你签过这种契约，为什么说不出口呢？但总有一些人喜欢所谓国家之事比生命更为重要这样的思想。

采访者：您曾说，为了对抗这种价值，出现了“commons”，也就是个人可以选择的场所。

上野：“commons”原来的意思是“入会地”。与之相关的是中世纪以村落共同体为基础的权利，但我们不能将这些意思混淆。我说的是一种同过去不一样的、全新的“commons”。因此与其使用“commons”“community”这些词语，我觉得“选择缘”一词更好。

采访者：这个词听起来很有意思。

上野：“选择缘”的原则首先是拥有“加入、退出的自由”，其次是“部分从属”，即那边不行的话还有这边。它的意思是不把自己完全交给集体。集体和自己并非命运共同体关系。但这个世界上总有一些人想要把自己完全交给某个集体，这些人中还有人说，女性主义救不了我。对这些人，我只能说对不起了，请您直接去奥姆真理教报到吧（笑）。能够接受你的全部的，要么是神明，要么就是麻原大师，你说是不是（笑）？

关于这一点，我想再补充说明一下。新锐社会学家北田晓大大概是继大泽真幸、宫台真司之后的下一代学者吧。他在《嗤笑日本的“民族主义”》（北田，2005）一书中从20世纪60年代开始，论述了联合赤军、奥姆真理教，再以“浪漫主义的犬儒主义”为题论述了2ch网站。2ch网站无比厌恶左翼关于正义、弱者的正确主张，它奉行并推广一种绝对的犬儒主义，认为世上不存在任何可信的价值。但要维持犬儒主义，其实需要相当程度的知识。因此，和预想的一样，它很难维持下去。或者说人们也厌倦了犬儒主义，相对于那些超越自己的价值，人们更想要的是一种浪漫式的随波逐流。这些就是北田的分析。

北田在他分析的其中一个例子中，提到了宫台真司的“转向”理论。20 世纪 90 年代，宫台曾经倡导“悠然自在的日常”“没有尽头的日常”。而他这种 2ch 式的倡导已无法影响由犬儒主义转向浪漫主义的精神追求。因此作为 21 世纪的新战略，宫台敏锐地提出了“浪漫主义式的犬儒主义”，他选择提前准备更为精练、没有危险性的另一种形式的浪漫主义。北田指出，宫台最近倡导的天皇主义和亚洲主义就是“浪漫主义式的犬儒主义”，也就是说，宫台认为如果凌驾自我之上的浪漫主义这种精神追求会不小心被右派利用的话，那我们不如提早戒备。

北田所论述的这些究竟是否恰当，我们先不谈。说实在的，当下的状况并不乐观。拿浪漫主义当个盒子，里面会装些什么我们并不知道。他们或许会宣扬去伊拉克挥洒汗水。那时挥洒的恐怕不只是汗水，还有鲜血。

5　没有护照，当事者的思想还能成立吗？

采访者：在跨境劳动者这一语境下，存在着外国看护劳动者的问题。日本修改现有制度引入这些劳动者，恐怕也是数年后的事了，对于这个问题，您是如何看待的呢？

上野：我非常支持看护保险。就算动机不纯，结果只要是好的就行，我就是这样一个非原理主义者（笑）。那些在自家干的无偿劳动，如果变成照顾别家的老太太转眼间就成了赚钱的事，有这样一个机制多好啊！这种机制能让所有国民意识到看护不是免费的劳动，在这点上，它的贡献巨大，因此我很支持看护保险。同时，对于看护劳动，我们理当给予它该有的责任和体面的报酬的保证。看护劳动的工作现场至今仍存在很多不满和抱怨，所以最重要的就是改善劳动条件。

想要提高看护劳动者的地位其实非常简单。提高工资，这样他们的社会地位就会随之提升。社会不会去歧视那些赚很多钱的人。与看护劳动者类似，医生、护士也是服务业劳动者，但因为他们工资比较高，所以很受社会的尊敬。因此，我认为需要提高看护劳动者的工资。由于工资是劳动市场的条件决定的，如果劳动力日益不足，那么不管怎样，劳动报酬还是会提高吧。

但如果引入外国劳动力的话，劳动市场的地基就会动摇，我之前所说的话也会变为泡影。日本一直都是发达国家中极其特殊的例子，它一直封锁着劳动市场。无论哪个福利发达国家，都十分依赖移民劳动力，唯一的例外就是日本。福利发达国家瑞典就从邻国芬兰引入了许多医疗、福利方面的劳动者。即便有一点点汇率顺差，只要在瑞典工作更为有利，芬兰的劳动者就会去瑞典。他们语言相似，长相也相似，但那时日本考察团没有一个人留意到这一事实，他们只是心怀感激地回了国而已。

与其他发达国家正好相反，日本严格的入境管理法是一道屏障，阻碍了劳动力的移动。看护劳动力不足的问题迫在眉睫，外务省正计划着修改出入境管理法，将来会有一定规模的看护劳动者和家务劳动者进入日本[1]。这就是所谓的“通勤女仆”。亚洲最大的家务劳动者输出国是菲律宾，菲律宾甚至还要承受来自官方的压力。菲律宾家政的老主顾是香港、新加坡的职场女性。多亏了菲律宾人的帮助，这些女性才能将照顾孩子和老人的工作交给家政，自己可以无后顾之忧地在外工作。作为少子化最后的解决对策，日本可能也会引入菲律宾的家政和保姆吧。倘若这样的话，那日本女性问题的解决就将建立在压榨其他亚洲女性的基础之上。家政的问题一直是发达国家女性主义的软肋。日本以前没有引入外国劳动者这一选项，还能够装作一脸无辜。据说对体力劳动者的开放已经提上日程。但倘若这样，那我所主张的改善看护劳动者的劳动条件就会化为泡影。因为，日本看护劳动者和外国看护劳动者会直接构成竞争关系。

采访者：汽车产业虽然也在反对外资进入，但这里面充满矛盾啊。

上野：服务这种产品跟其他商品不同，它的特点是人们在生产一线直接进行消费。生产调节和库存调节都没有用。其他商品可以向海外投资，利用当地的廉价劳动力生产商品，但服务业只能让劳动者亲身去到有需求的一线才行。因此，我们不得不放开对劳动力的引入。

厚生劳动省所考虑的是看护劳动者的高资格化和国家资格化，甚至还在考虑废除看护二级证书、一级证书，只承认福利看

1　2019 年日本的外国劳动者政策迎来了变革，日本政府出台了《出入境管理及难民认定法》修正案，开始正式大量引入外国劳动者。——译者注

护员的国家资格。其实我恨不得全国人民都能取得看护二级证书，但国家偏要让资格证书在社会上日渐稀有。

那厚生劳动省的这种对策到底是为了什么呢？他们同意外国劳动力的进入，但又用语言的屏障阻止他们取得资格证书，可以想象他们就是打着这种坏主意。换句话说，这就形成了看护保险内和看护保险外的双重劳动市场。保证官方统一定价的保险内的雇佣是具有资格证书的福利看护员，与此同时也默许保险外的没有资格证书的低薪水劳动力的存在。有利可图的劳动由具有更高资格证书的日本劳动者占有，而无利可图的劳动则交给移民劳动力。这如意算盘会让双方势不两立，之后很可能会引起排外主义。从福利发达国家的经验来看，我们很容易做出这种推测。

采访者：虽然很残酷，但这就是以后的现实吧。

上野：所以，我说一下我的构想。如果全球化真的能够实现，那么人口在世界范围内的自由移动也能够实现。实际上，当下金钱、物品和信息已经可以在世界各地穿梭，只有人的移动自由被剥夺了。实际上，国境已经成了人移动的阻碍，使人们动弹不得。要是全世界无护照通行就好了。这虽然违背了马克思主义，但劳动力会流向薪酬更高的地方，这样一来，光看结果的话，世界各地的薪水会变得平均。也就是说大家都变得一样穷（笑）。这不是挺好的吗？往富裕的地方走，往薪水高的地方走，人们就是这样不停地移动。如果不想外国人来日本，日本经济就会倒塌，就像退潮一样，劳动力就会散去（笑）。如果这样的话，大家虽然穷，但生活也许就会变得有闲暇了。

采访者：这可能会是个了不得的关于全球化的看法啊。

上野：可实际上，全球化会引发国家之间的贫富差距，而这种贫富差距在每个地区又会表现为阶级差距，因此差距本身是无法避免的，我们看看美国就知道了。美国国内一直存在“南北不平衡”的问题，所以不能把美国一概而论地称为发达国家。我将20世纪后半期看作以性别为主题的女性主义时代，而往后时代会发生转变，我们会迎来阶级成为主题的时代。这里的阶级并非马克思主义所说的阶级。到那个时候，贫困阶层和少数群体之中又会诞生出怎样的思想呢？新思想的旗手，也许会像女性主义一样，产生于当事者之中吧。

那“当事者”究竟指的是哪些人呢？他们首先是被剥夺语言的一群人，更极端地说，就是我最初所说的“词语匮乏”的那群人。他们有着生活的语言，但思想的语言只能从外界获得。那么我们就要思考怎样才能获得这种语言。

女性主义所做的事，包括我自己在内，就是让女性获得语言的一个过程。她们集体性地缺失自己的母语，都是之后才逐渐获得的。与女性的情况相同，这个词我不太想使用，就是位于属下阶层（subaltern）的人，他们是否有可能获得母语呢？即便我无法成为当事者，但我还是想成为那些人的伙伴。当新的语言诞生的时候，我希望我是一个见证人，一个见证思想性事件、同大家一起惊叹并迎接新事物的人。

采访者：这是非常重要的观点吧。

上野：女性主义受到了方方面面的攻击。诸如女同性恋的问题怎么解决、没有考虑到在日外国人、忽视残障女性等质疑接踵而至。我一边听着这些批判的声音，一边有一种正中下怀的心情。这么说可能有人会觉得是一种傲慢，但并非如此。

为什么这么说呢？因为我想让更多立场不同的人觉得，“你能说，那我也能”。我认为这就是女性主义思想最好的地方。语言被剥夺的人一个接一个地发声，“那我也要说，那我也想说”。有一本玻利维亚女性写的书，名叫《让我也说说》（バリオス＆ヴィーゼル，1984），女性主义就像这本书的书名一样。你要是说的话，我也来说说，这样不断鼓励大家发声，建立一个思想的武器库。

采访者：这本杂志也应该这样鼓励这些人，多为他们着想。

上野：是的，意思就是别总让我替大家发言。在你一言我一语中诞生的思想才是“为了活下去的思想”，而这样的思想绝不会说出“存在比生命更重要的价值”之类的话。

2005 年 2 月 24 日

于 Alter Trade Japan 会议室

第二章　代替“祷告”

——单行本《为了活下去的思想》后记

我出生于占日本人口总数不到1%的基督徒家庭。13岁的时候，我违背父亲的意愿脱离了教会。我之所以没有成为基督徒，是因为我的父亲是一名基督徒。自我脱离教会后，我就没有再做“祷告”。

祷告。

这是弱者采取的最后行动。那甚至称不上行动，只不过是无力的喃喃自语罢了。

有很多人祷告了却依旧被残忍杀害。无论是否祷告，苦难依旧会降临。

我之所以选择了女性主义这条路，是因为这种选择不需要祷告。此岸之事就在此岸完结，我们无须前往彼岸，也无须寄希望于“上帝之城”，更无须去梦想乌托邦（世界上并不存在的地方），依旧能够活得下去。

在面对那些不近情理的暴力、毫无道理的歧视时，我们内心充满了无以名状的无力感。“让我们一起来祷告吧。”

有好多次我都想过:如果能说出这样的话该有多好啊。可是，我将这句话列为自己的禁忌。

女性主义是一种现世的思想。它是为了能在现世活下去的女性的思想。倘若某个问题是由人造成的，那么人就应该能够解决这个问题。与其无力地说一句“让我们来祷告吧”，不如让我们一起寻找那个能让我们在**此时**、**此处**继续活下去的方法吧。

对弱者而言，智慧和语言就是力量。这么想的话，社会学就可以成为一种武器。也许我们依然无法阻止暴力的发生，但是我们可以思考有关暴力的问题。

《为了活下去的思想》这本书是那些眼看就要“祷告”却最终还是放弃“祷告”的人的“此岸的思想”。我想光从字面意思大家就能明白，我为何会将这篇后记称为“代替‘祷告’”。如果不去“祷告”，我们能否找到那条代替“祷告”的出路呢?

关于这本书的装帧，我灵光一闪，突然想借用我敬重的建筑家安藤忠雄先生的作品“光之教堂”。一直以来安藤先生总能创作出可以称为伦理性的禁欲式空间，这样的人设计了教堂。每当想象他的作品究竟会是什么样的时候，他往往会出人意料。墙壁上的十字形切口仿佛撕裂了黑暗的空间，那里有的只是空无。是的，除了你所寄托的期望，那里什么都没有。

柏林犹太博物馆是由丹尼尔·里伯斯金(Daniel Libeskind)设计的。那里有这样一间屋子，在一扇沉重的铁门之后，是一片伸手不见五指的黑暗，仅有微弱的光线从无法触及的天窗透下来。参观者的抬头仰望仿佛是一种祷告。它会让参观者回到那场犹太人大屠杀（种族灭绝）的苦难中，让他们身临其境地感受那些受难者的绝望与无助。

而由安藤先生设计的位于大阪城郊的光之教堂不只有垂直方向的切口，还有水平方向的切口。安藤先生本来没想在这道切口中嵌入玻璃，而是想通过这道切口让外部的冷暖变化、街道上的嘈杂流进来。教堂的墙壁并不会阻隔来世与此生、彼岸与此岸、教徒与非教徒。

我们不是为了救赎来世的苦难，而是为了此世的解放。

有酒精依赖症的人聚集在一起，总是念叨着这样的平安祷告词。

“神啊，请赐予我们力量吧！

请赐予我们接受无法改变之事的平静吧！

请赐予我们改变那些可改变之事的勇气吧！

请赐予我们区分二者的智慧吧！”

是的，我们所需要的大概就是祷告和智慧吧。可是，请不要过早地直接跳跃到“祷告”。因为在那之前，还有一些我们可以做以及我们应该做的事。

我将最切合本书主旨的一篇访谈重新编入了单行本的最后一章。在此，我想对允许我收录这篇访谈的杂志 *at* 的编辑兼采访者乡雅之深表感谢。乡雅之事前对那次采访做了详尽周到的准备，在很多问题上都表达了与我的共鸣。乡雅之在采访中提的问题都恰到好处，还促使我自省深思。采访结束时，我不禁感到这样精彩出色的采访真是少之又少，因为在那次访谈中我意识到了自己真正想要说的话。

正是由于那次访谈，我才能将自己论述的主题顺利切换到下一个——“护理看护”问题。“老年人”指的是谁呢？他们并不是那些“将死之人”，而是那些“今后也要好好生活的人”。所谓给予老年人生活上的帮助，并不是让他们能“好好地死去”，而是要帮助他们“更好地活下去”。那么，我想“患者”指的也是“想要好好活着的人”,“残障人士”则是追求“更好生活”的人。当我们说起“为了活下去的思想”时,要竭尽所能地寻找能够“活下去”的方法以及可以具体实践的方式与手段。正因为社会学是实现“此岸思想”的途径，它才拥有强大的力量。

第五部 『3·11』之后

第一章　为了活下去的思想

——以演讲代替在东京大学的最后一课

前言

非常感谢大家在百忙之中抽空前来。

之前那场突如其来的地震让我们以这样的方式相聚在因夏季节能而格外炎热的酷暑之中。

地震打乱了我原定于 3 月 15 日这天在东大的最后一课的计划，于是，最后一课就变成了今天 7 月 9 日的这场演讲。

“3・11”这场灾难其实有两个部分。一部分是海啸，也就是天灾。这场史无前例的海啸将25000余人卷入冰冷刺骨的海水中，光看这样的报道就已经够让人抑郁的了，但比天灾更让人丧气的是这场灾难的另一个部分——人祸，也就是福岛核事故。所谓“人祸”是指由于人为失误而造成的灾难，也是指只要人们多加留意就能阻止的灾难。

虽然东京电力公司的相关人士声称这场灾难是始料未及的，但是有好几个可以驳斥他们的证据。第一个就是，福岛第一核电站的一至四号机组爆炸了，但第二核电站的机组自动停止了运行。同样遭到海啸侵袭的女川核电站，其自动停止装置那时也发挥了作用。不仅如此，其实在那之前就有很多人反对在福岛建核电站了。也就是说，这是一场可以防患于未然的核事故。

在“3・11”发生之后，一些人的态度也发生了转变。很多媒体纷纷跑过来问我对该事件的看法，比如“您认为‘3・11’事件改变了什么，又有哪些改变是您不想看到的？”“请您向大家推荐一下‘3・11’之后应该读的书”。对于这些问题我一概拒绝作答。

的确，有些人因为这件事转变了态度。有人坦率地承认并反思了自己的错误，也有人深刻反省自己曾藐视安全标准的态度。但还有一些人，在这次事故后态度依旧。

那些不必因经历了“3・11”而改变态度的人说着“果然”“不出我所料”“我就知道不可能会顺利进行下去的”“我早就跟你们说过了！”……而现在我开始想要相信这些人所说的话。

那句“我早就跟你们说过了！”（米谷，2011）其实是米谷富美子（米谷ふみ子）新书的书名。该书的副标题为“在核国家持续开展反核运动”。至今，美国仍不愿意承认其投放原子弹的罪行。不难想象，在这样的美国要想持续推进反核运动该有多么困难。我想引用米谷在书中的几句话：

> 核电站的事故早晚会发生的。我对从政者以及核电站相关人员的愚蠢感到绝望。
>
> 只要他们还继续沉溺在金钱的世界里，他们就不会想

到，核电的核其实与原子弹爆炸的核同等危险。

米谷还说道：“只要政府、企业、媒体沆瀣一气，这个国家迟早会走向灭亡。”

正如米谷所说的那样，这个国家正在走向灭亡。

打从一开始，那个所谓的“核电安全神话”就存在着许多疑点。所谓“神话”指的就是无根无据的信念集合体。谁都能隐隐感觉到核电站是一个危险的存在。如果它不危险的话，为什么要把它建在那么偏僻的土地上呢？仅仅是核电站的选址就足以让我们有理由怀疑那个所谓的安全神话了。

如果核电是一种可以持续供给超大电力的技术手段，那就应该把核电站建在电力消耗极大的东京附近才对，这样才能减少送电过程中的损耗。

不仅仅是选址问题，还有反复篡改检测数据、隐瞒信息、花钱收买学者和知识分子，甚至还收买媒体，对核电站劳动者的工作过河拆桥。所有这些征兆都在告诉我们，核电是危险的。

那么，谁该为那场重大事故负责呢？谁都没有主动承担起责任。发展核电本就是国家政策的一环，无论政府、经济界，还是当时的执政党都不想对这场核事故进行反省。我们甚至没有听到他们谢罪的声音。不仅如此，东京电力的经营者还决定维持现有的体制，股东也同意继续发展核电。

我认为，如果要继续发展核电，那就应该背负起发展核电所带来的全部风险和成本。首先，应该向这次核事故的受灾者以及因事故而口碑一落千丈的个体和企业等所有受害者道歉并进行赔偿。因为如果没有这次核事故的话,他们的生活不会发生改变。做好这种心理准备之后，我们再来谈继续发展核电。其次，当下的能力是否足以合理评估核电的成本与风险，如果不能，那就要改变决策。

事故发生的3个月后，东京电力公司召开了股东大会。该大会决定继续发展核电。可能有一部分股东认为，什么风险、成本完全跟自己无关，这些事根本不值一提。

而我们无法抑制的愤怒就是这种负责人的缺席所造成的。但除此之外，还有更令人丧气的事情——我们其实很早以前就隐隐感觉到了其中的问题，但依旧无力阻止，或者说在面对那些从未想过停止使用核电的人时，我们依旧无能为力、无可奈何，正是这些将我一下子击溃。

1 “竟然”派与“果然”派

“3·11”核事故发生后，人们的反应大致可以分为两种，一种是“竟然如此”，另一种则是“果然如此”。要说我是哪种，那应该是“果然如此”。而这种“果然如此”的感觉也随着之后逐渐严峻的事态越发强烈。

即便得知本次核事故与当年被认定为七级的切尔诺贝利核事故属于同等规模和级别时，我脑海中出现的仍然是“果然如此”。据历经数月后才公布的调查报告显示，其实海啸发生后就立刻出现了堆芯熔毁现象，即便得知这一事实，我心里的想法还是“果然如此”。

无论听到多么严峻的报道，我都不再感到惊讶。我觉得自已陷入了无穷无尽的虚无之中。而且我明明早就隐隐预感到了这件事，但又做了什么来阻止它发生呢？这让我感到十分痛苦和后悔。

也有人与我一样，为自己到头来什么都没做而深刻反省。但我知道，也有人对这种反省嗤之以鼻。有反省总比没有要好得多。而且要反省就要尽可能从骨子里进行彻底的、深刻的反省。

此时此刻，应该有许多人会想，如果高木仁三郎先生还在世的话就好了。高木先生逝世时年仅62岁，他留下了下面这段话：

> 真遗憾，我等不到停止使用核能的那一天了，在那一天来临前我就得迎来死亡，……这一天到来也只是时间问题吧。所有事实已经证明，我们的主张才是正确的。另外，还有一件事是我们无法乐观预见的，那就是在核时代晚期，我们可能会遭遇由重大事故以及核能使用不当所引发的危险。……核时代晚期引发重大事故的危险和放射性废弃物的最终排放问题，这是先一步离开这个世界的人最担心、最苦恼的事。（*AERA*，2011.7.11）

高木先生饱尝了身为一名预言者的苦恼。这种苦恼是明明已经在眼前发生、明明已经知道，却束手无策、只能在一旁默默注视的煎熬。

与高木先生这样的预言者不同，我们这些人，即便是付出重大代价换来了一个教训，但依旧不想从中吸取任何经验。在面对现实世界时，我们表现出的软弱与无能为力总让我捶胸顿足。

这样“高昂的学费”，我们在战后已经付了好几次。有人称这次事故是继广岛、长崎之后的第三次核危机。要是算上 1954 年的第五福龙丸事件，这次就是第四次核危机了吧。要是还算上 1999 年的东海村 JCO 临界事故的话，那就是第五次了。

无论多少次，我们一直在“缴学费”，却丝毫没有长进。我感觉现在的日本正在追随没有从切尔诺贝利事故中吸取任何经验的乌克兰和俄罗斯的脚步。

最近，我收到一封在福岛核事故中受灾的朋友的来信。

> 我现在就生活在“战争之中”。实际上，我每天都在担心，不知道什么时候又会因余震（或其他原因）遭遇下一次的核电站爆炸。这种感觉就像是在战争时期，你会一直担心下一颗原子弹何时会落下。

当把“3·11”与“8·15”放在一起比较时，你绝不会感到奇怪。因为在日本战败的“8·15”那天，日本人对战败的反应也分为两种，一种是“竟然如此”，另一种则是“果然如此”。

感叹“竟然如此”的人是长期处于信息控制之下、在教育上遭受国民学校洗脑的学生，对于这些人，我们先暂且不谈。而另一些充满正义或是在战争爆发前就已经心智成熟的人，他们之中有许多人心里想的其实是“果然如此”，这部分人在“8·15”那一天才终于松了一口气，心里想“像这种战争，怎么可能打得赢呢？”

我在20世纪80年代初的时候平生第一次去了美国。那时，我透过机窗望着那片连绵辽阔的美国大地不禁想，与这样富裕的国家打仗，居然还有人以为自己可以获胜，真是太愚蠢了。

至今电视上仍在播放复盘那场败仗的节目。我们在看那个节目时就已经预料到了节目的走向——最终会以“8·15”的失败收场。在看那个节目时，我无法抑制心中的那股厌恶。因为，这让我想起一群旅鼠集体自杀的景象——就算是知道最终会走向那个悲惨的结局，但依旧无法挽回。

“简直无法相信”“居然会这样”“居然会有这样愚蠢的事”“这完全不是正义”等反映事态发展的直观感受会一个接一个出现。在不久的将来，如果也出现复盘这次福岛核事故的节目，恐怕我依然会感到厌恶吧。

核电站的“绝对安全神话”也可以称为“神风神话”[1],它与“神州不灭神话”[2]相似。这两种神话都会导致人们停止思考,最终因愚蠢而陷入沉沦。

所谓“停止思考”是指，核电站使得我们“不再思考意料之外的风险”，也是指那场战争使得我们“不再考虑战败的可能性”。但是神风不会到来,天皇已从神坛跌落,神国日本也灭亡了。而我们在事后为自己停止思考的愚蠢行为付出了高昂的代价。

接下来，我想介绍一位德国牧师所写的回忆录中的一篇文

1 “神风”为日本神道的用语。最早见于《日本书纪》，人们相信神风会解救日本于危机之中,在“二战”中实行自杀式攻击的战队也因此被称为“神风特攻队”。——译者注

2 这里的“神州”指日本。“二战”期间，日本军部曾借此鼓舞士气。——译者注

章。这位牧师是“二战”的幸存者，当时他未能阻止那场战争。他这样写道：

> 起初纳粹追杀共产主义者，我虽然感到稍许不安，但毕竟我不是共产主义者，所以我没有采取任何行动。接着，纳粹开始追杀社会主义者，我感到更加不安了，但毕竟我不是社会主义者，所以我仍然没有采取任何行动。之后，纳粹开始攻击学校、报纸、犹太人等等，每一次出现新的攻击目标，我的不安就增加一分，但我还是没有采取任何行动。那之后，纳粹开始攻击教堂。我是一名牧师，因此我采取了行动，但为时已晚。（吉田，2005）

推行核电站和战争都是国家政策的一环。谁都不想为失败承担责任。付出如此高昂的代价，但谁都没有从那段历史中学到任何东西，就这一点而言，核电站与战争十分相似。

2 四十不惑的女性主义

我刚才已经表明，自己在这次核事故中属于“果然”一派。我虽然嘴上说着不必因“3・11”改变态度，但实际上悄悄更改了自己最后一课的主题。

最后一课的标题原本是“四十不惑的女性主义”。我之所以想使用这个标题，不仅因为这是我的新书《四十不惑的女性主义》（上野，2011a）的书名，还因为日本女性主义自诞生之日起至今已历经40载。这当然不是说我自己40多岁了（笑），而是说女性主义已经走过了40多年。

“四十不惑的女性主义”这个说法源自我们一起编纂的《新编日本女性主义》12卷本全集的第4卷［天野·伊藤（公）·伊藤（る）·井上·上野·江原·大沢·加納編，2009—2011］。编委大泽真理在解说该卷《权力与劳动》时所用的题目就是这个。我觉得这个题目实在是太妙了，所以在取得大泽本人的同意后就使用了这个说法。

妇女运动诞生于1970年，至今正好是40年。而在这40年间我也从20多岁迈向了60多岁。

我想使用这个题目其实还有一个理由，就是我想在最后一课时让“女性主义”四个大字出现在东大校内的宣传板上。我想在东大校内亲眼看到印有这几个大字的宣传板。不仅如此，恐怕我是第一个也是最后一个让“女性主义”这几个字出现在最后一课的标题中的老师吧。

也许有人会觉得，我更改最后一课的标题是为了蹭赈灾复兴的热度，但其实我有自己的理由。起初我想与大家就“四十不惑的女性主义”这一主题谈一谈，想跟大家分享这40年的时光中我究竟做了些什么。可是，“3·11”让我感到我不能只跟大家分享我的个人经历，“3·11”给了一个让我回归初心的机会，去跟大家谈谈为什么我会选择从事女性学研究。所以，我就将题目改成了《为了活下去的思想》（上野，2006）。

我有一本书的书名跟这个题目一样，而说起这本书封面设计的灵感，其实源于建筑家安藤忠雄先生所设计的位于大阪府茨木市的“光之教堂”。他在教堂中本应是祭台的一面墙上设计了一个十字形的切口。听说安藤先生在设计的时候，原本想要通过这道切口让外面和里面自由连通。但牧师和教徒都反对，他们希望在这道切口加上玻璃，因而才嵌入了玻璃。我要求负责这本书封面的设计师，不要让那个十字形看起来像十字架。

我出生于占日本人口不到1%的基督徒家庭中。在我10多岁的时候，违背父亲的意愿，脱离了教会。从那时候开始，我就不允许自己再做祷告了。因为在我看来，祷告是弱者的最后一道防线，它将那些在此岸无法实现的愿望寄托于彼岸。

我之所以立志从事社会学研究，是因为我并不会将愿望寄托于什么彼岸、来世，我选择在此岸、此世通过自己的努力来实现愿望。也就是说，我始终抱持着这样一种信念：既然问题是人制造的，那么人就能解决它。正是这种信念支撑着我作为一名社会学家的自我认同。

3 女人并非无辜者

战前的女权主义者一直想获得让女人可以自己决定自己命运的权利——参政权。时至今日女人已经获得了这项权利，因此当谈到社会为何会变成今天这个样子时，我们也决不能再说跟女人没什么关系了。比如市川房枝，她在战前还率领妇女进行了争取参政权的运动，关于这点我在《民族主义与性别》（上野，1998a）一书中已经写过。这本书聚焦女性与战争的关系，论述了在可以下达命令去夺人性命、杀人的国策之下，女性究竟持何种立场的问题。

有关妇女参政权运动的问题，社会主义者山川菊荣曾这样回忆道：

> 有些人对男性的普遍选举这件事……十分警惕，他们认为这会“威胁一个国家的体制”……即便是保守势力也认为，妇女想参政不过就像小孩子想要别人的玩具罢了，它远没有男性普选这种事那么可怕。……从国外的先例来看，基本上妇女参政权与男性普遍选举权一样，并不是什么稀罕的事，也不会带来什么社会的巨变，在很多方面，它其实对保守势力是有利的。不会有什么神经质的政治家因为预感妇女参政会动摇“国家体制”而提出反对意见。
>
> 我们究竟是“为了什么、为了建立一个怎样的社会”而想要参政呢？如果没有明确争取参政权的目的，而只是想要获得参政权，那妇女参政就不是妇女解放，不仅如此，恐怕还极有可能成为军阀、官僚独裁的武器。……以前，西方的妇女解放运动家去争取妇女参政权是为了阻止战争。而历史事实已经明明白白地告诉我们，仅靠妇女参政权依旧无法阻止战争的脚步。（外崎・岡部編，1979）

山川就是这样一个冷静的人。

战败后女性获得了参政权，在这之后的很长一段时间里，支撑保守派一党独大的群体正是女性选民，同意将发展核电作为国家政策一环的群体也是女性选民。

政治学家们研究了战后以来人们的投票习惯，他们给出的结论是，“妇女参政权是无法改变日本的政治环境的”。就连东京都的石原政权，女性选民都给予了支持。为什么妇女参政权无法改变政治呢？因为女性选票一直以来都被计算在家庭选票里，一般女性选票的去向都在意料之中。

在一些地方选举现场会出现被称为“炸弹”的现金满天飞的现象，只要听到选举智囊团的人说，“我已经搞定那户的一家之主了”，那你基本上就可以预测到，“包括户主在内的爷爷、奶奶以及妈妈这四票是铁票了”。而这类预测的误差甚至还能精准到个位数。就是这样的政治生态一直持续在日本社会蔓延。

而发生在1989年那场选举中的“麦当娜旋风”首次打破了女性的这种投票习惯。当时的党首土井多贺子（土井たか子）所率领的社会党在选举中获得了历史性的胜利。但之后，社会党却没能利用好这个千载难逢的机会，反而逐渐走向衰退。但我想说的是，在那场选举中女性选票第一次脱离了家庭，女性第一次展现了她们的个人意志。

4 “女性学”这种冒险

战后，日本的女性主义究竟做了些什么呢？让我们一起来回顾一下吧。

女性主义是从妇女解放运动开始的。妇女解放运动也是有生日的，是1970年10月21日，而这天正是国际反战日，是一次仅有女性参加的游行示威活动。也就是在这一天，诞生了那个具有里程碑意义的日本妇女解放运动宣言——写有田中美津那句“从便池中解放”的宣传单漫天飞舞。这就是第二波女性主义。

第一波女性主义则是指19世纪末到20世纪初的那波浪潮。

希望大家牢记的是，从第二波女性主义起，人们开始以一种批判性的视角审视近代。因为在女性看来，近代指的就是从第一波女性主义到第二波女性主义的这段时期。

另外，是妇女解放运动让女性学进入学术领域的。井上辉子是这样定义女性学的，它是“女性的、由女性所做的、为了女性的一门学问”。可能这会让大家立刻联想到，林肯对民主主义的定义——“人民的、通过人民、为人民的政治”。井上辉子所定义的女性学就是改编自林肯的这句话。

女性主义和女性学有着很深的联系。女性主义的定义可以用以下这句话来概括——“有关女性解放的思想和行动”。

那么，什么是女性学呢？女性学是“为了女性主义的理论和研究”。看来，从一开始女性学就具备了理论武器的自觉，即这种武器会为运动提供理论支撑。而正因如此，诸如女性学对运动没什么用的说法，是对女性学最为严厉的批判之一。

女性学这门学问诞生于大学校园之外，之后才终于进入大学课堂。起初女性学课程的形式是选修课或一般通识课程的综合性课程。

在这里我想特别介绍一下当我要搬离研究室整理东西时发现的资料。20 世纪 80 年代初我还处于 30 多岁的前半段时，我手写了一份女性学综合课程计划的草稿，而我所说的资料就是这个草稿的一部分。

那上面写着，女性学为什么会以综合课程这种形式出现。因为，首先“女性学是一门跨学科的学问”。其次，“女性学是一门诞生于学术领域之外的学问”。最后一点是，它与“妇女解放运动密切相关”。

我想大家也能感受到，在这30年的时间里，我始终初心未改。

女性学是一门诞生于民间的学问，它开始于大学校园之外。一路走来，先是出现了诸如日本女性学研究会这样的民间团体，之后又建立了女性学会，还推出了研究期刊。女性学诞生于公民馆、女性中心的学习小组或是关于女性杂志的自主学习会。

我希望大家不要忘记，当时在国立市公民馆工作的伊藤雅子女士于1968年组织了一场研讨会。这场研讨会是日本首个有托儿服务的研讨会。该研讨会的会议记录收录在《主妇与女人——国立市公民馆市民大学研讨会记录》（伊藤编，1973）之中。那时，女人去参加每周一次、每次仅有两个小时的研讨会时，还得把孩子暂托在那里。为了参加研讨会，她们不得不丢下不想同自己分开而大声哭闹的孩子。她们一边带着牵肠挂肚而又百般自责的心情开始拼命学习，一边想着我可真是个自私的母亲啊。女性学就是在这种情况下出现的。现在，所有的女性中心都有托儿设施，这正是女性学一路走来艰难发展取得的成果。

再后来，女性学终于进入了大学校园。它起初以综合课程这种形式，后来又以“女性学”专门研究的形式出现在大家面前。不知不觉中，我已经让性别研究成了一个单独的学科门类并开设了相关的课程。而学生也能通过这样的课程自由地进行研究。

就这样，我们播下了一颗名为“女性学”的种子，让播种者和听众一起培育它，而在这之后又搭建起了女性学的市场。如果说学问也是一场冒险的话，某种意义上，我也算是开启女性学这场冒险之旅的其中一人吧。

女性学其实就是要将女性的经验化作语言、归纳成理论。只要你是女性，那么你就拥有可以向外界传达的内容。这就是我们的出发点，也是我们的信念所在。希望大家不要把学问这件事想得太过复杂，学问的起点其实就是“我是谁”。

我的入院经历很长，这里的“入院”指的其实是进入研究生院。人们都说，如果一直都待在学校里的话，踏入社会时会很难适应，需要进行复健（笑）。而在复健期里，我第一个遇到的就是女性学，它让我恍然大悟。

我从没想过，居然还可以将自己当作研究的对象。日本女性学研究会20周年纪念刊的标题也是“以我为起点的女性主义”，简称“我的女性主义”。现在想来，女性主义还真就是“以我为起点”的思想呢。

不仅如此，自1985年以后，女性主义还成了国家政策的一环。从此，它就多了一个名字——“男女共同参画下的女性主义”。

1985年，为了赶上国会批准联合国《消除对妇女一切形式的歧视公约》的脚步，日本政府紧急制定了《男女雇佣机会均等法》。但我希望大家能知道，其实当年在这项法律出台的时候，几乎所有民间女性团体都表示了反对。

因为《男女雇佣机会均等法》意味着，只要女性和男性一样卖力工作，那她们就可以获得和男性一样的待遇。所以当它出台的时候，我们感到十分困惑。“让更多女性可以担任综合职位”“女性也要咬紧牙关拼命工作，晋升至管理层”，诸如此类对女性的鼓励与号召，真的就是我们女性主义所追求的目标吗？

女性也要进入政治、经济、学术的领域，女性也要从事木匠、消防员这样非传统的工种，最后女性也要像男性一样进入军队去战斗。所谓 24 小时不间断地工作、让女性也为了保护国家去参加战斗，这些难道就是我们最后的目标吗？军队也被称为培养“男子汉气概的学校”，它是男人的最后一片神圣领域，女人也要踏入这片领域吗？

但这些现在已不再仅仅是一个噩梦了。因为在海湾战争之后，我们已经亲眼见证了美国女兵参加战斗的事实。

就像这样，推行国策女性主义，让男女共同参画扩散至所有领域，最后还将男女共同参画引入了军队之中。目前来看这些都不再是一个遥远的梦，或者说已经不仅仅是一个噩梦了。在面对这些的时候，我们不得不思考，“这就是我们所期待的吗？真的是这样的吗？”因为，这样的女性主义不仅对现有的规则没有一丝一毫的改变，反而还去鼓励、号召女人参与竞争。

目前社会上存在着许多这种国策女性主义或男女共同参画的女性主义,但我们选择不使用“男女共同参画”这个词。至少，我是不用这个词的。因为，当时政府、财界以及执政党非常讨厌“男女平等”，特别是“平等”这个词，“男女共同参画”当初是官员为照顾政府、财界以及执政党的情绪而创造出来的。

最能体现男女共同参画女性主义的一个指标就是女性的代表性。它是一个十分简单明了的目标——在所有团体组织中，女性占比要与相应的人口比例持平。

这种硬性的女性占比规定在男女共同参画的口号下渗入到各个领域。可是，在不改变现有社会结构、不改变规则的情况下让女性加入竞争，真的是我们期待的吗？对此，我只能说，“怎么可能呢？”

所谓竞争一定得是从同一起跑线出发冲向终点，每个参加者的机会都应该是一样的。到了终点就一定会产生胜者和败者。这就是优胜劣败的道理。获胜的人是因为自己的努力和能力获胜的。而失败的人则是因为自己的努力和能力还不够才失败的。这就是“自我决策、自己负责”的道理。

我将它称为“新自由主义的原理”。而在这种原理中，还出现了代表着新自由主义女性赢家的标志，她们是被称为“胜间”（经济评论家胜间和代的信徒）的一群人。而与此相对，也有新自由主义女性输家的标志——被称为“香山”（与精神科医生香山里香有共鸣的人）的一群人。

胜间与香山分别代表着“赢家”和“输家”。她们看上去完全不一样，但实际上，她们是新自由主义的正反两面。因为，在这场竞争中，尽管一小部分人获得了胜利，成了赢家，但只有在大部分输家承认并接受自己失败的时候，赢家的胜利才有正当性。按照这个道理，那女性主义要成为一种让女性参与到这种竞争中努力成为赢家的思想吗？对此，我只能说，“怎么可能呢？”

因为在这场竞争中，女性注定会失败，因为竞争规则都是男性制定的。女性主义已经拆穿了这种套路，就这一问题我们已经做了 40 年的研究。

5 女性的重担——护理看护

如果你问我，我为女性学做过什么贡献，那么下面我就试着回答一下。

最初我是一名家庭主妇研究者。所谓“家庭主妇研究者”可不是指一边做家庭主妇一边做研究的人（笑），它是指以家庭主妇为研究对象的人。《读家庭主妇论战Ⅰ·Ⅱ》（上野编，1982）是我的处女作。而这本书也与我之后的著作《父权制与资本主义》（上野，1990）有关。

如果说我对女性学有贡献的话，那么就是提出了“无偿劳动”的理论。如果我们追问，“家务也是劳动吗？”，其中的意涵十分深刻。因为几乎所有专家都会告诉你，家务不是劳动，家庭主妇不仅包三餐，还有闲暇午睡。从目前的国势调查来看，家务仍然没有被当作劳动。

目前，日本全国上下都在开展“book talk”的活动，该活动是为了纪念共计 12 卷的《新编日本女性主义》的发行，其中一场由江原由美子主讲。就在几天前，江原在朝日文化中心还有一段有趣的发言。30 年前她的男同事曾对她说过这样一句话。

“江原，不好意思啊，家务可不是劳动，它只不过是一种消遣而已。”江原反驳道：“就算这样，但育儿难道不是生产性的活动吗？”随即对方就回了句“育儿？那是消费活动”。这就是那时专家眼中的“常识”。

“家务也是劳动吗？”就这一问题，当时的经济学家给出的回答是，“不，家务不是劳动”，“因为马克思就是这么说的”。

一边是女性的经验，另一边则是理论。那么，当理论和经验发生矛盾的时候，究竟谁对谁错呢？肯定是女性的经验才是对的。因为，理论就是用来解释经验的工具。

那时，马克思理论就像《圣经》一般，一字一句都不能修改。而“马克思主义女权主义者”就是一群要挑战如《圣经》般的马克思经典并不惜对其作出修改的人。虽然现今对马克思主义的评价已经有所下滑，但我依然会高举马克思主义女性主义的旗帜。因为马克思主义女权主义者并不是一群“忠于马克思的女权主义者”，而是“向马克思发起挑战的女权主义者”。

于是，我写出了《父权制与资本主义》（上野，1990）。这本书参考了纳塔莉·J. 索科洛夫（Natalie J. Sokoloff）的《金钱与爱情之间》（*Between Money and Love*）一书，该书的副标题是“The Dialectics of Women's Home and Market Work”（家务劳动与市场劳动的辩证法）。（Sokoloff，1980=1987）

而探讨市场与家庭之间关系的就是这本《父权制与资本主义》。

我曾在《父权制与资本主义》中通过论述这样的模型（见下页图 1），证明了市场并不是一个自我完备的封闭体系。市场依靠着自然和家庭这些外部，而这些外部的成本其实是非常高的。尽管如此，市场一直都装作看不见这些外部的成本，或者说不将它们计算在内。这就是市场一直以来隐藏的秘密。

如此看来，核电站完全不把核废弃物计算在成本之内的做法也有着相同的内在逻辑。我想大家也应该明白了吧。在市场中女性被视为二流劳动力，因为女性还背负着外部的成本。

那么，“市场所隐藏的秘密”究竟是什么呢？我们不能说，女人无法自立只是因为她们是女人。可是，当女人要照料孩子、病人、残障人士、老人这些需要护理看护的依赖性群体时，她们

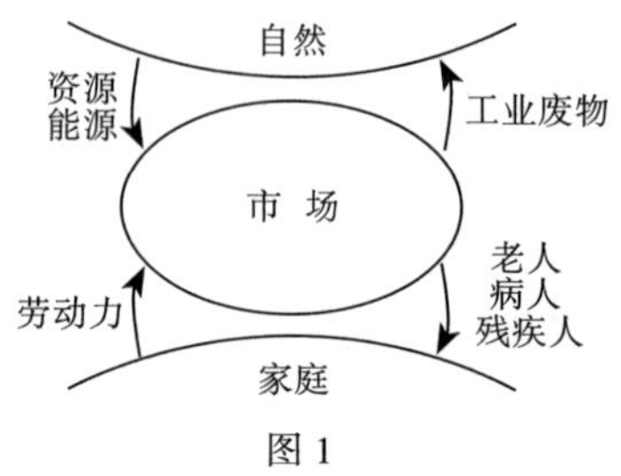

图 1

就成了弱者。而市场的秘密就是将女性对依赖性群体的照料变成一种私事，也就是说，将护理看护的负担从公领域放逐到家庭领域之中。

玛莎·艾伯森·法恩曼（Martha Albertson Fineman）的《无性的母亲、性的家庭及其他20世纪悲剧》（*The Neutered Mother, the Sexual Family and Other Twentieth Century Tragedies*）的日语版是由我校译的。日文版的书名是《家庭——超载的方舟》（Fineman，1995=2003）。之所以起这样的名字，是因为近代家庭这艘船在出港之际，就已经载上了包括育儿、照顾老人、残障人士等在内的护理看护的重负。因此，将照顾依赖性群体的责任私事化的近代家庭这艘船迟早会触礁。

我在《父权制与资本主义》一书的最后，写过这样一段话：

> 最后仍遗留的问题是，不考虑所有变量的、存在于劳动结构内部的差异性问题。也就是为什么生育生命、守护死亡这种劳动（再生产劳动）会处于所有劳动的最底层的这一根本性问题。在解决这一问题之前，女性主义的课题将会一直存在吧。

这段话是我在 20 多年前写下的，时至今日，这个问题依然没有解决。

那本书发行后，我受到了严厉的批判。那些批判我的人认为，我仅仅论述了市场和家庭的二元关系（图 2），我的理论中缺少国家这一要素。

于是，我直面国家这一问题（图 3），写下了《民族主义与性别》（上野，1998a）一书。

加入国家这一要素是因为，国家是市场、家庭、国家这三项之中唯一具有强制性的集中和再分配的制度。因为国家是唯一拥有强制征税、惩罚偷税漏税、执行死刑、实行兵役制、有能力合法且有组织地杀人的制度。

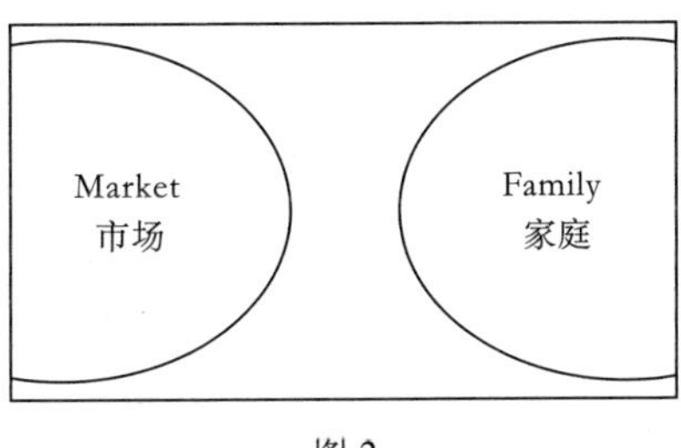

图 2

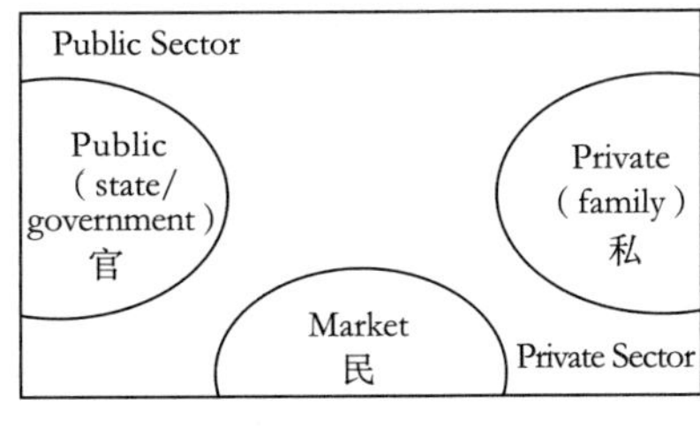

图 3

6　什么才是女性主义的目标?

在这里，我要再次提出这个问题——女性主义的目标就是让女性和男性一样，成为一等公民加入国家的行列吗？这里所说的“和男性一样”意味着要和男性一样服兵役，和男性一样接受国家所赋予的杀伐权利。正因如此，我们不得不回到那个曾无数次让我们扪心自问的起点——“女性主义究竟是为了什么？”

随即，我就开始了有关护理看护问题的研究。而我的理论视角也终于由市场、家庭、国家的三元模型进化到了四元模型（图4）。从三元到四元最大的变化就是，我新加入的“协”这个要素。换句话说，我新加入的要素也被称为“公民社会领域”或“公共领域”（common sector），我围绕这个新视角展开了论述。

当我们把目光聚焦于福利问题时，就会发现那个藏在福利背后的惊人原理——补充主义原则。它指的是，只有当市场失效的时候，福利才会以补充原理的姿态出现。

也就是说，由于市场是有自我调节机能的，所以只要市场

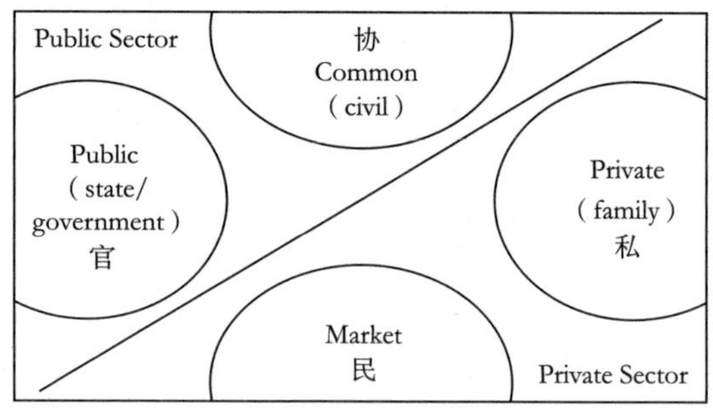

图 4

正常运转，福利就没有出现的必要。更进一步说，由于家庭一直以来都被市场视为默认的前提，所以只要市场和家庭能正常运转，福利就没有出现的必要。

但目前我们面临的现实情况不是这样。家庭早已破产，不仅如此，其实打从一开始，它就注定要触礁翻船。而市场呢，我们已经亲眼见证了包括雷曼事件在内的各种各样的失败。至于国家，可以说它的失败就发生在我们眼前。

为了弥补家庭、市场、国家这三者的失败，一种互助网络应运而生。这种互助既不是自助也不是公助，它的活动领域是一个名为“协”的地方。我想把这一领域中人与人之间的关系称为“选择缘”，它不是血缘关系、地缘关系，更不是社缘关系。

“选择缘”不属于社会学所思考的人类关系中的任何一种。最近，“无缘社会”等词十分流行。如果《无缘·公节·乐》（網野，1978）的作者、中世史学家纲野善彦先生依然健在的话，或许他会感叹 NHK 的无知，他们居然会把“无缘”泛泛地解释为没有缘分。

“无缘”不仅仅是没有缘分的意思。它本来是一个佛教用语，和“有缘”是一组反义词。所谓“有缘”是指那些我们无法逃离的羁绊，而我们自己选择主动脱离的羁绊[1]，比如来到佛跟前的佛缘，则被称为“无缘”。有些人还将这种缘冠以各种名字，比如“知缘”“情缘”“志缘”“结缘”等。而我所说的“选择缘”，则是这些缘的上一级概念。

1 日语为“えんがちょ”，意为缘走开。

为什么我会研究“选择缘”呢？因为我发现这种关系在女性的世界中十分普遍。从这点来看，我觉得女性世界要比男性世界走在前面。20世纪80年代的时候，我出了一本基于调查研究的书《“女缘”改变世界》(上野,1988)。而恰好在20年后，我出了这本书的修订版《生活在“女缘”之中的女人》(上野,2008)。

我在护理看护问题研究中，提出了图4的四元模型，并将这四元命名为“官、民、协、私”。我提出这个四元模型是有我自己的依据的。

历史上，曾有人将协这个领域称为与公（public）相对应的协（common）。“common”原来的意思是中世纪时的“入会之地”，“community”则是指那些拥有common的共同体。而我所说的“选择缘”，绝不是要复活这样的共同体或是让共同体复权，而是要创造一种新community。我所说的“选择缘”其实更接近于把“community”译为**共同性**，而非**共同体**。

所有追求人与人之间关系的“选择缘”的人其实都知道，市场并不是社会领域的全部，国家也不是万能的，家庭也不是自然的。协这一领域就是一种新的共同性，它是由那些对市场的失败、国家的失败以及家庭的失败有着切肤之痛的人所创造的。

7 自己的事情自己决定

之后，为了研究这些互助机制，我开始了护理看护领域的研究，也出过很多关于这方面的书。在这些书之中有两本很畅销,《一个人的老后》(上野,2007)和《一个男人的路》(上野,2009)。它们都是我在研究护理看护问题过程中衍生出的副产品。大家对我的主产品没什么兴趣,光读我的副产品了(笑)。这个月,我打算整理一下我在《at》杂志上发表的连载,出一本《护理看护的社会学》(上野,2011b),而说起这一系列文章,可能读过的人并不是很多。在有关护理看护问题的一系列研究中,我遇到了“当事者主权”这个词。

与其说遇到,不如说是我苦苦寻找到的。《当事者主权》(中西、上野,2003)这本书是我和中西正司先生合著的。中西是一位在过去30多年里一直致力于残疾人自立生活运动的学者。“当事者主权”这个此前在世界上从未出现过的新词就是我们在这本书里创造的。

“主权”是一个语气十分重的词。它的意思是,我的命运由我自己决定,我不会将这种至高无上的权利让给任何人。我们所选择的就是这样一个词。

那么,为什么必须要用这个词呢?因为,在社会中那些被称为“弱者”的人,也就是残障人士、女人、孩子、老人、病人这些群体,一直以来他们都被剥夺了自己之事自己决定的权利。

当我把“当事者主权”用在我们自己身上的时候,我才恍然大悟。因为我才发现,“哎呀,原来是这样啊!我在女性主义问题上40多年的耕耘努力原来就是一场为社会弱势群体争取自我定义权的运动啊!”

“自我定义权”指的是女人自己定义什么才是女人的权利。为什么必须使用这个词呢?因为,社会弱势群体一直以来都是由处于统治地位的大多数来替他们决定自己究竟是谁。

比如，女人只是吸一下烟，就会被人指责“你一点都没个女人样，快别吸了”，哪怕盘腿坐一下，都会被说“你这样可嫁不出去了”，有时还会被说“停经了就不是女人”“丑女可不是女人”,最后居然还会被说“没办法让我兴奋的就不是女人”。总之，女人一直在被男人定义——“不合我意的女人就不是女人”。女人就是这样一种存在。

对此，我想说：我就是女人，女人是一种什么样的生物，做女人是一种怎样的生命体验，只有我自己最清楚。而这也让我终于明白，女性主义追求的就是女人自己来决定女人究竟是谁。

如果能像这样回过头来想一下，你就会发现，女性学就是当事者研究。

目前，这种当事者研究不仅相继出现，还掀起了一股热潮。残障学诞生了，2003 年还成立了残障学会。病患学诞生了。不登校[1]学也诞生了。再就是，精神分裂症患者的当事者研究也诞生了。

看着这些发生在眼前的事，我不禁想：“什么嘛，这些研究我们在 40 年前就已经开始了呢。”这就是女性学。女性学是将女性的经验化作语言，提升为理论。

而说起女性学的当事者，那当然就是女性了。女性的确面

1 “不登校现象”并不仅仅是简单的旷课问题，其背后有着多重且复杂的原因。根据日本文部科学省所给出的定义，“不登校”是指由于心理上、情绪上、身体上或社会性原因，导致孩子在一年之中有至少 30 天不去上学或是想去上学但不能去的情况。但由于疾病、经济方面的原因而不去上学的情况除外。——译者注

临着许多问题。通过将处于问题之中的人称为“当事者”，我和中西又重新定义了当事者。将自己所面临的问题诉诸社会，要求社会承担解决问题的责任的主体就是当事者。

8 从女性学中诞生的当事者研究

当我提起“处于问题之中的人”时，曾有一个学生问道:“老师，问题是什么意思呢？”有时，就会有学生迎面抛来这种直击要害的提问，而这个提问让我瞬间打了个趔趄，杀了我一个措手不及。我一边纠结地回答，一边又被自己给出的答案吓了一跳。好的提问总会催生出好的回答。

“老师，问题是什么意思呢？”对于这个提问，那时的我是这样回答的，“问题就是一种会牢牢将你抓住、让你无法逃离的东西。”

在我看来，“身为女人”就是一个问题。现场的各位，可能有些人有过这样的感觉吧。比如在日外国人、残障人士或属下阶层，这些身份带来的问题会将自己牢牢束缚，无法逃脱。

如果将这个问题放在护理看护关系中，就很好理解了。护理看护关系是一种不对等的关系。在看护者与被看护者的关系中，一定存在着强者与弱者。看护者可以脱离这段关系，而被看护的人却无法脱离。

我们也可以将那些无法脱离需求、无法从问题中逃脱的人称为“当事者”。而女性学就是一门研究当事者的学问。

但是，当这种研究进入学术领域的时候，我们迎面遭遇了反抗的力量——名为学术“中立性、客观性”的神话。在这里，我之所以仍使用神话这个词，是因为“神话”指的就是无根无据的信念集合体。

如果是女性研究女性，她们就会立刻招致批判，那些批判认为由女性研究会太过主观。那么，由谁来研究女性才会不主观呢？如果不是女性，那就只有男性了。可真是这样的吗？男性创造的学问，也是一种带有主观色彩、片面的且为男性服务的学问。

女性学好不容易才走进大学校园，并被编入制度。像我这样的人可以站在东京大学的讲台上，迎来一批又一批的本科生、研究生。学生努力写着论文，好不容易才取得了学位，但这并不代表你们就能找到工作（笑）。

现如今，女性学已经进入学术领域，成了学术与知识再生产循环中的一环。我虽然担负着女性学的责任，却不得不暗暗羞愧。因为，即便女性学进入了大学，它的基础还是非常脆弱的。在东京大学，女性学只能靠一小部分教师的个人意志和努力支撑着。

目前，东京大学还没有性别研究中心，也没有跨领域的项目或是性别学专业，没有稳固的制度性基础。这种基础意味着，即便有一两个老师离开依旧能够持续下去。但在东大任教的这段时间，我没能建立起这样一个稳固的基础。这让我感到非常遗憾。当然，目前东京大学已经有几位专门研究性别学的老师，所以，期待在不久的将来，她们能从制度上为女性学建立起稳固的基础。

女性学的学术与知识的制度化是一把双刃剑。女性学虽然会动摇既往的学术与知识的体系，但也会被它们所吸收。所以我们面临的问题是，这二者究竟谁会更快到来？

正好，今天来现场的听众里，有主张女性参军的人。我记得那个时候，女性正逐渐进入军队，而主张女性参军的人认为，如果增加女兵的数量，就能够实现军队的女性化。女性的参军会让军队变成一个高举和平主义大旗的军队吗？我想，“这怎么可能啊？”其实美国学者早已给出了答案。现如今，女性参军已经走到这种地步，那么我想问，军队的女性化和女性的军队化究竟哪一个会率先到来呢？历史告诉我们，后者已先到来了。从这个例子中，我们可以想象，以后我们率先面临的将是女性学被既往学术与知识体系的制度化所吸收吧。虽说如此，我认为女性学最初具备的足以撼动既往学术与知识体系的冲击力如今依然还在。

就是在这种环境下，我进行着我的女性学研究。虽然今天已经提过好多次了，但我还是想说，女性学就是将女性的经验化作语言的努力过程。我们将自己那份独一无二的经验，不是用悲鸣或哭喊的方式，而是通过展示证据，有条理地用语言向一个可以让我们安心的倾听者讲述出来。只有这样，可以被他人理解的语言、可以传达我们想法的语言才会出现。

学问并不是被关在象牙塔里的东西。我给学问下的定义是，经过努力积累沉淀下来的、“可以传达并共享的知识体系”。女性学也是这种知识体系的其中之一，它已经积累了不少丰硕的成果。

而这些正是草根女性通过举办小型团体活动累积下来的成果。我想告诉大家的是，今天大家所熟知的女性学就是这些民间女性通过努力不断积累下来的。

在这之中，有一个耗时3年、终于在今年（2011年）1月问世的项目——共计12卷的《新编日本女性主义》。它也是我们留给下一代女性学学者的宝贵财富。

女性主义如今迎来了不惑之年。我自己也60多岁了，也该让下一代接棒了。为了纪念这12卷的问世，今年1月份，我们在东京大学举办了一场学术研讨会。这场研讨会的记录发布在Women's Action Network（WAN）网站上，大家可以去看一看。

9 将接力棒传给下一代

我时不时会被说成是“女性学的权威”。可我并不想被称为“权威”，我是“女性学的先驱”。而且我很自豪能被称为“先驱”。

因为，在我之前这个世界上还没有女性学。“我的前方没有路，而在我走过的地方则出现了路。”说这种话是不是太自大了呢（笑）。当然，女性学并不是我一个人缔造出来的。我们那一辈人都是自己钻研女性学的。

就这样，一晃已经过了40年。而我也到了要从教师岗位上退下来的年纪。《日本女性主义》这个系列正是为了把接力棒传给下一代。但传递接力棒就必须要有接棒的人，并且接棒的人还得接受才行。

为什么我会想到这个呢？因为，我们也是不知什么时候从我们上一代的女性那里接过了棒。关于《日本女性主义》系列，起初我们推出了3卷《资料 日本妇女运动史》（溝口・佐伯・三木编，1992—1995）。而这3卷就是日本妇女运动存在的最有力的证明。正是这些资料让《日本女性主义》的企划得以实现。

这本书的编辑今天也来到了这里。编辑小组的三木草子所写的前言令人动容，下面我想跟大家分享一下其中的一段话：

> 本书是20世纪70年代投身妇女运动的女性给20世纪90年代正为妇女运动奔波的女性的礼物。当你们烦恼的时候，当你们被横亘在面前的高墙拦住前进脚步的时候，当你们感到孤独的时候，这本书会成为你们的力量……
>
> 这些是女性向那些拥有成箱资料的女性的呼吁。无论搬过多少次家，壁橱的一角总会有一处用来放置这些资料。即便这些资料开始发黄变色，变得和破纸一样，也不能扔掉。因为这些就是我啊，曾参加妇女运动的女性的声音，也是我自己的呐喊啊。仅仅是这样的理由就让这里收集的“资料”存活了20年。
>
> 在这之前，如果妇女运动不仅仅是“资料”，也作为每个女性自己的生命轨迹存活下来的话，那该有多好啊。因为，只有当妇女运动不再仅仅是知识，也是一种生命轨迹的时候，它才会闪闪发光。

这就是20年前交到我们手中的接力棒。我们还想将接力棒传递给下一代。这本书的发行方是松香堂，它是日本诞生的第一家女性书店。女人带着那些装满宣传单和海报的纸箱四处拜访出版社，拜托它们出版发行。可是，商业出版社认为将这些全部出版无利可图，所以提出如果要出版，就将其中一部分内容摘录下来合成一册。面对这样的提案，三位编辑斩钉截铁地拒绝了，她们坚持如果不全部出版的话，那就不出了。而松香堂接受了这样的要求。负责人中西丰子女士是松香堂当时的店主。今天她也来到了现场。稍微透露一下她的年龄，今年是她的喜寿之年。她的眼睛也因为这项工作不太好使了。为了遵守和我们的约定，她付出了很多。

刚才我所提到的让女性学加入新网络世界的 WAN 就是由中西丰子提案创建的。她马上就要 77 岁了，她曾说过，如果不开创新的网络事业，那我可真是死不瞑目啊。于是我们加入了这项事业。感谢中西女士一路支持我们到现在。

顺便，我还想介绍柳濑优二先生。我想大家手边都应该有一份《千鹤子世界地图》。在这次演讲中，我仅仅介绍了我个人的主要研究成果，但柳濑先生将我这 40 年的研究成果完完整整地整理出来了。这份地图就是他制作的。在这里我想对他表示感谢。他也是我 50 多年的老友了。

10 逃出去，活下去！

无论外界对女性主义这个词有多少非议，我都没想过要放弃女性主义。

因为，女性主义不是我一个人创造出来的。当女性想要讲述自己的故事的时候，当她们没有用以叙说的语言的时候，有一群女性已经在为创造女性自己的语言而奋力苦战了。这群人就是我的前辈，是在我之前就投身女性主义事业的人。她们的语言就是我的血、我的肉。

用英语来讲就是 I owe you，我今天能够站在这里，多亏了大家。正是有你们，才有了现在的我。你们是我的恩人，所以我必须要报恩，于是就有了我这 40 年的研究。

最后，我想再回到这次演讲的题目“为了活下去的思想”。

我在《为了活下去的思想》一书中究竟写了什么呢？我写的其实就是，当弱者想要活下去的时候，他们不必非得与敌人战斗。与敌人战斗只会让自己遭受更大的伤害而遍体鳞伤。那些想要成为强者的人，也许会选择战斗，但弱者只有一个选择——“逃出去，活下去”。

有一些批判的声音质问我：那些没办法逃出去、活下去的人又该怎么办呢？今天当我在这里，想跟大家分享“为了活下去的思想”时，我脑海里再次出现了地震中的受灾地区。

我听说，那些经历过数次天灾的人为了能活下去，已经总结出生存的智慧——那句口口相传的防灾口号“海啸来临各自逃命”[1]。

简单来说，“海啸来临各自逃命”是指“当海啸来的时候，不要管别人，各自分开逃跑”，“自己的生命自己负责”。我们可以说这是一种极端的个人主义或是一种利己主义吗？

我的“逃出去，活下去”的思想难道和“海啸来临各自逃命”是一样的吗？当我想到这里，心就为之一震。我想说的和“海啸来临各自逃命”是不一样的。

1 日语为“津波てんでんこ”，它是海啸逃难的防灾口号，夹杂了日本东北地区的方言。——译者注

实际上，灾区也有一些人是灾难中的弱者。只有强者才能靠着“海啸来临各自逃命”逃出来。而老年人、残障人士、孩子、病人、照顾这些弱者的女人以及孕妇、产妇，这些人都是灾难中的弱者。当这些人没办法自己逃走时，那些叫上他们或拉起他们的手一起逃走的人，以及为此而受灾的人，他们的故事同样会留在我们心里。

还有一群人，他们让我在听到“海啸来临各自逃命”时会为之一震。他们就是处于核事故旋涡中心的人。这些人可能有六万，也可能有七万。如果这群人在因核泄漏而恐惧的时候，自顾自逃出来了，我们有资格去责备他们吗？我们这些确保了自己安全的人，有资格去责备那些拼命想要逃命的人吗？

听说事故发生后，首相菅直人立刻就冲到了东京电力公司本部，对着他们大声斥责道:“不可以撤退！”可即便被要求“不可以撤退”，那些没有撤退依然坚守岗位的人并不是东京电力公司本部的领导，而是在现场工作的工人们。

我们没有资格对他们说“你们要拼命坚持住”。我们没有立场对他们说出这种话。其实，我们应该对他们说的是“任何时候都可以逃走”，或者“即便逃走了，你们也不是胆小鬼、懦夫”。而且，我们还应该对他们说，“在这个世上，没有比自己的生命安全更重要的事”。

当我们经历了核泄漏这样的事故时，应该从中获得的教训是，人类不应该制造出在人类逃离后，一切会变得不可控的巨大风险。

这里我们需要的是“人类安全保障”这个概念。这个概念完全改变了安全保障的思维模式，比起国家的安全，它更重视的是人类自身的安全。

如果国家为了国家的安全想要牺牲个人的安全，比如要求你去当兵,冒死去杀人,你有说“不”的权利。且即便说了“不”，你也有权利不被说成是胆小鬼、懦夫。

战争、革命都属于非常时期。而在这种非常时期里，男人之所以没法逃离，是由于男性气概和与男性气概紧密相连的英雄主义。敢死队和英雄主义就是在这种非常时期里肆意蔓延的。

让我们再一次回到问题的起点。1970 年，妇女运动在那场学生运动的瓦砾中诞生了。那时，女性主义的目的只是为了告诉人们，我们已经不再需要男人在非常时期的英雄主义了，男人也是时候从英雄主义的神坛上走下来了。于是，女性主义将战场从非常时期的战争转变成了日常生活，并由此存活了下来。

我想再次强调，女性主义并不是让女性和男性一样变成强者的思想。女性是弱者。也许当女性仅仅只是女性的时候并不是弱者。但只要生了孩子，她们就会变成弱者，只要她们要照料老人、病人，她们就会变成弱者。不仅如此，她们还没法逃脱这些责任。至少，迄今为止都不能。

而那些身上好像没有这些责任的人却能够一身轻松。一直以来，也只有他们才能在这个社会参加公平条件下的竞争。

女性是弱者。因为是弱者，所以要结伴而行；因为是弱者，所以要互相扶持。女性主义并不是让弱者变成强者的思想。它是创造一个让弱者能以弱者的姿态受到尊重的社会的思想。

我目前正在研究看护问题，我想这个研究会对已经到来的超老龄化社会有一些贡献。能研究这个问题真是太好了。因为，在这个人类寿命大幅延长的社会中，无论是曾经的强者，还是曾站在人生巅峰的人，今后都不得不经历漫长的下坡路。而最后，当他们变成弱者的时候，就必须依靠别人的支持，只有这样他们才能够活下去。

对于任何人来说，时间和年龄都是公平的。超老龄化社会要求我们具备这样一种想象力——有一天曾经的强者也会变成弱者。与其努力让自己不要变成弱者，不如一起努力去创造一个谁都能平静地接受自己变成弱者的社会。这就是这场大地震给我的启示。

接下来，我想再次回到“3·11”和“8·15”的话题上。生活的全部都已化为灰烬，只留下了废墟上空的一片蓝天。这就是我脑海中出现的画面。

请别误会，我自己可没有亲眼看过这个画面（笑）。因为那时我还没出生呢。但不知怎么的，在我脑海里，“8·15”那天的天空是那么真实。明明那时我还没有出生，我不可能亲眼看到，但不知怎么的，就是有一种似曾相识的感觉。

在那个时候，在那片蓝天底下，什么国家、军队、权力、行政都完全靠不住了。而就在这样的情况下，为了明天的生活，依然努力挣扎着站起来向前迈出第一步的人正是女性。是她们担起了战后复兴的重担。而我所说的女性的思想其实就是“为了活下去的思想”。

曾有人说过这样一句话，“我们不需要为了活下去的思想，我们需要的是为了死亡的思想”。可我们人类的错误，难道不就是一直以来只顾着创造死亡的思想吗？

正是为了活下去，我们才需要语言和思想。

我从上一代的女性那里继承了这样的语言和思想。我想，也是时候把上一代女性的语言和思想传递给下一代的你们了。虽然已经说过无数次，但在这里我还是想说，如果没有接棒的人，接力棒就会掉下去。我想将我从上一代的女性那里接到的接力棒传递给你们。

这就是我最后想要说的。

……还请大家能好好接住。

2011 年 7 月 9 日于东京大学弥生讲堂

作者解题

《为了活下去的思想》修订版是“上野千鹤子的研究”系列的成果之一，承蒙岩波现代文库的好意，这本书终于出版了。该书在旧版的基础上，增加了我对“暴力与性别”问题的研究的几篇文章，收录在本书的第二部中。

特别是收录于第三部中的《女性主义与民族主义》这篇文章，是我写完前作《民族主义与性别》之后，重新彻底审视女性主义与民族主义关系的成果，它本应收录进《民族主义与性别》的新版之中。但由于本书《为了活下去的思想》通过追溯人权和公民权的历史，从根本上考察了前作《民族主义与性别》，因此我就把这篇文章放在本书的修订版中了。在本书中，我所讨论的问题是：“身为公民”与“身为国民”，这二者与性别有着怎样的可能性 / 不可能性——女人是否能够成为、是否应该成为“国家”暴力的共犯。

还有几篇收录在旧版《为了活下去的思想》中的论文，我将它们放在了与本书同时发行的岩波现代文库版《民族主义与性

别 新版》之中。这样做是因为这些论文主要论述了有关“慰安妇”的问题，属于对《民族主义与性别》的后续思考。如此一来，读者能就同一主题更有条理地阅读。希望各位读者在阅读本书时，能够对比《民族主义与性别 新版》一起阅读。

另外，我的人生也迎来了一个转折，那就是我要从东京大学退休了。因此，本书还收录了我以演讲代替最后一课的东大退休公开演讲记录。本来由东大主办的最后一课原计划在 2011 年 3 月 15 日进行，但不巧的是，在那之前发生了“3·11”大地震，于是，最后一课就改成了演讲并决定延期举办。该演讲在学生和毕业生的帮助下，终于在同年 7 月 9 日顺利进行。

“3·11”发生之前，我最后一课的标题原本为“四十不惑的女性主义”，而在大地震之后，我将标题改为了与本书同名的“为了活下去的思想”。更改标题也是受到了“3·11”的影响。理由我在书中已经谈过了。“3·11”让我重新去思考，我究竟为什么会一直从事女性主义、从事性别研究。

“3·11”是一场影响深远的巨大灾难。其中，原本就处于弱势地位的人还成了灾难中的弱者。这些人是女性、老人、残障人士、孩子、外国人……我们无法要求弱者变成强者。那么，如果想让那些弱者即便处于弱势地位也能够继续活下去的话，我们应该怎么做呢？这就是我想要探讨的问题。女性主义从未要求女性要像男性一样拥有男性的权力、加入那些支持核能并从中获利的人之中。也就是说，女性主义的思想其实从未考虑过让女性“像男性一样”。因为，“像男性一样”就意味着要变成统治者、歧视者、压迫者。“像男性一样”之中不存在“女性的解放”。

我非常感谢这本书能够收录这次珍贵的演讲。因为，在我学术生涯的重要转折点上，它给了我一个自我回顾的机会，也多亏了这次演讲，让我意识到本书旧版最后收录的那篇“访谈”所具有的重要意义。

通常，学术书籍是不会收录这种口语式访谈的。但我仍毅然决然地决定将这次访谈一并收录其中。因为，该访谈作为一种元（meta）话语，准确表达出了本书旧版的定位与意义。

2006年，我在旧版的后记中曾写过这样一段话：

> 正是因为那次访谈，我才能将自己论述的主题顺利切换到下一个——“护理看护”问题。

有很多读者说，上野的研究方向“从性别转变成护理看护了”。这话说得好像我自己已经承认了似的。但从2012年的今天开始，我认为这种说法可以换一种方式来表达——我并不是将研究方向转变成了护理看护，我只是一直在探索弱者如何才能活下去而已。

如今我也终于明白，为什么我想要研究“护理看护”问题。

我不知道女性本身究竟算不算是弱者。如今，在奥运会的格斗项目上，日本女性已经能够取得金牌。我想应该没有谁（包括男性）会想与这样的女性为敌。可是，女性一直都在弱者的身边。女性在孩子、老人、病人、残障人士……的身边。如果女性自己成了孕妇、产妇，那她就会变成弱者中的弱者。因为，女性是“负责护理看护的人”。如果女性不是“负责护理看护的人”，那么——虽然不能说是全部，但——“女性问题”中的相当一部分会由此消解吧。为什么只有女性需要承担护理看护的责任呢？什么是护理看护呢？为什么家庭中的护理看护是无偿的呢？为什么护理看护的价格这么低廉呢？从主妇研究中提出的“无偿劳动”理论，再到最新的研究主题“护理看护的社会学”，我始终在研究一以贯之的主题。

看护者与被看护者之间存在绝对的不对等关系。而正是所谓“母爱”“母子连心”这些话语隐藏了这种关系。这种不对等的关系在育儿问题上还可以靠着爱与本能隐藏，可一旦涉及看护问题便会无所遁形。有位小说家在描绘护理看护关系时，把它描绘成一种令人讨厌、让人想要逃避的责任。她在书里曾写下这样一句话——“妈妈，你什么时候才能死啊”[1]，按照这位小说家的描述，这种关系只会是一种让人想要逃离的重担，即便是自己的亲女儿。尽管如此，很多母亲依然会坚持照料自己的孩子，即便有时候觉得孩子就像恶魔。很多妻子、媳妇、女儿也无法丢下那些需要照料的人不管，虽然也会出现一些虐待的个案。

但真是这样的吗？

2010年，有一则报道给大众带来了极大冲击，它就是发生在大阪市的“两名遗弃幼童饥饿致死事件”。但有关这次事件，

1 这句话摘自水村美苗《母亲的遗产——新闻小说》（水村，2012）的腰封，也是书里的一句话。

媒体却没有把它与“母爱的解体”联系在一起。报道中的那位年轻母亲，先是被丈夫抛弃而后又被娘家拒之门外，成了一个无依无靠的单亲妈妈，之后为了生计开始从事风俗业。我想，她应该很想逃离如此残酷的现实吧。面对这样一位单亲母亲，谁还忍心再去责备她呢？虽然她知道她的不作为会使孩子丧命，但在法庭上她一边称她“并不是想杀害自己的孩子”，一边却又说“我也清楚孩子之后的下场会如何”。可即便如此，那些此前对这对母子不作为的人，你们谁又有资格指责她呢？

这则报道带来的冲击让我想到，究竟还有多少人陷入同样的困境而无法逃脱。那些人无法扔下孩子、老人、有残疾的孩子不管，光想到这里就让人不禁感叹：他们的坚持简直就是奇迹。至今为止，人类历史上究竟有多少母亲、妻子、媳妇、女儿没有离开那些需要照料的人，选择留在他们身边呢？而当虐待幼童、虐待老人的报道接二连三出现在我们眼前时，我们又可以反过来问，究竟又有多少母亲、妻子、媳妇、女儿在面对那些依赖性群体时，没有无视他们、虐待他们、对他们施暴呢？

当一个人手里掌握了生杀大权的时候，真的很难控制自己不对那些依赖性群体使用权力。因为我们都知道，在权力关系绝对不对等的情况下，总会出现滥用权力的人。像性骚扰、家庭暴力、职场骚扰、精神暴力、霸凌、虐待……这些都发生在对方无力回击、无法说“不”、也无法逃离的时候。我们很难禁得住诱惑，让自己不去使用那些不对等的权力，尤其是绝对不对等的权力。因此在同等条件下，其实那些选择不去使用权力的人才需要更大的定力吧。

护理看护是一种学习非暴力的实践。冈野八代在其最近发表的《女性主义的政治学》（岡野，2012）中探讨的就是这个让人耳目一新的课题。

“护理看护”是指，发生在看护者与被看护者之间、长期需要忍耐的相互关系。这种关系里存在着绝对的不对等性。因为，将护理看护视为第一需求的人是“被看护者”，这些人是无法脱离护理看护关系的（脱离关系就意味着死亡），而看护者却可以脱离（这叫“不作为”）。即便有来自外界的道德指责和自责，但说实话，如果没有规范和规定，其实很难将一个人困在护理看护关系中。还有，护理看护关系中其实还存在着惊人的性别不对等，女性被强制做护理看护，男性却可以免责。

女性是“看护者”这件事并不是由本能或DNA决定的，而是被强制或自发地接受了“护理看护”。而女性接受“护理看护”这件事本身，难道不就是一个“奇迹”吗？还有，如果说女性身上有“母性”或“护理看护伦理”的话，那也绝不是出于什么“自然”或“本能”，因为这些都是女性的历史经验建构出来的。在长期的护理看护的实践过程中，女性学会了“非暴力”，甚至是“责任”。而如果（一部分的）男性没有这些的话，那也绝不是由于什么荷尔蒙、DNA，这只不过是由于他们欠缺这种社会经验罢了。

很早之前就有人提议要让“男性也加入护理看护的行列”，这样就“可以见证孩子的成长”或是“通过照料年迈的父母，预见到自己的老年生活”。我记得我也发表过类似的意见。

但归根结底，我们可不可以把问题转化成“在绝对不对等的权力关系中学习非暴力”呢？如果可以的话，那么无论是性骚扰还是家庭暴力，又或是霸凌、虐待，当我们面对这些问题时，应该能够让自己逃离凌辱别人的权力的诱惑，保护那些被任意摆布和折磨的人。

如果我们可以学习暴力的话，那也可以学习非暴力。如果女性可以进行自我建构的话，那么男性也可以。女性一直以来被建构为“看护者”，而男人则被建构为“(可以)对护理看护不作为”的人。当我们谈起公领域暴力、私领域暴力时，很容易会陷入宿命论的陷阱中——战争、霸凌是永远不会消失的。但护理看护带给我们的希望正是让我们去解构性别。不仅如此，只要护理看护与人类的生死密切相关，那么我们每个人（也包括男性）在呱呱坠地时就会成为“被看护的人”。而当我们老去时，每个人又都是“被看护的人”。正像冈野所说的，近代的自立“主权主体”的成立依靠的就是“忘却的政治”，它让我们忘记了无论是现在还是将来，我们都是“被看护的人”。

“被看护的人”离开了别人是无法活下去的，他们当然是弱者。而“看护者”由于要照料“被看护的人”，就间接地变成了弱者。这些没有丢下护理看护责任而离开的人，是自己选择成为弱者的。呼吁让男性也加入到护理看护之中，是希望他们可以放弃成为强者，选择成为一个弱者，与大家同甘共苦。超老龄化社会是这样一个社会：所有人都能懂得，在一个人的一生之中，不依赖任何人就可以一直活下去的作为强者的时间只不过是漫漫人生路中的一段而已。

我曾决定在旧版的前言里插入一篇随笔《把举起的手放下》，这对于现在的我来说仍然是正确的选择。

向暴力反击也被称为“暴力的连锁”，它并不能解决问题。没什么反击能力的人该怎么办？我认为这些被称为“弱者”的人，“为了活下去的思想”才是你们需要的。

最后，我想就我在最后一课中提到的“海啸来临各自逃命”的问题做个补充。

以下的引用出自我在某杂志上发表的一篇随笔：

> “海啸来临各自逃命”是生活在那片土地上的人口口相传的海啸逃难口号。这个口号之所以被大家熟知，是因为它提倡的是为了尽快逃命，不要管别人，各自分开逃跑。
>
> 但那场大地震的志愿者所听到的这个口号却有另一番含义。
>
> “海啸来临各自逃命”这句话其实并不是什么对人的不信任，而是饱含着对他人的信赖。很多孩子、父母在听到海啸警报后，由于担心而选择返回家中，因此被海啸吞没。也有一些学生跟随着老师而在海啸中丧命。也有人因没来得及前往政府指定的避难场所而丧命。“海啸来临各自逃命”其实是一种对对方的信赖和期待——我相信，家人和朋友都能够根据自己的判断活下去。所以，我仅需考虑我自己，赶紧逃命。我们一定、一定可以再活着相见……
>
> 这应该就是那些战争灾难、自然灾害的幸存者的真实感受吧。我想，从那个孩子从小受的教育来看，他不会只是待在原地等待别人的帮助，也不会只遵照上面的指示行动，所

以我可以安心独自逃走……在我听到这个版本的“海啸来临各自逃命”的含义后，这句话在我心中的印象就完全改变了。（上野，2012）

护理看护不仅仅是介入对方的生活，还需要尊重、照顾对方的自发性和自律性。在我们“惦念”着帮助对方的同时，也要适当地“袖手旁观”，“默默地守护”对方。在护理看护时，这二者缺一不可。

只有经过长期的忍耐历练，我们才终能成人。我们是照顾年幼孩子和年迈父母的看护者，而这样的我们不可避免地终将成为“被看护的人”。希望大家不要忘记，我们是不可能一个人出生、一个人活着、一个人老去的。正因如此，我们才需要那个存在于人与人之间的“为了活下去的思想”。

初出一览

标记＊的篇目，是本书新收录的内容。

前言《把举起的手放下》的底稿来自《朝日新闻》2002 年 9 月 10 日的晚报（原标题为『非力の思想——戦争の犯罪化のために』，我在此基础上进行了修改）。

I

1 公民权与性别——公私领域的解体与重构『思想』第 955 号（2003 年 11 月）、岩波書店

2 女兵的建构　江原由美子編『性・暴力・ネーション』(フェミニズムの主張 4)、1998 年、勁草書房

3 对抗暴力与性别『現代思想』第 32 巻 6 号（2004 年 6 月）、青土社（原題「女性革命兵士という問題系」）

4 “个人隐私”的瓦解——关于私领域暴力与公领域暴力的依赖共生『アディクションと家族』第 17 巻第 4 号（2000 年 12 月）、家族機能研究所編、IFF 出版部ヘルスワーク協会

II

1 战争有“吸引力”吗？ ＊『月刊オルタ』2006 年 12 月号、アジア太平洋資料センター

2 有关冲绳岛战役的回忆 ＊『琉球新報』2008 年 6 月 11・12 日

3　女性主义视域下的广岛＊　『フェミニズムから見たヒロシマ』家族社、2002 年

4　大后方史思想　『思想』第 980 号（2005 年 12 月）、岩波書店（原題「加納実紀」）代著『銃後史とジェンダー』」

Ⅲ

1　女性主义与民族主义＊　江原由美子・山崎敬一編『ジェンダーと社会理論』有斐閣、2006 年（原題「ナショナリズムとジェンダー」）

2　超越民族主义的思想『相関社会科学』第 9 号（2000 年）、東京大学大学院総合文化研究科国際社会科学専攻

3　“民族国家”论的功与过——在后民族国家时代重读《跨越国境的方法》西川長夫『増補国境の越え方ー民族国家論序説』（平凡社ライブラリー）、2001 年、平凡社

Ⅳ

1　为了死亡的思想・为了活下去的思想（访谈）『at』0 号（2005 年 5 月）、オルター・トレード・ジャパン編集、太田出版発行（原题「生き延びるための思想」，是单行本版『生き延びるための思想』的补论）

2　代替“祷告”　在单行本版『生き延びるための思想』后记的基础上作了部分修改

V

1 为了活下去的思想——以演讲代替在东京大学的最后一课 * 『文學界』第 65 卷第 9 号（2011 年 9 月）、文藝春秋（原题「生き延びるための思想」）

本书是在《为了活下去的思想——性别平等的陷阱》（岩波书店，2006 年）的基础上增补修订、再编辑后的新版。

参考文献

『AERA』2011.7.11「高木仁三郎と宮沢賢治」記事

天野正子・伊藤公雄・伊藤るり・井上輝子・上野千鶴子・江原由美子・大沢真理・加納実紀代編2009–11『新編 日本のフェミニズム』全12巻、岩波書店

網野善彦 1978『無縁・公界・楽』平凡社

新川明 2000『沖縄・統合と反逆』筑摩書房

有吉佐和子 1972『恍惚の人』新潮社

有賀夏紀 1991『アメリカ・フェミニズムの社会史』勁草書房

池田晶子 1987『最後からひとりめの読者による「埴谷雄高」論』河出書房新社

池田晶子 2003『14歳からの哲学——考えるための教科書』トランスビュー

石田雄 1998「「同化」政策と創られた観念としての「日本」」上・下、『思想』892・893号（1998年10、11月）、岩波書店

石田雄 2000『記憶と忘却の政治学―同化政策・戦争責任・集合的記憶』明石書店

伊藤雅子 1973『主婦とおんな——国立公民館市民大学セミナーの記

録』未来社
井上清 1948『日本女性史』三一書房
井上輝子・上野千鶴子・江原由美子・天野正子編 1994『日本のフェミニズム』第一冊「リブとフェミニズム」岩波書店
ヴィンセント、キース・風間孝・河口和也 1997『ゲイ・スタディーズ』青土社
上野千鶴子編 1982『主婦論争を読むⅠ・Ⅱ』勁草書房
上野千鶴子 1988『「女縁」が世の中を変える――脱専業主婦のネットワーキング』日本経済新聞社
上野千鶴子 1990『家父長制と資本制』岩波書店、2009 岩波現代文庫
上野千鶴子 1995「「雇用の危機」と「分配公正」」(特集「世界=ル・モンド・ディプロマティック共同 日仏シンポジウム記録」)、『世界』1995 年 1 月臨時増刊、岩波書店
上野千鶴子 1996「ひとりになること」『銃後史ノート戦後編 8 全共闘からリブへ』インパクト出版会
上野千鶴子 1998a『ナショナリズムとジェンダー』青土社
上野千鶴子 1998b「女性兵士の構築」江原由美子編『性・暴力・ネーション フェミニズムの主張 4』勁草書房
上野千鶴子 1999a「英霊になる権利を女にも?――ジェンダー平等の罠」『同志社アメリカ研究』35 号、同志社大学アメリカ研究所
上野千鶴子 1999b「「民族」か「ジェンダー」か?――強いられた対立」『季刊 戦争責任研究』第 26 号(1999 年冬号)、日本の戦争責任資料センター
上野千鶴子 2000a「連合赤軍とフェミニズム」『上野千鶴子が文学を社会学する』朝日新聞社
上野千鶴子 2000b「「プライバシー」の解体――私的暴力と公的暴力の共依存をめぐって」『日本嗜癖行動学会雑誌 アディクションと

家族』17 卷 4 号、家族機能研究所
上野千鶴子 2000c「ナショナリズムを超える思想 書評 小熊英二著『〈日本人〉の境界』」『相関社会科学』第 9 号
上野千鶴子 2001「市民権とジェンダー」『社会正義』21、上智大学
上野千鶴子 2002a『差異の政治学』岩波書店
上野千鶴子 2002b「非力の思想——戦争の犯罪化のために』『朝日新聞』2002 年 9 月 10 日付夕刊、之后该篇修改收录于『生き延びるための思想』(上野，2006) 的「はじめに——あげた手をおろす」
上野千鶴子 2003「市民権とジェンダー——公私の領域の解体と再編」『思想』955 号 (2003 年 11 月)、岩波書店
上野千鶴子 2005『老いる準備』学陽書房、2008 朝日文庫
上野千鶴子 2006『生き延びるための思想 —— ジェンダー平等の罠』岩波書店
上野千鶴子 2007『おひとりさまの老後』法研、2011 文春文庫
上野千鶴子 2008『「女縁」を生きた女たち』岩波現代文庫、岩波書店
上野千鶴子 2009『男おひとりさま道』法研
上野千鶴子 2011a『不惑のフェミニズム』岩波現代文庫、岩波書店
上野千鶴子 2011b『ケアの社会学』太田出版
上野千鶴子 2012「津波てんでんこ」『潮』2012 年 7 月号
上野千鶴子・NHK 取材班 1991『90 年代のアダムとイブ』日本放送出版協会
上野千鶴子・花崎皋平 1992「対談 マイノリティの思想としてのフェミニズム」『情況』10、11 月合併号、情況出版
上野千鶴子・加納実紀代 2003「対談 フェミニズムと暴力——〈田中美津〉と〈永田洋子〉のあいだ」(加納，2003)
上野千鶴子・信田さよ子 2004『結婚帝国 女の岐れ道』講談社、2011 河出文庫

浴田由紀子 2002「東アジア反日武装戦線の闘いを振り返って 最終意見陳述」『インパクション』132 号（2002 年 9 月）、インパクト出版会

大江健三郎 1970『沖縄ノート』岩波新書、岩波書店

大澤真幸編 2002『ナショナリズムの名著 50』平凡社

太田昌国・酒井隆史・冨山一郎 2002「暴力と非暴力の間」『インパクション』132 号（2002 年 9 月）、インパクト出版会

大塚英志 1996『「彼女たち」の連合赤軍』文藝春秋

岡部伊都子 1997『沖縄の骨』岩波書店

岡野八代 2012『フェミニズムの政治学 —— ケアの倫理をグローバル社会へ』みすず書房

荻野美穂 2001『中絶論争とアメリカ社会 —— 身体をめぐる戦争』岩波書店

小熊英二 1995『単一民族神話の起源』新曜社

小熊英二 1998『〈日本人〉の境界』新曜社

小熊英二 2002『〈民主〉と〈愛国〉』新曜社

金井淑子 1992『フェミニズム問題の転換』勁草書房

加納実紀代 1993『ジャンプ一番！ 女兵士戦闘配置へ』『インパクション』80 号、インパクト出版会

加納実紀代 1999「再考・フェミニズムと軍隊『インパクション』115 号、インパクト出版会

加納実紀代編 2003『リブという〈革命〉』インパクト出版会

加納実紀代 2005『戦後史とジェンダー』インパクト出版会

香山リカ 2002『ぷちナショナリズム症候群』中央公論新社

河野貴代美 1997『性幻想 —— ベッドの中の戦争へ』学陽書房、2000 中公文庫

北田暁大 2005『嗤う日本の「ナショナリズム」』NHK ブックス、日

本放送出版協会
栗原弘 1994『高群逸枝の婚姻女性史像の研究』高科書店
小林よしのり 1998『新・ゴーマニズム宣言 SPECIAL 戦争論』幻冬舎
米谷ふみ子 2011『だから言ったでしょう! ——核保有国で原爆イベントを続けて』かもがわ出版
斎藤学 1999『封印された叫び——心的外傷と記憶』講談社
坂口弘 1993-95『あさま山荘 1972』上・下・続、彩流社
佐藤文香 1998「アメリカ女性兵士をめぐる言説分析——映画『G·I·ジェーン』から見えてくるもの」『女性学年報』19、日本女性学研究会女性学年報編集委員会
佐藤文香 2002『軍事組織とジェンダー——自衛隊をめぐるジェンダー・イデオロギーの歴史と現状』慶應義塾大学政策・メディア研究科博士論文
佐藤文香 2004『軍事組織とジェンダー——自衛隊の女性たち』慶應義塾大学出版会
島袋マリア 2002『帝国・性・混血児——沖縄における「アメラジアン問題」』東京大学大学院人文社会系研究科修士論文
鈴木裕子 1986『フェミニズムと戦争』マルジュ社
スタインホフ、パトリシア 1991 木村由美子訳『日本赤軍派——その社会学的考察』河出書房新社、2003 木村由美子訳『死へのイデオロギー——日本赤軍派』岩波現代文庫
スタインホフ、パトリシア·伊東良徳 1996『連合赤軍とオウム真理教』彩流社
総合女性史研究会編 1990『日本女性生活史』第 5 巻、東京大学出版会
外崎光広・岡部雅子編 1979『山川菊栄の航跡』ドメス出版
高原基彰 2006『不安型ナショナリズムの時代』洋泉社

田中美津 1972『いのちの女たちへ——とりみだしウーマン・リブ論』田畑書店、1992 河出書房新社、2001 現代書館
田中美津 1996「世界は「野蛮」を待っている——私が座談会に出ないのはナゼかの巻」『銃後史ノート戦後編 8 全共闘からリブへ』インパクト出版会
田原総一郎・西部邁・姜尚中 2003『愛国心』講談社
鄭暎惠 Jung, Yeang-hae 2003『〈民が代〉斉唱』岩波書店
辻村みよ子 1997a『女性と人権』日本評論社
辻村みよ子 1997b「性支配の法的構造と歴史的展開」岩村正彦他編『岩波講座 現代の法 11 ジェンダーと法』岩波書店
坪内祐三 2003『一九七二』文藝春秋
冨山一郎 1997「書評　小熊英二著『単一民族神話の起源』」『日本史研究』413 号
中井久夫 2006『樹をみつめて』みすず書房
永田洋子 1982-83『十六の墓標』上・下、彩流社
永田洋子 1990『続十六の墓標』彩流社
中西正司・上野千鶴子 2003『当事者主権』岩波新書、岩波書店
西川長夫 1992『国境の越え方——民族国家論序説』筑摩書房
西川長夫 1993「国家イデオロギーとしての文明と文化」『思想』827 号（1993 年 5 月）、岩波書店（西川，1995）
西川長夫 1995『地球時代の民族＝文化理論——脱「国民文化」のために』新曜社
西川長夫 1998『民族国家論の射程』柏書房
西川長夫 2001『増補　国境の越え方——民族国家論序説』平凡社ライブラリー、平凡社
西川長夫 2006『〈新〉植民地主義論』平凡社
西川祐子 1982「戦争への傾斜と翼賛の婦人」女性史総合研究会編『日

本女性史 5　近代』東京大学出版会（西川，2000）
西川祐子 1990「女権宣言を人権宣言のパロディとして読む」(特集「フランス革命 200 年と女性」シンポジウム記録)、『日仏女性センター会報』7a
西川祐子 1996「書評　オリヴィエ・ブラン著、辻村みよ子訳『女の人権宣言――フランス革命とオランプ・ドゥ・グージュの生涯』」『文学』7 巻 3 号、岩波書店
西川祐子 2000『近代国家と家族モデル』吉川弘文館
信田さよ子 2000「対の関係と暴力――DV・児童虐待・ストーキングについて考える」『世界』2000 年 7 月号、岩波書店
信田さよ子 2002『DV と虐待』医学書院
信田さよ子 2003a『家族収容所』講談社
信田さよ子 2003b「記憶をどうとらえるか――『危ない精神分析』を読んで」『論座』2003 年 12 月号、朝日新聞社
野村浩也 1997「差別・同化・「沖縄人」」『山陽学園短期大学紀要』28 別冊
花崎皋平 1992「フェミニズムと軍隊」『情況』5 月号、情況出版
早尾貴紀 1999「「従軍慰安婦」における暴力のエコノミー」『現代思想』第 27 巻第 7 号、青土社
バリオス、ドミティーラ&モエマ・ヴィーゼル 1984 唐沢秀子訳『私にも話させて――アンデスの鉱山に生きる人々の物語』(インディアス叢書)、現代企画室
樋口陽一 1996a『一語の辞典 人権』三省堂
樋口陽一 1999b『憲法と国家』岩波新書、岩波書店
松井隆志 2005「運動と暴力――上野千鶴子「女性革命兵士という問題系」をめぐって」『書評ソシオロゴス』1（http://www.l.u-tokyo.ac.jp/~slogos/review/review0104matsui.pdf）

三上治 2004『1970 年代論』批評社

水島朝穂 1997「平等原則――男女雇用機会均等法の 11 年から考える」『法学セミナー』512 号、日本評論社

水田ふう 2002a「「テロにも戦争にも反対」とはいいたくない」『風』33 号(2002 年 1 月)

水田ふう 2002b「わたしの非暴力直接行動ってなに?」『風』37 号(2002 年 11 月)

水村美苗 2012『母の遺産 新聞小説』中央公論新社

溝口明代・佐伯洋子・三木草子編 1992-95『資料日本ウーマン・リブ史』全 3 巻、松香堂ウィメンズブックストア

宮崎哲弥 2003「書評 危ない精神分析」『朝日新聞』2003 年 9 月 17 日付朝刊書評欄

谷中寿子 1997「戦争とジェンダー」『アメリカ史研究』20、日本アメリカ文学会

矢幡洋 2003『危ない精神分析』亜紀書房

吉田敏浩 2005『ルポ 戦争協力拒否』岩波新書、岩波書店

若桑みどり 1995『戦争がつくる女性像』筑摩書房

Althusser, L., 1995, *Sur la reproduction: idéologie et appareils ideologique d'État*, PUF.=2005 西川長夫他訳『再生産について――イデオロギーと国家のイデオロギー諸装置』平凡社

Anderson, B., 1983, *Imagined Communities: Reflections on the Origin and Spread of Nationalism*, Verso.=1987 白石隆、白石さや訳『想像の共同体』リブロポート

Delphy, Christiane, 1989, Sexe et genre, in *Global Perspectives on Changing Sex Role*. Saitama: National Women's Education Center.=1989「セックスとジェンダー」『性役割を変える――地球的視点から』国

立婦人教育会館

Elshtain, Jean B., 1987, *Women and War*. New York: Basic Books.=1994 小林史子、廣川紀子訳『女性と戦争』法政大学出版局

Enloe, Cynthia, 1993, *The Morning After: Sexual Politics at the End of the Cold War*. Los Angeles:University of California Press.=1999 池田悦子訳『戦争の翌朝ポスト冷戦時代をジェンダーで読む』緑風出版

Enloe, Cynthia, 2000, *Maneuvers: The International Politics of Militarizing Women's Lives*.Berkeley: University of California Press.=2006 上野千鶴子監訳、佐藤文香訳『策略——女性を軍事化する国際政治』岩波書店

Fichte, J. G., 1807-08, *Reden an die deutsche Nation*, Realschulbuchhandlung.=1997 細見和之、上野成利訳『国民とは何か』インスクリプト・河出書房新社

Fineman, Martha, 1995, *The Neutered Mother, the Sexual Family and Other Twentieth Century Tragedy*. New York: Taylor and Francis Books.=2003 上野千鶴子監訳、解説『家族、積みすぎた方舟』学陽書房

Frevert, Ute, 1996, Mannerlichkeit als Soldaten und Staatburgeren, in Kuhne, T. ed., *Mannergeschichte-Geshlechtergeschichte, Mannlichkeitim Wandeler Moderne*. Campus Verlag GmbH=1997 星乃治彦訳『男の歴史——市民社会と〈男らしさ〉の神話』柏書房

Haavio-Mannila, E., 1979, "How Women Became Political Actors : Female Candidates in Finnish Elections," *Scandinavian Poltical Studies*, 2（4）.

Hartman, H., 1981, The Unhappy Marriage of Marxism and Feminism: Towards a More Progressive Union, L. Surgent ed., *Women and*

Revolution, Pluto Press.=1991 田中かず子訳『マルクス主義とフェミニズムの不幸な結婚』勁草書房

Heater, Derek, 1999, *What Is Citizenship?* Oxford: Polity Press, Blackwell Publishing Ltd.=2002 田中俊郎・関根政美訳『市民権とは何か』岩波書店

hooks, bell, 1995, Feminism and militarism: a comment, *Women's Studies Quaterly*, Vol.XXIII-3/4.

Jayawardena, K., 1986, *Feminism and Nationalism in the Third World*, Zed Books.=2006 中村平治監修『近代アジアのフェミニズムとナショナリズム』新水社

Jones, K., 1990, Dividing the ranks : women and draft, in Elshtain, J. B. and S. Tobias eds.,*Women, Militarism and War : Essays in History, Politics and Social Theory*. Savage, MD: Rowman and Littlefield.

Kaplan, G., 1997, "Feminism and Nationalism: The European Case," L. A. West ed., *Feminist Nationalism*, Routledge.

Kerber, Linda, 1987, "May all our citizens be soldiers and all our soldiers citizens" : the ambiguities of female citizenship in the new nation, in Challinor, Joan R. & Robert L. Beisner eds., Arms at Rest: *Peacemaking and Peacekeeping in American History*. New York,Westport, London: Greenwood Press. 1990, in Elshtain, J. B. & S. Tobias eds., *Women, Militarism and War : Essays in History, Politics and Social Theory*. Totowa, N. J.: Rowman & Littlefield.

Kerber, Linda,1993, " A Constitutional Right to Be Treated like Ladies , " *Women, Civic Obligation and Military Service*. The University of Chicago Law School Roundtable.

Kerber, Linda, 1997, The meaning of citizenship, *Journal of American History*, December,1997.

Kerber, Linda, 1998, *No Constitutional Right to Be Ladies: Women and the Obligations of Citizenship*. New York: Hill & Wang.

Moon, Seunsook, 1997, The state and gender politics in South Korea: practices of militarized masculinity and gender hierarchy (unpublished manuscript) .

Nusbaum, M. C. et al., 1996, *For Love of Country : Debating the Limits of Patriotism*, Beacon Press.=2000 辰巳伸知・能川元一訳『国を愛するということ——愛国主義〔パトリオティズム〕の限界をめぐる論争』人文書院

OCS (Overseas Courier Service) ニュース、562 号、1997 年 9 月 26 日、OCS America, Inc.

Olsen, Frances E., 1983, The Family and the Market: A Study of Ideology and Legal Reform, *Harvard Law Review*, Vol. 96.

Olsen, Frances E., 1985, The Myth of State Intervention in the Family, *Journal of Law Reform*, 18 (4) .

Rawls, John, 1971, *A Theory of Justice*. Cambridge, MA: The Belknap Press of Harvard University Press.=1979 矢島鈞次他訳『正義論』紀伊國屋書店

Rayner, Richard, 1997, Women in the warrior culture, *New York Times Magazine*, June 22.

Reardon, Betty A., 1985, *Sexism and War System*, Columbia University Press.=1988 山下史訳『性差別主義と戦争システム』勁草書房

Renan, E., 1882, *Qu'est-ce que' une nation?*.=1997 細見和之・上野成利訳『国民とは何か』インスクリプト・河出書房新社

Scott, Joan, 1996, *Only Paradoxes to Offer : French Feminists and the Rights of Man*. Cambridge, MA: Harvard University Press.

Sedgwick, Eve Kosofsky, 1985, *Between Men: English Literature and Male Homosocial Desire*. New York: Columbia University Press.=2001 上原早苗・亀澤美由紀共訳『男同士の絆 —— イギリス文学とホモソーシャルな欲望』名古屋大学出版会

Sedgwick, Eve Kosofsky, 1990, *Epistemology of the Closet*. California: The University of California Press.=1999 外岡尚美『クローゼットの認識論』青土社

Sen, Amartya, 1990, Gender and Cooperative Conflicts, in Tinker, Ivene ed., *Persistent Inequalities. Women and World Development*. New York, Oxford: Oxford Univ. Press.

Smith, A. D., 1986, *The Ethnic Origins of Nation*, Basil Blackwell.=1999 巣山靖司他訳『ネイションとエスニシティ —— 歴史社会学的考察』名古屋大学出版会

Sokoloff, Natalie J., 1980, *Between Money and Love : The Dialectics of Women's Home and Market Work*, Preager.=1987 江原由美子他訳『お金と愛情の間 —— マルクス主義フェミニズムの展開』勁草書房

Steinhoff, Patricia, 1996, Three Women Who Loved the Left: Radical Women Leaders in the Japanese Red Army Movement, in Imamura, Anne ed., *Re-Imagining Japanese Women*. Berkeley: University of California Press.

Taylor, Charles, 1994, *Multiculturalism*. Princeton: Princeton University Press.=1996 佐々木毅他訳『マルチカルチュラリズム』岩波書店

Tiger, Lionel, 1969, *Men in Groups*. London: Thomas Nelson and Sons Ltd.=1976 赤阪賢訳『男性社会』創元社

Todd, E., 1990, *L'invention de l'Europe*, Éditions du Seuil.=1992 石崎晴己訳『新ヨーロッパ大全』藤原書店

West, L. A. ed., 1997, *Feminist Nationalism*, Routledge.

Wolf, V., 1938, *Three Guineas*, Hogarth Press.=2006 出淵敬子訳『三ギニー――戦争と女性』みすず書房

Yuval-Davis, N., 1997, *Gender and Nation*, Sage.

图书在版编目（CIP）数据

为了活下去的思想 / (日) 上野千鹤子著 ; 邹韵 , 薛梅译 . -- 北京 : 北京联合出版公司 , 2022.11（2023.3 重印）
ISBN 978-7-5596-6049-7

Ⅰ . ①为… Ⅱ . ①上… ②邹… ③薛… Ⅲ . ①男女平等 – 研究 – 世界 – 现代 Ⅳ . ① D440

中国版本图书馆 CIP 数据核字 (2022) 第 042027 号

北京市版权局著作权合同登记号 图字：01-2022-1283 号

为了活下去的思想

作　　者：［日］上野千鹤子
译　　者：邹　韵　薛　梅
出 品 人：赵红仕
策划机构：明　室
策 划 人：陈希颖
责任编辑：管　文
特约编辑：陈希颖
装帧设计：WSCGRAPHIC.COM

北京联合出版公司出版
（北京市西城区德外大街 83 号楼 9 层　100088）
北京联合天畅文化传播公司发行
北京市十月印刷有限公司印刷　新华书店经销
字数 215 千字　880 毫米 ×1230 毫米　1/32　10 印张
2022 年 11 月第 1 版　2023 年 3 月第 5 次印刷
ISBN 978-7-5596-6049-7
定价：58.00 元